„Wir müssen die Veränderung sein,
die wir in der Welt
sehen wollen.“

Mahatma Gandhi (1869-1948)

Inhaltsverzeichnis

1. Einleitung

Es war ein schöner, sonniger Frühlingstag 2021, perfekt für ein gemütliches Treffen mit den Lieben. Doch obwohl ich im gleichen Dorf wie meine »Schwiegermutter« (die Mutter meiner Freundin) wohne, hatten wir seit langer Zeit nur noch den nötigsten Kontakt. Ich lebe in einer kleinen Gemeinde, nur wenige Kilometer von Tübingen entfernt, auf dem Land. Ein ruhiger und idyllischer Ort, wo ich tagtäglich mit meinem Hund die Natur genießen darf. Eigentlich könnten wir glücklich sein – wir sind gesund, haben mehr als nur das Nötigste zum Leben –, und trotzdem diese idyllische Ruhe hat einen Hacken, der unser aller Leben verändert hat.

Heute nun sind wir bei der »Schwiegermutter« endlich wieder zu Gast. Wir sitzen gemeinsam am Esstisch, trinken eine Tasse Kaffee und essen einen selbst gebackenen Kuchen, der wie immer viel zu trocken ist. Obwohl wir uns seit Wochen nicht mehr getroffen hatten, gibt es beinahe nichts mehr, über das wir uns unterhalten könnten. Das Thema Corona hat unser Verhältnis zutiefst verändert, da wir komplett unterschiedliche Meinungen dazu haben.

Es kam, wie es kommen musste, unser Gespräch führte uns wieder mal zum üblichen und ungeliebten Thema: Corona. Die unzähligen Toten und die tollen erfolgversprechenden Maßnahmen unserer Merkel-Regierung wurden einmal mehr hervorgehoben und uns quasi auf die Kuchengabel gesetzt. Ich hatte in den vorhergegangenen Monaten des Öfteren versucht, zu diesem Thema meine eigenen Ansichten und Befürchtungen nicht mehr zu äußern, die Klappe zu halten und einfach die Meinung der Familie zu ignorieren. Doch als temperamentvoller und hitzköpfiger Italiener war das nun mal nicht ganz so einfach...

Ich hatte mein Denken und meine Befürchtungen unzählige Male überdacht, meine Ansicht wieder und wieder in Frage gestellt, doch das Resultat war leider immer das Gleiche. Die Diskussion wurde hitziger, irgendwann wurden Parallelen zu den Konzentrationslagern des Dritten Reiches gezogen und meine »Schwiegermutter« vertrat die Meinung, dass die Bürger damals nun mal nicht wussten, was mit den Millionen Menschen in diesen Lagern passierte. Ich konnte es nicht fassen... Wie sollte das möglich sein? Wusste tatsächlich ein Großteil der Bevölkerung damals nicht, dass Millionen Menschen diskriminiert, verfolgt und ermordet wurden? Wie war es möglich, dass die Menschen nach so vielen Jahren noch immer die Augen davor verschlossen? Ich war frustriert, trank meinen Kaffee in mich gekehrt aus und zog mich nachdenklich von diesem Treffen zurück.

Monate vergingen, doch dieses Treffen und das unerfreuliche Gespräch wollten mich einfach nicht mehr loslassen. Ich musste immer wieder an die Behauptungen denken und zog Parallelen zu unserer heutigen Zeit, in der Menschen wegen ihrer Meinung wieder aus der Gesellschaft ausgegrenzt und als „Verschwörungstheoretiker" oder „Aluhutträger" betitelt werden. In der Millionen von Bürgern zu Maßnahmen gezwungen werden und die Gesellschaft durch die aggressive Propaganda der Massenmedien und Politiker gespalten wird. In der gesunde Menschen als Menschen zweiter Klasse eingestuft werden, nur weil sie sich nicht den Maßnahmen eines korrupten Staates beugen möchten.

Haben wir unsere Geschichte so schnell vergessen, obwohl sie allgegenwärtig ist? Unendlich viele Gedanken gingen mir Tag und Nacht durch den Kopf. Was, wenn der Vorwand für die Ausrufung der Covid-19-Pandemie und die Abriegelung von Milliarden von Menschen in Wahrheit eine Täuschung ist? Was, wenn all das, was in den letzten 20 Monaten geschehen ist, nichts mit einer globalen Gesundheitskrise zu tun hat? Was, wenn viele der Todesfälle, die COVID-19 zugeschrieben werden, auch andere Ursachen haben? Was, wenn der Grund für die Ausrufung einer Pandemie die Zerstörung des gegenwärtigen Weltsystems und die Einführung einer »Neuen Weltordnung« ist?

Seit diesem Treffen an jenem eigentlich so schönen Frühlingstag 2021 war ich wie besessen davon, meine Gedanken zu diesem Thema zu Papier zu bringen. Ein Buch zu schreiben, welches auf einfache und leicht verständliche Weise das Thema Corona genauer unter die Lupe nimmt und die vielen Ungereimtheiten aufdecken kann. Ich habe meine gesamte zur Verfügung stehende Zeit genutzt und unzählige Recherchen durchgeführt, um ein Werk zu verfassen, welches jedem Menschen die Möglichkeit gibt, hinter die Kulissen zu schauen und sich selbst eine Meinung zu bilden.

Wie Sie beim Lesen bemerken werden, konnte ich mir an vielen Stellen den Sarkasmus nicht verkneifen. Aber vielleicht sorgt ja genau das für den zu diesem Thema beinahe notwendigen Humor.

Die entscheidenden Fragen, denen ich in diesem Buch auf den Grund gehen werde, sind:

- Gibt es wirklich einen Plan, oder ist die Covid-19-Pandemie natürlichen Ursprungs?
- Welche Mächte wären in der Lage, eine Verschwörung solchen Ausmaßes zu organisieren?
- Wer sind die ausführenden Personen in unserer Gesellschaft und warum?
- Gibt es in unserer Gesellschaft Personen, die das Ziel verfolgen, die Menschheit durch Krankheit zu reduzieren und durch unnötige Gesetze in Angst und Schrecken zu halten?
- Welche Rolle haben die Massenmedien in diesem perversen Spiel?
- Warum verstehen es nur so wenige Menschen, dass wir betrogen und belogen werden?
- Was ist eigentlich der »Great Reset«?
- Warum sind die Massenmedien weltweit gleichgeschaltet?

2. Die Ängste der Menschheit

Milliarden von Menschen werden täglich von allen möglichen Ängsten geplagt. Im Grunde hat jeder auf irgendeine Weise mit dem Thema Angst zu tun – verschiedene Ängste, die sich doch im Grunde sehr ähnlich sind. Der große Unterschied ist, dass ein Teil der Menschen seine Ängste einigermaßen im Griff hat und der andere Teil sich von dieser Angst überwältigen lässt.

Menschen haben Angst davor:

- Ihren Job und somit ihre Existenz zu verlieren.
- Ihr Haus oder ihre Wohnung zu verlieren und dadurch in die Obdachlosigkeit zu rutschen.
- Opfer eines Verbrechens zu werden.
- Irgendwelche Krankheiten zu bekommen und im schlimmsten Fall zu sterben.
- Sich mit einem Virus zu infizieren und krank zu werden.
- Geld zu verlieren und am Hungertuch nagen zu müssen.
- In unnötige Kriege verwickelt zu werden.
- Und vor vielen, vielen weiteren Szenarien.

Obwohl die allermeisten Ängste und Befürchtungen niemals eintreffen werden, sind überraschend viele Menschen regelrecht in Panik. Angeheizt durch die immer wieder neu aufbereiteten Schreckensmeldungen der Mainstream-Medien läuft ein großer Teil der Bevölkerung wie aufgeschreckte Hühner durch die Landschaft.

Ich musste während der letzten Wochen und Monate leider selbst eine tragische und traurige Geschichte in meiner Familie miterleben. Im Mai 2021 hatte meine Tante eine sehr starke Grippe und war über eine Woche mit Fieber, Schüttelfrost und starker Erschöpfung bettlägerig. Panik breitete sich bei ihr und meinem Onkel aus und die Schreckensmeldungen in der Presse verstärkten ihre Angst vor Covid-19. Während der Visite bei ihrem Hausarzt wurde meine Tante dann prompt positiv getestet und musste daher zusätzliche Tage Zwangs-Quarantäne absitzen. Das Erstaunliche an diesem Fall war, dass mein Onkel sich, obwohl er im gleichen Haus mit meiner Tante lebte und sogar das Bett mit ihr teilte, nicht mit diesem angebliche so todbringenden Virus infizierte. Eigentlich ein totaler Widerspruch zu den Bildern und den Meldungen, die den Bürgern tagtäglich präsentiert werden. Oder war es vielleicht ein Wunder?

Nach ihrer Quarantäne besuchte ich Tante und Onkel, und wir kamen auf die Impfung gegen Covid-19 zu sprechen. Obwohl mein Onkel drei Wochen mit einer angeblich Infizierten eng zusammengelebt und selbst mehrfach negativ auf Covid-19 getestet wurde, entschied er auf Anraten seines Hausarztes, sich impfen zu lassen. Sein Sohn und seine Frau konnten ihn nicht davon abbringen. Seine Ängste, sich vielleicht auf der Straße zu infizieren, waren einfach zu groß. Obwohl er wochenlang eine angeblich infizierte Person gepflegt und sich nicht angesteckt hatte, empfand er das Risiko außerhalb seines Hauses als zu groß. Durch die täglichen Schreckensmeldungen in den Medien konnte er einfach nicht mehr logisch denken und verfiel in Panik. Er war der Überzeugung, dass er diese »schützende« Impfung benötigen würde.

Mein Onkel war im Großen und Ganzen bis vor wenigen Monaten fit. Seit einiger Zeit plagten ihn jedoch Atembeschwerden und so begleitete ich ihn zu einem Lungenfacharzt. Dort wurden unterschiedliche Untersuchungen durchgeführt, unter anderem auch das Röntgen der Lunge. Der Hausarzt machte zusätzlich weitere Untersuchungen, wie z.B. ein großes Blutbild und auch ein EKG. Außer seinen Atembeschwerden war er gesund und es konnte keine bedrohliche Krankheit festgestellt werden. Die Röntgenaufnahmen und das große Blutbild hatten absolut keine Anzeichen auf Tumore oder Krebs. Nach der zweiten Impfung ging es mit ihm jedoch plötzlich bergab. Obwohl er sein ganzes Leben lang täglich viele Kilometer gewandert war, kam er nun fast nicht mehr vom Sofa hoch, geschweige denn zum Wandern. Er war verängstigt, niedergeschlagen und körperlich total erschöpft. Zusätzlich plagten ihn Angstzustände.

Drei Monate nach seiner zweiten Impfung klagte er über starke Beschwerden im Brustbereich, Atemnot und Schmerzen, und somit wurde er durch seinen Hausarzt in die nahe Universitätsklinik eingewiesen. Er verweilte über eine Woche in dieser Klinik und es wurden verschiedene Untersuchungen durchgeführt. Obwohl man keinerlei lebensbedrohliche Krankheiten bei ihm feststellen konnte, war er bei seiner Entlassung nicht mehr in der Lage, selbst zu laufen und musste das Krankenhaus im Rollstuhl verlassen. Vier Wochen nach seiner Entlassung klagte er wieder über die gleichen Beschwerden und rang eines Morgens so sehr um Luft, dass meine Tante den Notarzt alarmierte. Mein Onkel wurde wieder ins Krankenhaus gebracht, angeblich zur Stabilisierung. Bevor sie ihn abtransportierten, konnte ich noch einige Worte mit ihm reden – er war bei klarem und vollem Bewusstsein. Am nächsten Tag wurde ein über zehn Zentimeter großer Tumor in seiner Lunge, Bauchspeichelkrebs und weitere Metastasen im ganzen Körper diagnostiziert. Tumore waren plötzlich regelrecht im ganzen Körper explodiert...

Wie war es möglich, dass bei all den vorherigen Untersuchungen im Krankenhaus, beim Lungenarzt und beim Hausarzt nichts ersichtlich war? In den Krankenakten war nichts von Krebs oder Tumoren zu finden. Und nun, innerhalb von vier Wochen, war sein Körper vom Krebs völlig zerfressen? Nur 24 Stunden später ist er im Kreis seiner Familie mit 72 Jahren verstorben!

Kann es sein, dass sein Leidensweg durch die Impfung verursacht worden war? Ist es möglich, dass die Covid-19-Impfung einen Turbo-Krebs verursachen kann, der einen Menschen innerhalb von wenigen Wochen ins Grab bringt?

Wenige Stunden vor seinem Tod war ich noch auf der Intensiv-Station, wo mein Onkel, mit Morphium ruhiggestellt, lag. Seine Arme und Beine hatten ihre natürliche Farbe verloren und schimmerten blau-schwarz. Es sah aus, als ob seine Gliedmaßen mit Blutergüssen überzogen waren. Wie war es möglich, dass ein relativ gesunder Mensch innerhalb von wenigen Wochen von Tumoren und Krebs überwuchert wurde? Selbstverständlich konnten und wollten die Mediziner sich in der Universitätsklinik nicht dazu äußern. Doch als ich sie darauf ansprach, ob es einen Zusammenhang zwischen den Tumoren und der Impfung geben konnte, sprachen die Gesichtsausdrücke Bände.

Mein Onkel war ein besonnener und netter Mensch, der jedoch das Opfer seiner eigenen Angst wurde. Obwohl er sich bei der Pflege meiner positiv getesteten Tante wochenlang nicht infiziert hatte, war er voller Panik und ließ sich den angeblich heilbringenden Impfstoff injizieren. Das war, wie es nun aussah, höchstwahrscheinlich sein Todesurteil.

Bei meiner Recherche fand ich genau hierzu ein interessantes Interview mit Prof. Dr. Sucharit Bhakdi und Edith Brötzner auf Report 24 News. Prof. Dr. Sucharit Bhakdi hat zur Covid-Impfung und zum beschleunigten Krebswachstum seine eigene Theorie, die er sowie viele weitere hochkarätige Mediziner wie folgt zum Ausdruck bringen:

„Wir befürchten, dass die Zellen, die diese Spikes produzieren, das Immunsystem angreifen. Es sind in erster Linie die Endothel-Zellen, die die Gefäße auskleiden, sowie alle Zellen, die mit dieser mRNA in Kontakt kommen. Diese werden vom eigenen Immunsystem angegriffen. Dadurch entstehen Blutgerinnsel, wie wir vorhergesagt haben. Das Ergebnis dieser Impfung sind Gerinnsel, Thromben und Embolien im ganzen Körper. Ein weiterer Aspekt, auf den wir hingewiesen haben, ist die Verteilung des Impfstoffes, der in die Muskulatur eingejagt wird, über die Lymphknoten in die Blutbahn. In den Lymphknoten werden diese viralen Gene von den Zellen dieser aufgenommen. Wenn diese Immunzellen das Spike-Eiweiß an die Oberfläche bringen, werden sie von den eigenen Immunzellen angegriffen und vernichtet. Dadurch gehen massenweise Immunzellen zugrunde. Einfacher kann man es nicht erklären. Wenn man nicht genug Immunzellen hat, kommt es zu einem Zusammenbruch des Immunsystems. Alle Symptome, die Menschen nach der zweiten Impfung bekommen, könnten wiedererwachte EBV sein. Das kann man jedoch nur feststellen, wenn man danach sucht. Viele Ärzte haben das vergessen und der Gesundheitsminister hat es schein-

bar nie gelernt. Was der Minister auch nie gelernt hat, ist, dass jeder von uns im Laufe des Lebens unglaublich viele Krebs- und Tumorzellen entwickelt. Für diese Krebs- und Tumorzellen haben wir Kontroll-Lymphozyten, die dazu da sind, diese Tumorzellen umzubringen. Das ist ein Fach der Immunologie und Tumorimmunologie, das kaum gelehrt wird. Wenn man Tumor-Kontrollzellen zerstört, entstehen nach der Impfung alle möglichen Krebszellen oder bereits vorhandene haben freien Lauf. – »If you ask for trouble, you're going to get trouble.« (Wenn Du um Ärger bittest, wirst Du Ärger bekommen.)"[1]

Professor Bhakdi hat zu diesem Thema ein Video auf YouTube veröffentlicht, das Sie unter dem unteren Link finden können. Es lohnt sich auf jeden Fall, einen Blick hineinzuwerfen.

Video 1:

Titel	Sucharit Bhakdi erklärt die Wirkungen der neuartigen Impfungen
Link	https://www.youtube.com/watch?v=4KD_3igxz0k
Short-URL	https://bshort.one/vbcdgitv1

Ängste begleiten uns seit unserer Kindheit tagtäglich und werden von allen Erziehungsinstanzen regelrecht in uns eingerichtet. Von überall werden wir bewusst und unbewusst durch angstmachende Szenarien und ihre Konsequenzen bombardiert. So gut wie in allen Bereichen unserer Gesellschaft werden wir mithilfe von Ängsten unter Druck gesetzt.

• Wenn Sie Ihre Rechnungen nicht bezahlen, dann...

• Wenn Sie im Job nicht funktionieren, dann...

• Wenn Sie zu schnell fahren, dann...

• Wenn Sie Ihre Maske nicht tragen und sich nicht impfen lassen, dann...

• Wenn Du nicht tust, was ich von Dir verlange, dann...

• Und so weiter, und so fort...

So gut wie jede Handlung ist an irgendeine Konsequenz gekoppelt, die in uns Ängste auslösen kann.

Wenn man in den letzten Monaten durch die Stadt ging, sah man eine Angst in den Gesichtern der Menschen, die neu war. Zu den alltäglichen Ängsten gesellte sich in die Augen der Leute eine Art Todesfurcht. Die Menschen scheinen regelrecht in Panik zu sein. Und Panik verleitet Menschen zu Handlungen, die nicht rational sind. Bei einer Vielzahl von Menschen scheint das logische Denken komplett ausgeschaltet zu sein und somit wird keine Maßnahme der Regierung mehr hinterfragt.

Genauso war es bei meinem Onkel, der sich, obwohl er wusste, dass er sich nicht auf Versprechen der Regierung verlassen konnte, trotzdem mit dem Vakzin impfen lies. Sein rationales Denken schaltete durch die Angst komplett ab. Ich habe seinen krebszerfressenen Körper gesehen und konnte, wie oben beschrieben, seine blau-schwarzen Gliedmaßen erkennen. Wenn man diesbezüglich recherchiert, findet man eine Vielzahl von Todesfällen, die die gleichen Anzeichen vorweisen. Die Menschen haben auf den Gliedmaßen, im Nacken oder im Gesicht blau-schwarze Verfärbungen, die offensichtlich nicht zufällig entstanden sind. Es sind mit Sicherheit keine Einzelfälle, und die Ärzte auf den Intensiv-Stationen werden tagtäglich mit diesem Phänomen konfrontiert, jedoch durch Druck ihrer Vorgesetzten zum Schweigen gezwungen.

Ist es möglich, dass in der heutigen Zeit solche gravierenden Nebenwirkungen einfach verschwiegen werden und die allermeisten Ärzte trotz dieser Tatsachen an den Impfkampagnen teilnehmen? Ist es wirklich möglich, dass sich viele Menschen weltweit heimlich an dieser Intrige beteiligen?

Eine große Zahl von Menschen glaubt und vertraut weiterhin der Bundesregierung mit ihren Maßnahmen, doch da Sie dieses Buch in den Händen halten, werden Sie längst Zweifel haben. An dieser Stelle haben Sie eigentlich nur zwei Möglichkeiten: Sie können getrost dieses Buch zur Seite legen, mich als Spinner abstempeln und weiterhin an diesem russischen Roulette teilnehmen, mit der Hoffnung, dass es Sie und Ihre Angehörigen nicht treffen wird. Oder Sie lesen weiter und hinterfragen die letzten Monate dieser Pandemie.

Wenn Sie diese Zeilen jetzt lesen, dann haben sie sich für die zweite Möglichkeit entschieden, und es freut mich sehr, Ihnen durch und mit diesem Buch eventuell die notwendigen Informationen zu liefern, damit Sie und/oder Ihre Liebsten nicht mehr an diesem perversen Spiel teilnehmen. Unser aller Leben und unsere Gesellschaft hat sich in nur wenigen Monaten stark verändert und die Anzahl der depressiven Angstpatienten ist regelrecht explodiert, in welche Altersklasse und Sozialschicht man auch schaut. Ebenso haben die Zahl der Suizide und der Missbrauch von Medikamenten und Drogen alarmierend zugenommen. *JAMA Pediatrics* untersuchte im August 2021 29 Studien weltweit, die 80.000 Kinder und Jugendliche unter 18 Jahren einbezogen. Laut dieser Studie haben sich Depressionen und Angstzustände während der Pandemie verdoppelt. Einer von vier Befragten leidet unter Depressionen, einer von fünf Befragten hat Angstzustände. Dies liegt vor allem an der sozialen Isolation durch die verheerenden Lockdowns und der Massenpanik, die durch unsere Massenmedien und Politiker verursacht wurde und wird. In den Medien wird zwar versucht, dieses Problem kleinzuschreiben, doch wenn man in die Gesellschaft schaut, kann man sie allgegenwärtig erkennen. Menschen, die noch nie bewusst mit Ängsten zu tun hatten, werden unter ihrem Gewicht zermahlen und erdrückt. Auch in meinem Bekanntenkreis haben sich viele Freunde, Bekannte und Verwandte verändert und sind nicht wiederzuerkennen. Die Menschen befinden sich seit Monaten regelrecht in einer Angstblase, aus der sie aus Bequemlichkeit und Beklemmung nicht herauskommen, da angeblich schreckliche Ereignisse passieren könnten. Durch dieses impotente Verhalten werden tagtäglich noch mehr Ängste, Aggressionen und Hass geschürt. Wir befinden uns in einem Teufelskreis, aus dem ein Entrinnen unter diesen Umständen so gut wie nicht mehr möglich sein wird.

Ängste verursachen Panik und Panik verleitet Menschen zu Handlungen, die sie in den allermeisten Fällen nicht mehr unter Kontrolle haben. Ihr Verhalten wird irrational, obwohl ihre Intelligenz ihnen ein anderes Auftreten ermöglichen würde.

Wie schon am Anfang diese Buches beschrieben, lebe ich am Rande der schwäbischen Alb inmitten von Wäldern und Natur. Im Frühjahr 2021 ist mir eine weitere Geschichte widerfahren, die ich hier mit Ihnen teilen möchte. Als der bundesweite Lockdown von unserem Merkel-Regime ausgerufen und die allermeisten Bürger in ihren Stadtwohnungen eingeschlossen waren, unternahm ich mit meinem Hund ausgiebige Spaziergänge in den umliegenden Wäldern. Bei manchen Wanderungen begegnete ich stundenlang keinem Menschen.

An einem sonnigen Tag war ich mit meiner Freundin im Forst mit unseren Hunden unterwegs und wir trafen dort einen Ortsansässigen, der, obwohl er alleine im Wald spazieren war, eine FFP2-Maske trug. Wir waren erstaunt und konnten uns ein kurzes Lachen und das Kopfschütteln einfach nicht verkneifen. Beim Vorbeigehen grüßten wir diesen Herren freundlich, wurden aber sofort auf eine äußerst aggressive Art drauf hingewiesen, dass es unsere Bürgerpflicht wäre, in der schlimmsten Pandemie aller Zeiten eine Maske zu tragen. Wir waren im Wald in einer wunderbaren Umgebung an der frischen Luft und sollten seiner Meinung nach eine Maske tragen? Dieser Mensch war offensichtlich von Ängsten befallen, denn in seinen Augen war beinahe Panik zu erkennen und er drohte, uns anzuzeigen.

Ich konnte es nicht fassen, denn wir reden in diesem Augenblick nicht von einem durchgeknallten Drogenabhängigen, sondern von einem Menschen, der als Lehrer in einer Grundschule sein Geld verdient. In seinen Augen waren deutlich Angst und Panik zu erkennen, die er offensichtlich nicht unter Kontrolle hatte. Sein Verhalten war rational nicht zu erklären und ich bin mir beinahe sicher, dass er in diesem Panikmodus unter anderen Gegebenheiten in der Lage gewesen wäre, uns körperlich und seelisch zu schaden.

Unser gesamtes Informations- und Nachrichten-Netz ist auf diese Angstmacherei aufgebaut. Egal welche Meldungen, ob in Printmedien, Radio, online oder unseren TV-Nachrichten, es wird überall Angst und Panik geschnürt. Den ganzen Tag, 365 Tage im Jahr, geht es um Nachrichten, die den Menschen unterdrücken und Ängste verursachen sollen. Es wird gelogen, dass sich die Balken biegen und trotzdem schaffen es die Allermeisten nicht, sich aus diesen Fesseln zu befreien. Sie abonnieren weiterhin die Tageszeitungen und sitzen brav vor den 20:00-Uhr-Nachrichten, um sich die Lügen in die Gedanken fließen zu lassen. Verstehen die Menschen nicht, dass es den Kodex des neutralem und zuverlässigen Nachrichtenübermittlers schon lange nicht mehr gibt, er unter den Teppich gekehrt wurde und im Auftrag eines bösartigen Regimes angstauslösende Propaganda verbreitet wird? In welchen Bereich man auch schaut, der Bürger wird belogen. Trotzdem haben sehr viele Menschen noch immer Vertrauen in die Nachrichten und die Politiker.

Mathias Döpfner, CEO des Springer-Verlags (Bild) und Präsident des Zeitungsverlegerverbands (BDZV) hat in einer privaten Kurznachricht an seinen Ex-Chef-Redakteur Reichelt seinen Unmut zu den heutigen Umständen in Deutschland geäußert und ihn »*als letzten und einzigen Journalisten in Deutschland bezeichnet, der noch mutig gegen den neuen DDR-Obrigkeitsstaat aufbegehre. Fast alle anderen seien zu Propaganda-Assistenten der Bundesregierung geworden*«. Für diese an die Öffentlichkeit gekommene Nachricht wurde Döpfner durch das Dorf gejagt und sein Rücktritt gefordert, denn wie kann sich dieser »Verschwörungstheoretiker« eine solche Kritik erlauben? Chef-Redakteur Reichelt wurde aufgrund des Drucks der Massen-Medien von seiner Position enthoben. Oder einfacher ausgedrückt: Er wurde aufgrund fragwürdiger Anschuldigungen entlassen! Das scheint das Resultat zu sein, wenn man die Maßnahmen der Regierung hinterfragt und kritisch berichtet. Doch ist dies nicht eigentlich die Aufgabe eines unabhängigen Journalisten?

In den letzten Jahrzehnten wurden die Massen-Medien schon einigen Male durch die sogenannte »Elite« benutzt, um Panik und Schrecken zu verbreiten. Da jedoch die Altmedien zu diesem Zeitpunkt noch nicht komplett unter ihren Fittichen waren, schafften sie einen Durchbruch wie mit dem Corona Virus zuvor nicht. Selbstverständlich werde ich diese Behauptung in einem späteren Kapitel über die Medien veranschaulichen und belegen.

2002   gab es das West-Nil-Virus, der uns alle ins Grab bringen sollte;

2003   das Sars Virus;

2005   die Vogelgrippe, die uns alle töten sollte;

2009   die Schweinegrippe, vor der wir uns alle impfen lassen sollten;

2014   Ebola!

2016   das Zika-Virus;

2019   Corona, welches nun aber diesmal ganz bestimmt die komplette Menschheit auslöschen wird!

Wie Sie sehen, wurde in gleichmäßigen Abständen immer wieder ein neues Virus aus dem Zylinder gezaubert, das die komplette Menschheit vernichten sollte. Das ist hier nur eine kleine Auflistung der mutmaßlichen »Virus-Pandemien«, welche die Menschheit im Laufe der letzten 20 Jahre ins Grab bringen sollten. Ich könnte Ihnen meterlange Auflistungen über Ereignisse darlegen, die uns in den vergangenen Jahren erreichen sollten, die jedoch nie eingetroffen sind. Sie haben es immer wieder probiert, Panik verursacht, Milliarden verdient und das Verhalten der Menschen analysiert, um dann 2019 das perfekt abgestimmte Szenario in Gang zu setzen.

3. Testlauf mit der Schweinegrippe-Pandemie

1   2

Um die Covid-19-Pandemie wirklich zu verstehen, müssen wir einen kleinen Rückblick in das Jahr 2009 machen. Anfang Juni 2009 rief die WHO (World Health Organization) die angebliche Schweinegrippe-Pandemie aus. Obwohl Deutschland so gut wie gar nicht von diesem, scheinbar tödlichen Erreger betroffen war, überschlugen sich Impfbefürworter und Panikmacher Tag für Tag mit Schreckensmeldungen. Der Run auf das große Geld, das mit Impfungen verdient werden konnte, war gestartet. Der Startschuss zu einer künstlich herbeigerufenen und erwünschten Massenpanik durch die Massenmedien hatte begonnen und alle gleichgeschalteten Medien waren wie heute im Kampf gegen das Virus zur Stelle.

Der »Spiegel« berichtete 2018 im Nachhinein von dieser künstlich erschaffenen Panik.

> *„Die Schweinegrippe-Pandemie, die die Glaubwürdigkeit von Behörden wie WHO, Robert-Koch- und Paul-Ehrlich-Institut nachhaltig erschüttert hatte, ist ein Lehrstück dafür, was passieren kann, wenn Hektik und hochkochende Emotionen die Diskussion bestimmen – und nicht Nachdenklichkeit, Fakten, Ehrlichkeit und ein klarer Kopf. Sie*

ist ein Paradebeispiel dafür, was passiert, wenn Querdenker nicht gehört werden.

Etwa der Epidemiologe Tom Jefferson, der für die Cochrane Collaboration und die Universität Oxford arbeitet, und bereits im Juli 2009 im Spiegel vor einer Influenza-Hysterie warnte und den Sinn einer Impfung infrage stellte."[2]

SPIEGEL Wissenschaft   Abo ≡

Deutschland bestellt 50 Millionen Impfdosen gegen Schweinegrippe

Die Finanzierung ist noch nicht mal ganz geklärt, trotzdem hat Deutschland jetzt im großen Stil Impfstoff gegen den Schweinegrippeerreger H1N1 geordert. Einige Virologen fürchten, dass der Schutz zu spät kommt - und erwarten eine neue Erkrankungswelle mit dem Ende der Reisesaison.

24.07.2009, 14.19 Uhr

3

WELT   ABO   Q ≡

Rösler fordert Ärzte zu mehr Impfaktionen auf

Veröffentlicht am 09.11.2009 | Lesedauer: 4 Minuten

Links: Zahl der gemeldeten Schweinegrippefälle in Deutschland. Rechts: Karte zum Stand der Grippewelle in Deutschland in der 44. Kalenderwoche.

4

ZEIT ONLINE   ≡

EU-Gesundheitsrat fordert breite Impfkampagne

Die H1N1-Grippe hat Europa noch nicht so stark getroffen, wie befürchtet. Während einige Forscher die empfohlene Vakzine kritisieren, wird weiter für die Impfung geworben.

12. Oktober 2009, 17:10 Uhr / Quelle: ZEIT ONLINE, dpa / 11 Kommentare

Die Vorsitzende des EU-Gesundheitsrats, Maria Larsson, hat die Bevölkerung zur Impfung gegen die als Schweinegrippe bekannt gewordene Influenza H1N1 aufgerufen. Die Pandemie habe Europa weniger stark getroffen als befürchtet. "Aber wir hoffen, dass sich die Menschen trotzdem impfen lassen wollen", sagte die schwedische

5

t-online.   SUCHBEGRIFF EINGEBEN...

Appell: Impfung vor nächster Schweinegrippe-Welle

07.12.2009, 16:06 Uhr | dpa, dapd

Ärzte, Pfleger, Kassen und Politiker haben erstmals gemeinsam an die Bürger appelliert, sich gegen Schweinegrippe impfen zu lassen. Bundesgesundheitsminister Philipp Rösler sagte, auch wenn derzeit weniger Influenza-Fälle gemeldet würden, habe die Krankheit nicht an Gefährlichkeit verloren. "Von einem Wellental soll man sich nicht täuschen lassen", sagte der CDU-Minister nach einem Spitzentreffen mit Ärzte- und Kassenvertretern.

6

Mit Horrormeldungen und Schreckensszenarien wurden alle damaligen Register aus der Schublade gezogen, um die Bevölkerung auf ein Massensterben vorzubereiten. Angeblich sollte sich jeder dritte Bundesbürger mit diesem schrecklichen und todbringenden Virus infizieren. Ein Massensterben war ohne eine entsprechende Impfung nicht mehr zu verhindern. Selbstverständlich sprangen unsere gleichgesteuerten Parteien im Bundestag gleich auf diesen Zug mit auf, da Millionen von Euros und hohe Anerkennung als Retter der Nation und Prestige winkte. Das Grundmuster und das Vorgehen ist identisch mit den jetzigen Geschehnissen, nur dass sie es in dieser Covid-19-Pandemie deutlich verbessert haben. Schon damals waren angebliche hochkarätige Professoren zur Stelle und warnten vor einem Massensterben.

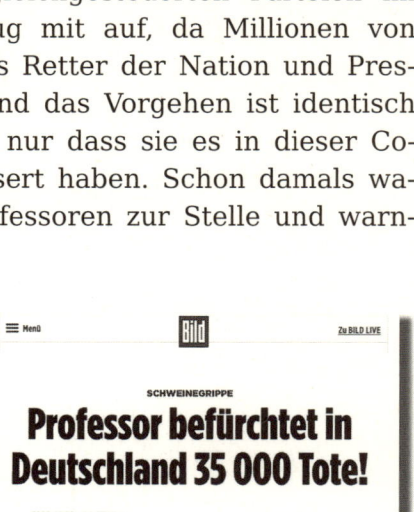

In unserer heutigen Pandemie haben wir mit einem selbst ernannten Gesundheitsexperten und Tierarzt einen ebenso hochrangigen Experten am Start. Selbstverständlich mussten unsere Politiker, die sich aufopferungsvoll für die Gesundheit und das Wohl ihrer Bürger einsetzten, die Schweinegrippe-Impfung beschließen.

SPIEGEL Politik   Abo ≡

Pandemie

Kabinett beschließt Schweinegrippe-Impfung

Die Schweinegrippe-Massenimpfung kommt: Die Bundesregierung hat sich auf Details zur Immunisierung gegen die Pandemie verständigt. Vom Herbst an sollen bis zu 35 Millionen Bundesbürger geimpft werden - als erstes Kranke, Schwangere, medizinisches Personal, Polizisten und Feuerwehrleute.

19.08.2009, 10.56 Uhr

9

SPIEGEL Wissenschaft   Abo ≡

Schutz vor Schweinegrippe

Kanzlerin und Minister sollen speziellen Impfstoff erhalten

Kanzlerin und Minister sollen nach SPIEGEL-Informationen mit speziellem Impfstoff vor Schweinegrippe geschützt werden. Beamte von Ministerien und nachgeordneten Behörden ebenso. Das Vakzin enthält keine umstrittenen Zusatzstoffe - im Gegensatz zum Impfstoff für den Rest der Bevölkerung.

17.10.2009, 14.26 Uhr

10

An dieser Stelle sollte man vielleicht erwähnen, dass damals schon Frau Angela Merkel die Bundeskanzlerin der Bundesrepublik Deutschland war! Und, wer hätte es gedacht, die Kranken, Schwangeren, das medizinisch Personal etc. sollten die Impfung natürlich zuerst erhalten...

Natürlich musste sich der pflichttreue und verängstigte Bürger damals keine Sorgen um die Wirksamkeit und der Sicherheit des Impfstoffes machen. Schon 2009 war die Impfung zu 100 Prozent sicher und hatte so gut wie keine Nebenwirkungen. Leider konnte dies ein paar Jahre später nicht mehr bestätigt werden und tausende von Menschen hatten bleibende Nebenwirkungen. Unsere Politiker waren schon damals vertrauenserweckende Menschen und das deutsche Volk musste schließlich durch und mit einer Impfung gerettet werden.

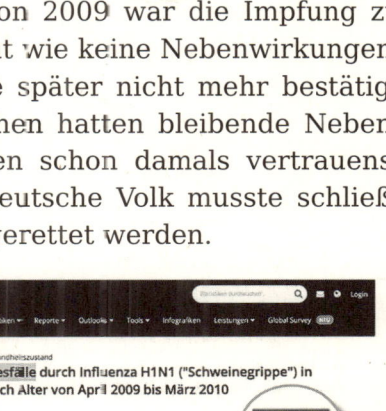

11   12

Obwohl es sich um einen neuartigen Virus handelte, hatte die Pharmaindustrie nach nur wenigen Monaten den passenden und sicheren Impfstoff parat. Was für ein wunderbarer und rettender Zufall – es gab für diesen angeblich völlig neuen und tödlichen Virus sofort einen dazugehörigen Impfstoff!

Unglaublich, aber wahr – wenige, angeblich, verstorbene Menschen waren ausreichend, um eine Pandemie auszurufen und Millionen von deutschen Bundesbürgern in Angst zu versetzen und zu impfen. Können Sie irgendwelche Gemeinsamkeiten zu unserer heutigen Corona-Pandemie erkennen? Die

Geschichte und das Skript sind immer gleich, es werden lediglich die Hampelmänner in den ersten Reihen ausgetauscht und ein neues Virus erfunden.

Liebe Leserinnen und Leser, ich muss gestehen, dass ich mich an dieser Stelle wirklich zusammenreißen muss, denn schon der Vergleich mit der Schweinegrippe-Pandemie ist eigentlich ausreichend, um diesen Schwindel zu entlarven. Aber wir werden in diesem Buch noch sehr viel tiefer in diese Verschwörung eingehen, das kann ich Ihnen schon an dieser Stelle versprechen. 2009 war es ein gut durchdachtes Szenarium, das bestimmten Akteuren Milliarden in die Kassen spülte, jedoch war es damals noch nicht bis in die kleinsten Details ausgereift. Es gab ein paar wenige Politiker, welche ein wenig Rückgrat hatten, die noch ausgetauscht werden mussten. Die Massenmedien waren damals noch nicht zu 100% gleichgeschaltet und die sozialen Medien mussten ebenfalls noch gekapert werden. Doch der Plan für die Vollstreckung der nächsten Pandemie war schon in der Umsetzung.

Wie heißt es doch so schön: **»Nach der Pandemie ist vor der Pandemie.«**

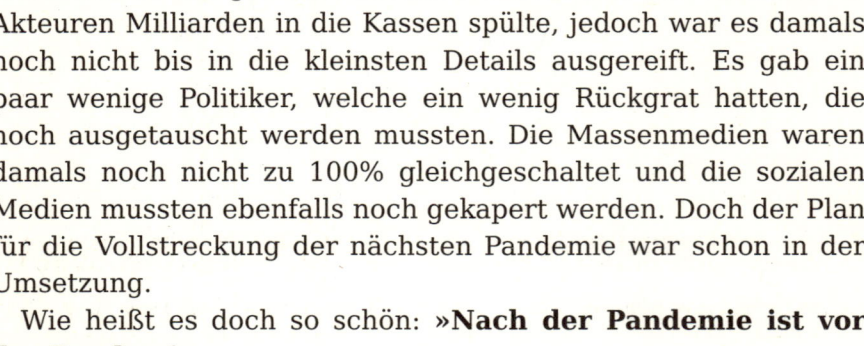
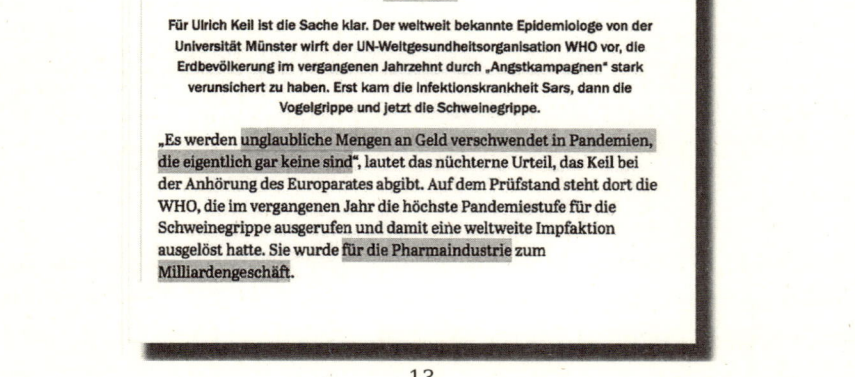

DER TAGESSPIEGEL

MENÜ

ABO

Diagnose: Fehlalarm
Experten: Schweinegrippe wurde unnötig zur Pandemie erklärt

26.01.2010, 20:49 Uhr

von Albrecht Meier

Für Ulrich Keil ist die Sache klar. Der weltweit bekannte Epidemiologe von der Universität Münster wirft der UN-Weltgesundheitsorganisation WHO vor, die Erdbevölkerung im vergangenen Jahrzehnt durch „Angstkampagnen" stark verunsichert zu haben. Erst kam die Infektionskrankheit Sars, dann die Vogelgrippe und jetzt die Schweinegrippe.

„Es werden unglaubliche Mengen an Geld verschwendet in Pandemien, die eigentlich gar keine sind", lautet das nüchterne Urteil, das Keil bei der Anhörung des Europarates abgibt. Auf dem Prüfstand steht dort die WHO, die im vergangenen Jahr die höchste Pandemiestufe für die Schweinegrippe ausgerufen und damit eine weltweite Impfaktion ausgelöst hatte. Sie wurde für die Pharmaindustrie zum Milliardengeschäft.

13

Es kam, wie es kommen musste: Obwohl Millionen von Menschen durch einen völlig neuartigen Impfstoff geimpft wurden, musste 2010 die WHO die Pandemie für beendet erklären. Es war für jeden offensichtlich, dass es sich um eine Fake-Pandemie gehandelt hatte und trotzdem kamen die treibenden Akteure, inklusive unserer Bundeskanzlerin, ohne Konsequenzen davon. Die Akteure hatten aus dieser Fake-Pandemie allerdings viel lernen können, was ihnen bei der nächsten angeblichen Krise sehr von Nutzen sein würde.

Hatte die Menschheit ihrerseits ebenfalls etwas aus dieser Schweinegrippe-Pandemie gelernt? Hatten die Bürger ernsthafte Konsequenzen gefordert? Es tut mir leid, es hier so deutlich auf den Punkt zu bringen, aber ich glaube eher nicht! Social-Media, Netflix und Fußball sind den Meisten leider viel wichtiger als Gesundheit, Freiheit, unsere Kinder und Familien sowie ein eigenständiges Denken.

14   15

Obwohl sie damals offensichtlich komplett verarscht wurden, tausende von Menschen an schwerwiegenden Nebenwirkungen erkrankten, vertraut immer noch eine Vielzahl der Bürger unseren Politikern.

Was waren eigentlich die Konsequenzen für die Akteure dieser Pandemie? Es gab so gut wie keine – die Impfhersteller wurden zu lächerlichen Reparaturzahlungen der Nebenwirkungen verdonnert, die ihr Impfstoff verursacht hatte. Die WHO tauchte für ein paar Jahre unter und polierte ihr ramponiertes Image auf, und unsere Politiker kehrten mit den Massenmedien das Thema gekonnt unter den Teppich.

Es ist kaum zu glauben – das Merkel-Regime hatte seinen ersten Pandemie-Durchlauf gut über die Runden gebracht und keiner der Akteure, oder vielmehr Profiteure, musste mit Konsequenzen zurechtkommen. Schon damals war unsere Bundeskanzlerin der Herzen, Frau Angela Merkel, eine der treibenden Kräfte. Obwohl sich die damalige Schweinegrippe-Pandemie im Nachhinein als Fake herausstellte, hatte ihr Image als Bundeskanzlerin in Deutschland absolut keinen Schaden abbekommen. Zehn Jahre später ist sie wieder am gleichen Drehbuch beteiligt und die allermeisten Bundesbürger verfallen in Schrecken und Angst und glauben dieser Frau wieder einmal die gleichen Märchen, die sie den Bürgern auch bei der Schweinegrippe-Pandemie aufgetischt hatte.

Natürlich war unsere Frau Merkel nicht die einzige treibende Kraft. Wir werden im Laufe dieses Buches, wie anfangs versprochen, auf die einzelnen Regisseure und Akteure noch zu sprechen kommen. Keine Sorge, wir werden keinen von ihnen vergessen!

Das Erstaunliche an der Schweinegrippe-Pandemie ist, dass selbst die Massenmedien sie als Fake-Pandemie entlarvten, und sich sogar der Europarat mit ihr befassen musste. Und wenige Jahre später fällt die gesamte Bevölkerung wieder auf die gleiche Lügengeschichte herein. Die Akteure müssen sich über so viel Dummheit bestimmt krumm lachen, anders kann man es an dieser Stelle nicht ausdrücken.

Hier noch zwei Videos, vom *SRF* und von *Monitor*, die über die Fake-Pandemie von 2009 berichteten:

Video 2:

Titel	Impfstoff gegen COVID-19
	Aktuelle Informationen des Bundesministeriums für Gesundheit.
	SRF Rundschau, 07. April 2010
Link	https://www.youtube.com/watch?v=KHMZaxT7xjo
Short-URL	https://bshort.one/vbcdgitv2

Video 3:

Titel	Monitor Schweinegrippe Skandal
Link	https://www.youtube.com/watch?v=hhWzStlVw1w
Short-URL	https://bshort.one/vbcdgitv3

3.1 Der Ernstfall: Hurra, die Covid-19-Pandemie ist da

2020 war es endlich wieder soweit, die Planungen der letzten
Jahre mussten nun gewinnbringend umgesetzt werden. Die Akteure hatten ihre Hausaufgaben gemacht und das Ziel war, die
gemachten Fehler der letzten Pandemie zu vermeiden.

Im Mai 2017 trafen sich die Gehilfen der Strippenzieher, plan-
ten und verbündeten sich im G20-Gipfel, damit die letzten Details einer möglichen kommenden Krise bis in die kleinsten
Punkte ausgearbeitet werden konnten.

Im Oktober 2019 wurde – noch im »Geheimen« – ein Testlauf einer Pandemie unter den Namen *Event 201* am Johns Hopkins Center for Health Security mit den verschiedenen Staatsvertretern und in Zusammenarbeit mit dem Weltwirtschaftsforum und der Bill & Melinda Gates Foundation geprobt – mit dem Ziel der perfekten Inszenierung.

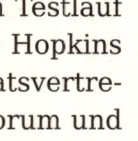

Event 201

Das Johns Hopkins Center for Health Security veranstaltete in Zusammenarbeit mit dem World Economic Forum und der Bill and Melinda Gates Foundation am 18. Oktober 2019 in New York, NY, Event 201, eine hochrangige PandemieÜbung. Der Zweck der Übung war es, die Pandemievorbereitungsmaßnahmen, Reaktionsentscheidungen und die Zusammenarbeit zu veranschaulichen, die von globalen Unternehmen, Regierungen und Führungskräften des öffentlichen Gesundheitswesens benötigt werden, um die weitreichenden wirtschaftlichen und gesellschaftlichen Folgen einer schweren Pandemie zu mindern.

Medien
Event 201 Medien
Videos
#Event201

17

Das Event 201 Szenario

Das "Ereignis 201" simuliert einen Ausbruch eines neuartigen zoonotischen Coronavirus, das von Fledermäusen über Schweine auf Menschen übertragen wird und schließlich effizient von Mensch zu Mensch übertragbar wird, was zu einer schweren Pandemie führt. Der Erreger und die von ihm verursachte Krankheit sind weitgehend dem SARS-Virus nachempfunden, jedoch ist er in der Gemeinschaft durch Menschen mit milden Symptomen besser übertragbar.

(...)

Es gibt keine Möglichkeit, dass im ersten Jahr ein Impfstoff verfügbar ist. Es gibt ein fiktives antivirales Medikament, das den Erkrankten helfen kann, aber die Ausbreitung der Krankheit nicht wesentlich einschränkt. (...)

Das Szenario endet am 18-Monats-Punkt mit 65 Millionen Toten. Die Pandemie beginnt sich zu verlangsamen, da die Zahl der anfälligen Personen abnimmt. Die Pandemie wird so lange andauern, bis es einen wirksamen Impfstoff gibt oder bis 80-90 % der Weltbevölkerung infiziert sind. Von diesem Zeitpunkt an wird es wahrscheinlich eine endemische Kinderkrankheit sein.

Medien
Event 201 Medien
Videos
Fotos
#Event201

18

Im Januar 2020 kamen wir normalsterblichen Bürger dann das erste Mal mit den Nachrichten eines tödlichen Virus in Kontakt. Die Massenmedien überschlugen sich in der Rolle der Hofberichterstatter mit Schreckensmeldungen und im März 2020 wurde eine Pandemie von der WHO ausgerufen. Der lang vorbereitete Plan einer inszenierten Massenpsychose kam nun endlich in die Gänge.

Lassen Sie mich auf die Gemeinsamkeiten und die Verbesserungen, die »sie« getroffen hatten, im Vergleich zur Schweinegrippe-Pandemie, kurz eingehen: Ein ausländischer, unbekannter Virus bedroht über Nacht die gesamte Weltbevölkerung. Millionen oder vielmehr Milliarden von Menschen sind in Gefahr, da von diesem Krankheitserreger so gut wie nichts bekannt ist. Rasch schwappt diese Virus-Welle zu uns nach Europa/Deutschland über. Obwohl von Anfang an klar ist, dass es sich um einen künstlich im Labor erschaffenen Virus handelt, der bewusst unter die Menschheit gebracht wurde, hält sich die Fledermaus-Theorie hartnäckig in den Medien. Faktenchecker überschlagen sich mit Theorien, um dies zu untermauern. Die WHO mit ihren korrupten Wissenschaftlern zieht alle Register, um die Theorie, dass der Virus angeblich auf einem chinesischen Tiermarkt auf den Menschen übergesprungen ist, wissenschaftlich zu untermauern. Es gleicht fast schon einem Comic, aber die von der Panik getriebenen Bürger glauben dieses Märchen. Nach 20 Monaten Pandemie wird dann irgendwie durch die Blume die Labor-Theorie bestätigt, nämlich dass das Virus doch künstlich erschaffen und in Umlauf gebracht wurde, doch es juckt und interessiert niemanden mehr! Hochrangige Beamte der US-Gesundheitsbehörde NIH (National Institutes of Health) geben zu, dass die USA die sogenannte »gain-of-function«-Forschung in Wuhan, China, mit Millionen von Dollars unterstützt haben, die das Corona-Virus noch ansteckender machen sollte.[3]

Die gain-of-function-Forschung konzentriert sich auf die serielle Passage von Bakterien und Viren in vitro, die die Mutationsprozesse beschleunigt, um deren Übertragbarkeit und Virulenz anzupassen. Es ist ungeheuerlich, die USA finanziert mit ihrer Gesundheitsbehörde in China eine gain-of-function-Forschung und just in dieser Stadt (Wuhan) springt das Virus auf einem Tiermarkt auf den Menschen über. Obwohl nun nach nicht einmal zwei Jahren Pandemie die Wahrheit so langsam ans Licht kommt, kommen so gut wie keine Nachrichten über diese Verschwörung an die Öffentlichkeit.

Die seit Jahren gekauften und gleichgeschalteten Massenmedien überschlagen sich mit Schreckensmeldungen und Horrorszenarien. Alle bedeutsamen Medien wurden durch Betriebsübernahmen, Subventionen, Spenden, Investitionen oder durch Werbe-Budgets gleichgeschaltet und gefügig gemacht. Die Propaganda-Maschinerie, die unsere heiß geliebte Ex-Bundeskanzlerin von der Pike auf in der DDR lernen durfte, entfaltet sich mit aller Macht. Die Bundesregierung hat 2021 fast 90 Millionen Euro für die Öffentlichkeitsarbeit in Form von TV-Spots, Internet-Werbung, Annoncen und Plakatwände ausgegeben. Zu diesen fast 90 Millionen Euros kommen noch die Werbe-Budgets der einzelnen Bundesländer, die sich gemeinsam somit die Zustimmung der Presse erschleichen. Sehr viele Nachrichtenportale und Zeitungen könnten ohne die Subventionen und Sponsoring der Bundesregierung schon gar nicht mehr existieren. Wahrscheinlich ist es nur Zufall, dass diese tagtäglich eine linientreue Berichterstattung abliefern. Das Staatsfernsehen und die angeblich privaten Sender setzen die Anforderungen also linientreu um. Jegliche Kritik am System der Kanzlerin oder an der Pandemie wird als rechtsradikale, unpatriotische Haltung abgestempelt. Angestellte werden so dermaßen unter Druck gesetzt, dass schon die eigene Meinung zu vertreten, als rechtsradikal eingestuft wird. Das Motto, lieber grün und kommunistisch zugrunde zu gehen, als frei seine Meinung in einem angeblich demokratischen Land zu äußern, hat nun überall Vorrang.[4][5]

Parteien, Politiker und der gesamte Bundestag vereinen sich zu einer Einheitspartei und befolgen jegliche Anweisung ihrer Kanzlerin. Eine wahre und energische Opposition gibt es seit Jahren schon nicht mehr in Deutschland. Jeglicher Widerstand wird und wurde im Keim erstickt. Unter dem Deckmantel der Demokratie wurde das Infektionsschutzgesetz aus dem Zauberhut gezogen, wodurch für unsere Einheitspartei alles möglich war. Das Grundgesetz wird technisch außer Kraft gesetzt und dem Infektionsschutzgesetz untergeordnet, obwohl dies eigentlich rechtlich nicht tragbar ist. Die epidemische Lage wird kontinuierlich verlängert, da dies in der Runde der Ministerpräsidenten so gefordert wird (Oktober 2021). Durch und mit der epidemischen Lage können somit die Politiker der Bundesregierung schalten und walten, wie es ihnen gerade in den Sinn kommt, und dem Volk sämtliche Einschränkungen zum Schutze der Gesundheit als normal verkaufen. Politiker der SPD, Grünen und FDP möchten die Corona-Maßnahmen beibehalten, da ein unterdrücktes Volk viel leichter zu regieren ist. Dafür müssen sie das Infektionsschutzgesetz so abändern, dass die epidemische Notlage als Voraussetzung für die Corona-Maßnahmen gestrichen werden muss. Die Bürger werden in Angst und Schrecken gehalten, damit sie sich auf gar keinen Fall verbünden und Meinungen über dieses absurde Vorgehen austauschen. Somit werden Lockdowns und Ausgangssperren veranlasst. Obwohl der Erfolg dieser Maßnahmen von renommierten und unabhängigen Wissenschaftlern widerlegt wurde, springt man von einem Lockdown in den nächsten. Polizei, Ordnungsamt und jeder kleine Staatsbeamte führt sich wie der Retter und Sheriff der Nation auf.[6] [7]

Das Internet, Google, YouTube und die sozialen Medien wie Facebook und Twitter zensieren, löschen und blockieren jegliche Nachrichten, die gegen diese Richtlinien verstoßen. Jeder, der es wagt, nur seine Meinung kundzutun, wird als rechtsradikaler Verschwörungstheoretiker abgestempelt und aus allen Bereichen verbannt. Exempel werden statuiert und somit verkriechen sich Künstler und Stars in ihre Mäuselöcher. Viele von ihnen werben für die Impfung und verraten ihre Fans und das deutsche Volk, ohne darüber nachzudenken, dass die Welt nach Corona nicht mehr die gleiche sein wird. Jegliche Gegenwehr wird als rechtsradikal diffamiert. Die Propaganda-Maschinerie wurde seit Jahren gegen jeglichen Widerstand in Stellung gebracht und entfaltet sich mit aller Kraft. Milliarden von Steuergeldern werden im Kampf gegen sogenannte Rechtsradikale frei gemacht, investiert und verschleudert, obwohl das wahre Übel eher von links kommt. Demonstrationen werden gerichtlich verboten und es wird mit aller Härte gegen friedliche Demonstranten vorgegangen.[8]

Krankenhäuser werden Schritt für Schritt abgebaut und geschlossen. Das Krankenhausgesetz wird von Gesundheitsminister Spahn verabschiedet, um eine künstlich erbrachte Auslastung der Intensivstationen sicherzustellen. Krankenhäuser bauen ihre Betten-Kapazität gekonnt ab und garantieren somit eine mindestens 75% Auslastung der Intensivstationen, um vom Bund gefördert zu werden. Fast jeder ausgestellte Totenschein hat angeblich mit Corona zu tun.[9] [10]
Ärzte aller Kategorien befolgen wider jegliche Vernunft die Anweisung zur Impfung und werden mit fürstlichen Stunden-

löhnen in Impfzentren und in ihren Praxen honoriert. Der Kodex ärztlicher Ethik scheint nicht zu existieren, in welchem die Ärzte sich in Artikel 1 zu Folgendem[11] verpflichten:

„Durch die Durchführung der medizinischen Tätigkeit verpflichtet sich der Arzt, dass er sein Wissen, seine Fähigkeiten und Forschung der Gesundheit widmen wird, der Integrität und der Würde des Menschen, wie auch der Gesundheit der Gemeinde und der Natur."[12]

Test- und Impfzentren werden mit Steuergeldern in Rekordzeiten aus dem Boden gestampft, wo die absurden Anweisungen für die Massen-Tests und Impfungen linientreu umgesetzt und Millionen von Steuergeldern verschleudert werden.

Millionen von Selbstständigen, Kleinunternehmern und Mittelständlern stehen vor dem finanziellen Aus, was jedoch durch Zuschüsse der Bundesregierung bis nach der Bundestagswahl im September 2021 verschoben wurde. Ihre Mittäterschaft wurde durch wirtschaftliche Anreize erkauft und Widerstand somit im Keim erstickt. Groß Konzerne werden dagegen mit Milliarden von Steuergeldern subventioniert und beteiligen sich an der Ausgrenzung von nicht geimpften Menschen.[13] [14]

Pharmaunternehmen entwickeln mit Steuergeldern in Rekordzeit eine neue Gen-Impfung, die der gesamten Menschheit verabreicht werden soll. Die WHO veröffentlicht die Covid-19-Strategie, mit dem Ziel, bis Mitte 2022 70% der Bevölkerung mit mRNA-Impfstoffen zu versorgen. In Windeseile werden Produktionsstätten mit Steuergeldern hochgezogen und für den Impfstoff bereitgestellt. Zulassungen und Genehmigungen, die im Normalfall mindestens 5 bis 10 Jahre benötigen, werden in wenigen Monaten gewährt.

Horrorszenarien werden vom Robert-Koch-Institut (RKI), dem Innenministerium und den sogenannten Experten täglich in Umlauf gebracht. Grundlagen werden erlogen, gefälscht oder so zusammengestellt, dass apokalyptische Ausmaße gang und gäbe sind. Eine kleine Expertenrunde entscheidet undemokratisch und am Bundestag vorbei, was für die Bürger richtig und was falsch ist.[15] [16]

Ein elektronischer Impfpass soll eingeführt werden, ohne den man am öffentlichen Leben nicht mehr teilhaben kann. Wer sich nicht impfen lässt, wird aus dem städtischen Leben ausgeschlossen. Das Volk wird zudem belogen, dass es keine gesetzliche Impfpflicht geben wird.[17] [18]

Der langsame Weg zum Sozialismus

	Ausgang Marktwirtschaft & Demokratie	Phase 1 Erste Anzeichen	Phase 2 Gefährliche Tendenzen	Phase 3 Sozialismus Light	SOZIALISMUS
Gesellschaft	Freiheit als Grundsatz	Freiheit leicht eingeschränkt ✓	Freiheit stark eingeschränkt	Hausarreste und Ausgangsverbote	Freiheit als Ausnahme
Medien	Freie, unabhängige Medien	Staatliche Medienabgabe	Staatlich finanzierte Medien	Staatsmedien	Verbot freier Medien
Kritiker	Freie Meinungsäusserung	Cancel Culture, sanfte Zensur ✓	Zensur (Wahrheits-ministerium)	Kritiker werden eingesperrt	Kritiker werden ermordet
Eigentum	Eigentum gewährleistet	Enge Regeln für Nutzung Eigentum ✓	Teilweise Enteignungen	Enteignungen (entschädigt)	Enteignungen
Geldpolitik	Freie Geldwirtschaft	Negativzinsen	Staatsfinanzierung durch Zentralbank ✓	Abschaffung Bargeld	Zentralbank unter staatlicher Kontrolle
Wirtschaft	Freier Markt (leicht reguliert)	Freier Markt (stark reguliert)	Staat «rettet» Unternehmen ✓	Zentrale Planung	Staatswirtschaft
Wissenschaft	Frei & unabhängig	Inzentivierung nach gewissen Zielen	Eng mit Politik verbandelt	Wissenschaft als Diener der Politik	Pseudo-Wissenschaft

19

Das Ganze liest sich wie ein schlechter Horrorfilm, aber leider handelt es sich hier um die Ereignisse im Jahre 2021 in Deutschland und den meisten anderen europäischen Ländern.

Wenn Sie mich weiter in meinem Buch begleiten, werden Sie sehen, dass ich in keiner Weise übertreibe, denn ich werde die oben genannten Punkte einzeln aufbereiten und belegen. Ich kann es selber nicht ganz glauben, aber leider ist das die Realität, in der wir uns momentan befinden. Wenn unsere Mitbürger nicht zügig aufwachen und sich friedlich gegen dieses diktatorische Regime stellen, dann wird es in naher Zukunft höchstwahrscheinlich zu spät für uns alle sein.

Wie Sie sehen können, verliefen und verlaufen beide Pandemien (Schweinegrippe und Covid-19) im Großen und Ganzen gleich. Der einzige Unterschied ist, dass die Covid-19-Pandemie bis ins kleinste Detail geplant und umgesetzt wurde. Und wird.

In beiden Pandemien:

- Werden Schreckens-Szenarien propagiert.

- Spielen die WHO und das RKI mit ihren »Tierarzt-Experten« eine zentrale Rolle.

- Werden durch sogenannten Gesundheitsexperten und gekaufte Professoren die Bürger tagtäglich getäuscht und belogen.

- Sind die Profiteure die Pharmaindustrie, Bill Gates und Konsorten.

- Ist eine wiederkehrende Impfung angeblich die einzige Lösung, anstatt an Medikamenten zu forschen, die eine eventuell eintretende Infektion heilen können.

- Spielen die Massenmedien eine zentrale Rolle, da sie ihrer Pflicht einer neutralen Berichterstattung nicht nachkommen.

- Werden Ärzte als ausführende Kräfte eingespannt und ausgenutzt.

- Werden die Bürger entmündigt und zu Vollidioten verwandelt.

- Werden die Politiker und der gesamte Bundestag entmündigt und in eine Expertenrunde umgebaut.

3.2 Wer profitiert eigentlich von einer Pandemie?

Im Jahr 1632 veröffentlichte der Universalgelehrte (Ingenieur, Mathematiker, Astronom und Physiker) Galileo Galilei sein Werk »Dialog über die zwei hauptsächlichen Weltsysteme«. Darin verteidigte er die Lehren des Kopernikus, demzufolge die Erde nicht der Mittelpunkt des Universums wäre, sondern sich um die Sonne drehen würde. Eine Ansicht, die zur damaligen Zeit gegen alle Grundsätze der Kirche war. Er widersprach mit seiner provokanten Art allen damals gängigen Theorien, vor allem jenen der katholischen Kirche. Diese ketzerische und feindliche Annahme konnte auf gar keinen Fall geduldet werden, da in der Heiligen Schrift die Ansicht vertreten wurde, dass die Erde der Mittelpunkt sei und sich alles um sie drehen müsse. Es kam, wie es in der damaligen Zeit kommen musste – dem Gelehrten Galileo wurde der Prozess gemacht, wo er unter Druck und Todesangst seinen Erkenntnissen abschwören musste.

Kommt Ihnen irgendetwas bekannt vor?

Ob er dann die berühmten Worte »und sie bewegt sich doch um die Sonne« gesprochen hat, ist allerdings nicht bewiesen und nachvollziehbar. Ich könnte und möchte es mir jedoch sehr gut vorstellen. Die Theorie, die er veröffentlichte, entsprach der inzwischen bestätigten Wahrheit, die jedoch nicht zum damaligen Weltbild passte. Dieses galt es aber um jeden Preis zu verteidigen, um die Interessen einiger weniger Personen zu unterstützen. Es wurde gemordet, gelogen und betrogen, um ein komplett falsches Weltbild aufrecht zu erhalten.

Sehen Sie vielleicht Parallelen zur heutigen Zeit?

Ich weiß, dass es nicht leicht ist, seine Ansicht zu überdenken und sich eventuell selbst einzugestehen, dass man sein ganzes Leben lang von dieser Regierung und dem System betrogen und belogen wurde. Doch wie schon bei Galileo geschehen, sie können alles zensieren, betrügen und uns belügen, die Erde dreht sich dennoch um die Sonne. Das ist eine Tatsache, genauso wie es eine Tatsache ist, dass die Covid-19-Pandemie seit langer Zeit von einer selbsternannten psychopathischen Elite bis ins kleinste Detail geplant wurde.

Zurück zu unserer Anfangsfrage: Bevor ich Ihnen jedoch aufzeige, wer von dieser Covid-19-Pandemie profitiert, möchte ich Ihnen sagen, wer von dieser Pandemie keinen Nutzen hat: Die Bürger der Unter- und Mittelschicht aller Industrienationen, Kulturschaffende, kleine Unternehmen, aber auch viele aus der Oberschicht, die sich an diesem grausamen Experiment beteiligen! Sie werden versklavt, ausgebeutet und auf das Mieseste unterdrückt!

Wenn es sich um eine weltweite pandemische und lebensbedrohliche Notlage handeln würde, die Bürgerrechtseinschränkungen erfordert, welche denen unserer Vergangenheit ähneln, wie kann es dann sein, dass folgende Institutionen und Gruppierungen einen Nutzen daraus ziehen können?

Die Globalisten:
Es ist bekannt, dass der Graben in unserer Gesellschaft sich immer mehr weitet – die Reichen werden immer reicher und der normalsterbliche Bürger wird immer ärmer. Das Ziel, den Mittelstand komplett zu zerstören, wird unermüdlich vorangetrieben. Die Elite-Milliardäre konnten während der »schlimmsten« Pandemie aller Zeiten ihr Vermögen um einiges erhöhen, der Mittelstand und einfache Bürger wurden einfach nach unten durchgereicht. Unsere Globalisten haben Gewinne wie nie zuvor in der Geschichte gemacht!
Es wurden unzählige Bücher über die Elite-Zentral-Bankiers geschrieben, die seit Jahrzehnten die Erlaubnis zum Gelddrucken haben. Diese sind nun öffentlich und ohne Scham in den Vordergrund getreten, um eine Neue Weltordnung (NWO) anzustreben, doch der einfache und gutgläubige Bürger kann und will es sich immer noch nicht wahrhaben. Die meisten Menschen sind einfach im Herzen gut und können sich nicht vorstellen, dass andere Personen richtig böse sind. Das gesamte Ausmaß ist so teuflisch, das macht es einfach schwer, zu glauben und zu verstehen. Das macht Angst, wodurch die kognitive Dis-

sonanz zum Vorschein kommt. Kann es sein, dass die Protagonisten dieses Spiels genau das wissen und sogar berücksichtigt haben?

Das Ziel der Verschwörer ist es, die Menschheit zu versklaven. Alle an der Pandemie beteiligten Regierungschefs, inklusive der »heilige« Papst Franziskus haben sich öffentlich für eine NWO ausgesprochen. Seit Jahrzehnten wird darauf hingearbeitet und es ist offensichtlich, dass eine weltweite kommunistische Diktatur angestrebt wird. Wie eine solche NWO aussehen kann, aller Voraussicht nach auch sein wird, und wer die Drahtzieher hinter diesem weltweiten Umsturz sind, werden wir in einem späteren Kapitel ausführlicher unter die Lupe nehmen. Fakt ist an dieser Stelle, dass sich eine weltweite Elite durch die Corona-Fake-Pandemie schwer bereichert hat und ihre Macht um einiges ausweiten konnte.

Hierzu möchte ich mit Ihnen ein Video mit Ettore Gotti Tedeschi, Präsident der Vatikanbank von 2009 bis 2021, empfehlen, dass auf www.uncutnews.ch veröffentlicht wurde. Doch sicherlich ist dieser Banker auch nur ein Verschwörungstheoretiker und Aluhutträger.

Video 4:

Titel	Ex-Präsident der Vatikanbank: „Pandemie ist ein Werkzeug für den Großen Reset".
Link	https://uncutnews.ch/ex-praesident-der-vatikanbank-pandemie-ist-ein-werkzeug-fuer-den-grossen-reset/
Short-URL	https://bshort.one/vbcdgitv4

Die Regierungen und Politiker:

Durch die Einführung des Infektionsschutzgesetzes wurde das Grundgesetz gekonnt außer Kraft gesetzt, obwohl man eigentlich die Bürger-Rechte des Grundgesetzes nicht außer Kraft setzen kann. Diese sind Grundrechte, die zu unserer Bundesrepublik gehören, die man nicht nach Belieben ein- und ausschalten kann. Obwohl technisch und rechtlich eigentlich nicht einschränkbar, wurden uns einfachen Bürgern unsere Grundrechte dennoch genommen.

Unter nachfolgendem Link können Sie die einzelnen Punkte des Grundgesetzes nachlesen:

Beitrag:

Titel	Grundgesetz für die Bundesrepublik Deutschland
Link	https://www.gesetze-im-internet.de/gg/BJNR0000109 49.html
Short-URL	https://bshort.one/vbcdgitb1

Eigentlich hatte ich hier vor, zu den uns entzogenen Rechten jeweils Stellung zu nehmen, jedoch ist mir klar geworden, dass es inzwischen so viele Einschränkungen sind, dass es das Ausmaß dieses Buches sprengen würde.

Durch das Infektionsschutzgesetz kann diese Bundesregierung alles Erdenkliche verabschieden, ohne irgendeine Zustimmung des Bundestages oder der Bürger mehr zu benötigen. Lockdowns und Einschränkungen werden nach Belieben und durch eigene Expertenrunden genehmigt und durchgesetzt, obwohl zahlreiche wissenschaftliche Studien ganz klar belegen, dass diese mehr Schaden verursachen, als Nutzen zu bringen. Bundesbürger dürfen ihr Haus ohne triftigen Grund wochen- oder monatelang nicht mehr verlassen und werden durch Polizei, Ordnungsamt und Beamte kontrolliert und sanktioniert. Dies alles nur wegen eines fragwürdigen PCR-Tests und einem Inzidenzwert. Es ist unglaublich, was in den letzten 20 Monaten in unserem Land alles verboten und durchgesetzt wurde. Ich frage mich: Haben die Bürger dieses Landes nichts, aber auch gar nichts aus ihrer Geschichte des Dritten Reiches und der DDR gelernt?[6] [7]

Ich kann verstehen, dass das Dritte Reich schon sehr lange her ist, aber es gibt Millionen von Menschen, die die kommunistische Diktatur der DDR miterlebt haben und trotzdem dieser verlogenen Regierung immer noch so gut wie alles glauben. Wie ist das bloß möglich?

Durch das vorläufige Außerkrafttreten des Grundgesetzes wird ein psychopathischer Kontrollstaat errichtet. Warn-Apps sollen die Bewegungen der Bürger kontrollieren und Einschränkungen derselben ermöglichen. Durch einen digitalen Impfausweis soll der Zutritt zum öffentlichen Leben gewährleistet werden. Wer keinen digitalen Impfnachweis hat, muss mit Ausgrenzung aus dem öffentlichen Leben rechnen. Restaurantbesuche, Reisen, Einkaufen usw. soll dann für ungeimpfte Menschen nicht mehr möglich sein. Das komplette öffentliche Leben soll für Nichtgeimpfte nicht mehr gestattet werden, da sie sich ja schließlich weigern, mit einer nicht sicheren Impfung, die mehr als fraglich ist, spritzen zu lassen.[19]

Der Bundesbürger soll gläsern werden und unter totaler Kontrolle stehen. Das Bargeld soll abgeschafft und ein digitaler Euro eingeführt werden, damit der totalen Kontrolle nichts mehr im Wege steht. Nach dem Motto: Der Bürger gehorcht nicht? Dann schalten wir eben sein Konto ab! Er muckt auf? Dann schalten wir eben sein Konto ab! Die totale Kastration der Bundesbürger wird Schritt-für-Schritt eingeleitet und vollzogen.[20] [21] [22]

Unsere Bundesregierung gleicht einem Schurkenstaat, in dem die eigenen Bürger unterdrückt und ausgebeutet werden. Wie ist es überhaupt möglich, dass sich eine ehemalige Jungkommunistin 16 Jahre lang als Bundeskanzlerin eines demokratischen Staates rühmen durfte? Schon diese Tatsache allein ist doch der Bundesrepublik nicht würdig! Das ist, als wenn ein Pädophiler in einem Kindergarten arbeiten darf, nur weil er geschworen hat, sich anständig zu benehmen und nicht mehr pädophil zu sein. Was glauben Sie, wie lange würde es wohl dauern, bis sich ein kranker pädophiler Mensch über die unschuldigen Wesen hermachen würde? Und wir setzen 16 Jahre lang eine überzeugte Jungkommunistin an die Führung unseres demokratischen Staates und wundern uns dann, wenn eine Diktatur aufgebaut und auf Meinungs- und Versammlungsfreiheit gepfiffen wird. Wie bescheuert kann der Mensch eigentlich sein?

Die Bundesregierung, die Parteien und fast alle einzelnen Politiker profitieren durch diese Pandemie. Es gibt so gut wie keine Opposition. Gesetze und Verordnungen können nach Belieben verabschiedet werden und sie bereichern sich irgendwie durch undurchsichtige Maskendeals, Tantiemen oder Sonstigem. Mehr als vierzig CDU/CSU-Politiker sollen an fragwürdigen Maskendeals beteiligt sein und Millionen von Euros erhalten haben. Und unser Ex-Gesundheitsminister Spahn hält diese Angelegenheit offenbar unter Verschluss. Was glauben Sie wohl, warum? Es ist parteienübergreifend, dass sich die Abgeordneten die Taschen voll stopfen und eventuelle Einnahmen nicht melden oder gar versteuern, und dies alles ohne Konsequenzen. Es kommt mir vor, als würden wir in einem afrikanischen Staat leben, wo jeder kleine Politiker versucht, das Maximale aus seiner Situation herauszuholen.

Unsere Regierungspolitiker haben sich an diese uneingeschränkte Macht gewöhnt und man kann deutlich erkennen, wie sie an ihr Gefallen gefunden haben. Das zieht sich durch bis zu den kleinsten Gemeinde-Politikern. Glauben Sie wirklich, dass diese Politiker diese uneingeschränkte Macht ohne Weiteres wieder abgeben werden? Würden Sie an Ihrer Stelle diese Macht wieder abgeben?

Die Aktionäre:
Fassen wir hier kurz zusammen: Wir befinden uns in einer angeblichen globalen Pandemie, die die Menschheit weltweit bedroht, und die Aktienmärkte explodieren förmlich. Da muss doch etwas faul sein! Sicherlich kann man diesen Ausbruch nach oben betriebswirtschaftlich schön reden, aber Fakt ist, dass hunderttausende Unternehmen vor dem Aus stehen und Millionen von Menschen um ihren Job bangen.

Der S&P-Index beinhaltet die größten amerikanischen Unternehmen, die in der Corona-19-Pandemie die höchsten Gewinne ihrer Firmengeschichte erwirtschaftet haben. Der S&P Index ist von Anfang Januar 2020 bis heute August 2021 um fast 40 Prozent gestiegen! Wie kann so was überhaupt möglich sein, wenn wir uns in einer todbringenden Pandemie befinden?

Das gleiche Bild können Sie bei allen anderen Aktienindexen sehen. Sie haben ungeheuerliche Wachstumsraten hingelegt, obwohl sich doch die ganze Wirtschaft am Boden befinden sollte. Ganz klar sind die Gewinner dieser Pandemie die Anteilseigner und Aktionäre.

20

Doch nehmen wir das Beispiel von dem S&P-Index, wer sind eigentlich die Aktionäre dieser Unternehmen? Zirka 80 Prozent dieser Unternehmen gehören zwei Investmentgesellschaften, Vanguard und BlackRock, die das Vermögen von Stiftungen, Gesellschaften, Privatpersonen, Banken und vielem mehr verwalten. Können Sie sich das Ausmaß einer solchen Macht vorstellen? Sie verwalten den größten Teil der Aktien der wichtigsten amerikanischen Unternehmen und können somit den Markt nach Belieben steuern. Na klar gibt es Regeln und Gesetze, denen sie folgen müssen, aber im Grunde können sie walten und schalten, wie es ihnen passt.

Nur noch einen kleinen Einblick am Rande: Sie glauben doch nicht etwa, dass sich Deutschland den Einflüssen dieses Kraken entziehen kann? Der CDU-Politiker Friedrich Merz war von 2016 bis Ende März 2020 Aufsichtsratsvorsitzender der „BlackRock Asset Management Deutschland AG" und somit für die Vernetzung und Geschäfte dieser Investmentgesellschaft in Deutschland tätig. Wir werden in einem späteren Kapitel sehr viel tiefer in diese Thematik einsteigen.

21

Die Pharmaindustrie:

Da ich dieses Buch nicht unnötig in die Länge ziehen möchte, werde ich mich nur auf den in Deutschland beheimateten Impfstoff-Hersteller BioNTech an dieser Stelle konzentrieren. Jedoch gelten die folgenden Aussagen genauso für alle anderen Hersteller wie AstraZeneca, Johnson & Johnson sowie Moderna. Sie sind die großen Gewinner dieser Pandemie, und jeder, der an diesem Geschäft beteiligt ist, hat auch an diesem gewaltigen Kuchen Anteile.

BioNTech wurde 2008 gegründet und hatte faktisch von 2008 bis 2019 nichts Nennenswertes entwickelt – eine Gesellschaft, wie es weltweit Dutzende gibt. Trotzdem springen alle Protagonisten wie Bill Gates und die Bundesregierung auf dieses Unternehmen auf und überschütten es mit Fördergeldern, obwohl nach Aussagen des Gründers Ugur Sahin der Impfstoff in nur wenigen Tagen entwickelt wurde. Was für Zufälle es doch gibt!

22

Ein No-Name-Unternehmen, in das plötzlich fleißig investiert wird, entwickelt gegen ein Virus, das die gesamte Weltbevölkerung bedroht, über Nacht einen sog. Impfstoff! Es wird schnell noch ein Börsengang vorbereitet und – voilà – die Aktie steigt um fast 3.000 Prozent! Die Weltgemeinschaft streitet sich daraufhin regelrecht um diesen Impfstoff und bestellt Milliarden von Dosen für die nächsten Jahre im Voraus. BioNTech-Mitbegründer und Chef Ugur Sahin gehört daraufhin mit seinem Vermögen von mindestens 5 Milliarden Dollar zu den 500 reichsten Menschen der Welt und belegt laut Forbes-Liste Platz 493. Das Biotech-Unternehmen BioNTech hat im ersten Quartal 2021 stark von seinem Covid-19-Impfstoff Comirnaty profitiert. Der Umsatz wuchs um mehr als das 70fache! Es ist eine maßlose Unverschämtheit, dass die Bundesregierung mit unseren Steuergeldern ein Privatunternehmen pusht und die Gewinne an private Aktionäre ausbezahlt werden. Doch der brave Steuerzahler lässt ja eh alles mit sich machen, Hauptsache die Bundesliga startet pünktlich. Was für eine tolle Märchengeschichte ... und wenn sie nicht gestorben sind, dann sind sie immer noch am Geldzählen...

Die Automobil-Hersteller:

Die Welt steht in Flammen und die deutschen Automobilhersteller weisen die höchsten Gewinne aller Zeiten auf, obwohl sie während der Pandemie Kurzarbeit anmelden mussten.

Größte Automobilhersteller weltweit nach Gewinn im Jahr 2020
(in Millionen US-Dollar)

23

Wie kann das möglich sein? Ganz einfach: Einzelne Betriebskosten, wie zum Beispiel Personalkosten, werden vom Staat während der Pandemie übernommen, damit Mitarbeiter nicht gekündigt werden müssen und die Automobilindustrie nicht in eine Rezession fällt. Bis hier könnte man diese Hilfen noch vertreten. Wenn dann aber am Ende des Geschäftsjahres Milliarden an Gewinnen übrig bleiben, die den Aktionären ausbezahlt und nicht für die Rückzahlung verwendet werden, ist ein solches Vorgehen dem Bürger gegenüber nicht mehr vertretbar. Aber in Deutschland gang und gäbe. Der gesamte Automobilmarkt wird durch Milliarden an Steuergeldern subventioniert und am Leben gehalten, und die Unternehmen weisen am Ende des Geschäftsjahres die höchsten Gewinne ihrer Firmengeschichte aus.[23]

Wenn Sie als Selbstständiger aufgrund der Covid-19-Pandemie auf Arbeitslosengeld II (Hartz IV) angewiesen sind und irgendwelche Reserven haben sollten, dann wird Ihnen die Unterstützung verwehrt, da Sie schließlich erst einmal Ihre Reserven aufbrauchen müssen. In der Industrie ist das aber natürlich nicht so. Da werden Subventionen, Corona-Hilfen und Abwrackprämien durch die Steuergelder mit beiden Händen aus dem Fenster geworfen. Sicherlich kann man jetzt argumentieren, dass an dieser Industrie Hunderttausende von Jobs hängen, aber genauso wurden Hunderttausende von Existenzen durch unnötige Lockdowns gefährdet und zerstört. Da juckt es doch auch niemanden, ganz zu schweigen die Bundesregierung. Die Automobil-Hersteller sind ganz klar ein Gewinner der Pandemie!

Zusätzlich zu den fünf oben genannten haben auch folgende Institutionen und Gesellschaftszweige einen erheblichen Nutzen durch die Pandemie erwirtschaftet:

- Krankenhäuser

- Ärzte und Apotheker

- Banken

- Verwalter und Erbauer der Test- und Impf-Center

- Social-Media- und Internet-Gesellschaften wie Facebook, Google, Twitter usw.

- Online Händler wie Amazon

- Hersteller von Masken und medizinischen Utensilien

Wie Sie sehen, gibt es eine Vielzahl von Sektoren, Gesellschaften und Menschen, die unheimlich von dieser Pandemie profitiert haben und immer noch tagtäglich davon profitieren. Es ist wenig verwunderlich, dass sie sich geplant oder ungeplant, gewollt und ungewollt zu Kollaborateuren und Handlangern dieser Verschwörer gemacht haben und immer noch tun, da sie einen immensen Nutzen durch und mit dieser Pandemie haben.

Die Big Player der Welt haben alle an der Pandemie verdient, egal ob an Macht, Geld oder Einfluss. Wenn es sich tatsächlich um eine ungeplante Pandemie handeln würde, wäre das gesamte System in sich kollabiert und es hätte so gut wie keine Gewinner gegeben.

Der Zusammenbruch des Systems, so wie wir es kennen und gewohnt sind, wird in der nahen Zukunft sicherlich noch kommen. Aber bis dahin haben die planenden Kräfte ihre Gewinne und Vorteile eingefahren und, wie es derzeit scheint, auch ihren teuflischen Plan einer Neuen Weltordnung umgesetzt.

3.3 Was sind die Auswirkungen dieser irren Corona-Politik?

Wie den meisten von uns bekannt ist, befinden wir uns seit Anfang 2020 in einem »Pandemie-Krieg«, bei dem der Kollateralschaden bewusst von den Regierungen außer acht gelassen und der Öffentlichkeit verschwiegen wird. Wir befinden uns in einem bewusst herbeigeführten Krieg gegen ein künstlich erschaffenes Virus (die Wuhan-Labor-Theorie wurde inzwischen bestätigt), der keine der Maßnahmen unserer Staatsgewalt rechtfertigt. Der Fokus unserer Regierung und den weltweiten Massenmedien ist nur noch auf diese angebliche Pandemie gerichtet und alle anderen Probleme unserer Gesellschaft werden bewusst auf die Seite geschoben und ignoriert. Der einzige Schwerpunkt unserer Politiker und vieler Bürger ist ein Virus, das die Sterblichkeit einer Grippe nicht übersteigt. Es ist zum verrückt werden, der Mittelpunkt innerhalb der Gesellschaft hat sich komplett verschoben, ohne dabei zu bedenken, dass die Rechnungen, die wir alle für dieses Verhalten bezahlen werden, von enormer Tragweite für unsere Gesellschaft sind. Die wirtschaftlichen, sozialen und gesundheitlichen Folgen werden verheerend und in keiner Weise mit dieser Fake-Pandemie vergleichbar sein. Es ist ungeheuerlich und schon fast beschämend, doch eine Vielzahl der Menschen glaubt nach wie vor, dass sie durch eine Impfung ihren Alltag zurückbekommen werden. An die Auswirkungen, die sie mit ihrem panischen und egoistischen Verhalten verursachen, denken sie dabei nicht. Sie glauben und hoffen, dass sie um die Konsequenzen herumkommen werden, wenn sie der Bundesregierung gehorchen, so wie ein Hund seinem Herrchen gehorcht. Doch ihr Erwachen wird zwangsläufig kommen.[3]

Die Suizide und Selbstmordversuche haben eine noch nie dagewesene Höhe erreicht und werden bewusst durch unsere Massenmedien verschwiegen. Feuerwehr-, Polizei- und Notfalleinsätze haben sich landesweit vervielfacht. In Japan sind im Oktober 2020 mehr Menschen an Suiziden (über 2000!) gestorben als am gepushten Covid-19-Virus. Für unsere Bundesregierung wird dieses nicht existierende Problem einfach unter den

Teppich gekehrt, da es dazu keine nennenswerten Studien gibt. Wo keine Studien, da kein Problem, so einfach ist das. Die allgemeine Aggressivität und häusliche Gewalt gegen Frauen und Kinder sind dramatisch durch diese sinnlosen Maßnahmen gestiegen. Die Menschen sitzen zusammengepfercht in ihren viel zu kleinen Wohnungen und werden den ganzen Tag mit Schreckensmeldungen durch Fernseher, Internet und Radio bombardiert. Die Propaganda-Maßnahmen der Merkelregierung waren und sind in vollem Gange.[24]

Der Anstieg an Depressionen und Angstzuständen durch soziale Isolation ist regelrecht explodiert und schon jetzt befinden sich die psychiatrischen Kliniken am Limit. Monatelange Wartelisten sind gang und gäbe.[25] [26] [27]

Herzversagen (+12%) und Schlaganfälle haben sich dramatisch erhöht, da sich Patienten nicht trauen, eine Klinik aufzusuchen, den Notarzt zu alarmieren oder zu den empfohlenen Kontroll- und Vorsorgeterminen zu gehen. Kliniken und Arztpraxen sind regelrecht verbarrikadiert und mit Security abgeschottet. Krankenhäuser haben Tausende von Tumor-Operation auf Anweisung unserer Regierung verschoben.[28]

Krebsvorsorge hat aufgrund der, Fake-Pandemie komplett an Wichtigkeit verloren. An den Folgen der Lockdowns werden Tausende von Menschen sterben und um dies vorherzusagen benötigen wir nicht einmal unseren Propheten Lauterbach. Was glauben Sie, was da noch auf uns zukommen wird?

Der Bruder einer meiner besten Jugendfreunde hat sich vor einigen Wochen mit nicht einmal 40 Jahren das Leben genommen. Vor der Krise war er ein erfolgreicher Jungunternehmer mit einem Klamotten-Laden und einem exklusiven italienischen Restaurant in der Stadt. Er ist an den Folgen dieser Politik gestorben und ich kann Ihnen versichern, dass er nicht der Erste und auch nicht der Letzte sein wird. Es macht mich traurig und zugleich wütend, dass durch die Hand dieser Verschwörer unzählige Menschen sterben werden.

Des Weiteren ist der Konsum von Drogen, Medikamenten (Antidepressiva), Tabak und Alkohol regelrecht explodiert. Es wird konsumiert, dass sich die Balken biegen und keiner in der Regierung interessiert sich dafür.[29] Was glauben Sie, werden die Konsequenzen daraus sein?

Ich wünschte, dass es sich hier nur um ein Schreckens-Szenarium in einem drittklassischen apokalyptischen Film handeln würde, doch leider ist dies momentan der Zustand in Deutschland. Unsere Regierung und Politiker haben ein komplett verzerrtes Bild der allgemeinen Situation und leben in einem total anderen Universum. So langsam erscheint doch alles wie im Mittelalter, als die Gutsherren sich die Bäuche vollstopften, das Volk mit ihren Söldnern unterdrückten und die armen Menschen sich mit dürftigen Resten zufriedengeben mussten.

Entwicklungsforscher und die Welthungerhilfe haben Alarm geschlagen, dass die unnötigen und menschenfeindlichen Lockdowns zu schlimmen Hungersnöten in der Dritten Welt führen werden. Sie erwarten mindestens 150 Millionen zusätzliche hungernde Menschen. Nicht insgesamt, sondern zusätzlich! Der Anstieg von Armut und Hunger ist in der Dritten Welt verheerend. Ich frage mich, wo unsere ganzen Gutmenschen geblieben sind? Es müssten doch Tausende auf den Straßen protestieren. Doch wenn es um ihren eigenen Arsch geht, ist auf einmal die Dritte Welt schrecklich weit weg.

Die wirtschaftlichen Konsequenzen für die Bundesrepublik, und somit für seine Bürger, sind jetzt schon enorm und werden in der Zukunft dramatisch werden. Die Bundesregierung hat sich bei der Europäischen Union mit Milliarden von Euros zusätzlich verschuldet, um Kredite, Bürgschaften und Garantien zu gewähren. Es ist zum heutigen Zeitpunkt faktisch nicht mehr möglich, die Schulden der Bundesrepublik jemals wieder zurückzubezahlen. Dieses Schwert, das über unseren Köpfen hängt, kann und wird uns aller Voraussicht nach in der nahen Zukunft mit einer Wirtschaftskrise und einer dramatischen Inflation treffen. Es ist nur noch eine Frage der Zeit, wann diese weitere Krise auf uns zukommen wird, und nicht ob. Die schleichende Inflation können wir jetzt, Dezember 2021, schon an den Lebensmittel- und Benzinpreisen deutlich erkennen.

Zu diesen Schulden kommen noch die Bürgschaften hinzu, die Deutschland für Länder der Europäischen Union übernommen hat, die in einer Notlage zusätzlich berücksichtigt werden müssen. Wie Sie sehen, haben sich die Staatsschulden der Bundesrepublik seit Anfang der 1990er-Jahre fast vervierfacht. Ein Schelm, der hier bezüglich der DDR Böses denkt!

Entwicklung Staatsverschuldung Deutschland

in Millionen Euro

Schulden Ende 2020:
2.171.800 Mio. €
(= über 2,1 Billionen €)

Stand: 31.12.2020 | Quelle: Statistisches Bundesamt / destatis | Grafik © GOLD.DE

GOLD.DE

24

Das Bruttoinlandsprodukt (BIP) ist von 2019 auf 2020 deutlich um fast 5 Prozent eingebrochen und unsere Regierung musste sich um weitere 140 Milliarden verschulden.

Liebe Leserinnen und Leser wir reden hier von Milliarden und nicht Millionen. Ausgeschrieben sieht die Zahl wie folgt aus:

140 Mrd. Euro = 140.000.000.000 Euro

Das ist die zusätzliche Verschuldung durch die Coronakrise. Und während ich schreibe, erscheinen bereits die neuen Zahlen. Pressemitteilung des Statistischen Bundesamt: Öffentliche Schulden steigen im 1. Halbjahr 2021 auf 2,25 Billionen

Euro (2.250.000.000.000). Wie Sie sehen, steigen die Schulden unhaltbar weiter!(30)

Und das ist nur die Spitze des Eisberges, denn die Corona-Pandemie hat unserer Regierung bis zum heutigen Zeitpunkt weit über 400 Milliarden gekostet, ohne die Rezession, die gesundheitlichen Folgen der Bürger und fehlenden Wirtschaftswachstum mit einzuberechnen.

Was glauben Sie, wer die Konsequenzen dieses Schuldenberges übernehmen wird? Mit Sicherheit nicht unsere Regierung! Es ist doch offensichtlich, dass diese riesige Blase irgendwann einmal platzen wird und wir Bürger dann zur Kasse gebeten werden. So ein Szenarium hat es im letzten Jahrhundert schon einige Male gegeben, als der Schuldenberg durch Misswirtschaft der Regierung so extrem war, dass es zu einer Währungsreform kommen musste (1924, 1948 und 1990). Die Inflation und Misswirtschaft unserer Politiker haben in der Vergangenheit bereits die Ersparnisse der Bürger verschlungen, warum soll es dieses Mal anders sein? Oder glauben Sie an den Osterhasen? Es wird sicher wieder unsere Immobilien und unser Erspartes treffen.

Der Mittelstand, Einzelhandel und die Selbstständigen sind durch die monatelangen, sinnlosen Lockdown-Maßnahmen am Boden. Die komplette Freizeit und Tourismus Branche (-75% weniger Fluggäste) mit allen Berufszweigen sind so gut wie zerstört und Ende November 2021 verhängten unsere Ministerpräsidenten schon wieder Lockdowns und Ausgangssperren. Das Perverse an diesem ganzen Spiel ist, sie spielen es zum Großteil alle mit und lassen sich zusätzlich, in der Hoffnung, dass alles gut werden wird, auch noch impfen.(31) Es ist kaum zu fassen!

Kennen Sie die Geschichte vom Frosch im heißen Wasser? Der irische Wirtschafts- und Sozialphilosoph Charles B. Handy soll Folgendes herausgefunden haben (veröffentlicht in seinem Buch »The age of unreason«):

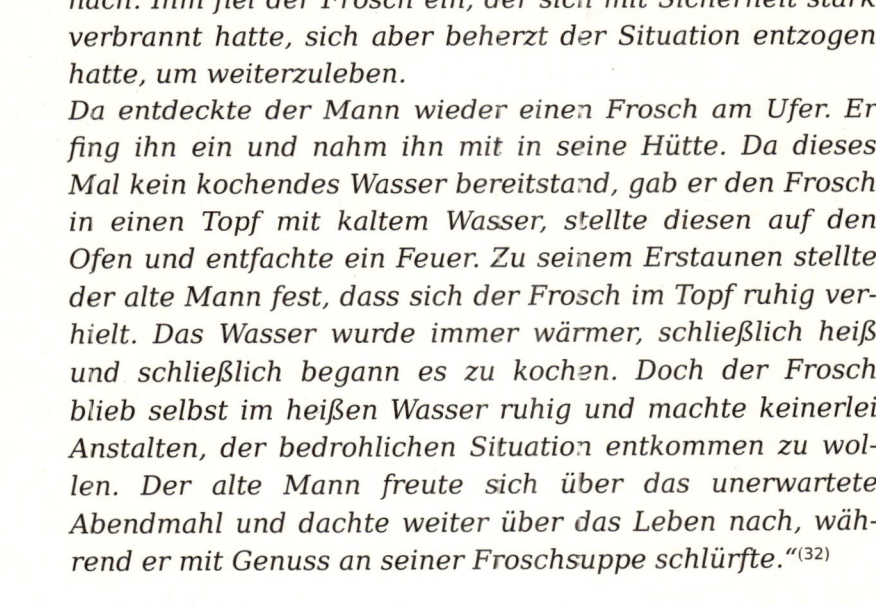

„Ein alter Mann saß vor seiner Hütte am Ufer eines Sees und sinnierte über sein Leben. Und während er so saß und nachdachte, sah er am Ufer einen Frosch. Er packte diesen, brachte ihn in seine Hütte, und gab ihn in einen Topf mit kochendem Wasser. Der Frosch machte einen entsetzten Sprung aus dem Topf, sprang aus der Hütte und verschwand im Gestrüpp. Ein paar Tage später saß der alte Mann wieder vor seiner Hütte und dachte über sein Leben nach. Ihm fiel der Frosch ein, der sich mit Sicherheit stark verbrannt hatte, sich aber beherzt der Situation entzogen hatte, um weiterzuleben.

Da entdeckte der Mann wieder einen Frosch am Ufer. Er fing ihn ein und nahm ihn mit in seine Hütte. Da dieses Mal kein kochendes Wasser bereitstand, gab er den Frosch in einen Topf mit kaltem Wasser, stellte diesen auf den Ofen und entfachte ein Feuer. Zu seinem Erstaunen stellte der alte Mann fest, dass sich der Frosch im Topf ruhig verhielt. Das Wasser wurde immer wärmer, schließlich heiß und schließlich begann es zu kochen. Doch der Frosch blieb selbst im heißen Wasser ruhig und machte keinerlei Anstalten, der bedrohlichen Situation entkommen zu wollen. Der alte Mann freute sich über das unerwartete Abendmahl und dachte weiter über das Leben nach, während er mit Genuss an seiner Froschsuppe schlürfte."[32]

Am Beispiel dieses Frosches können wir leider erkennen, auf welche Weise der gutgläubige Bürger gerade »weichgekocht« werden soll. So viele Menschen bemerken nicht, wie das Wasser um sie herum aktuell immer heißer wird, und können die Gefahr daher nicht sehen. Jean Claude Juncker erklärt uns:

„Wir beschließen etwas, stellen das dann in den Raum und warten einige Zeit ab, was passiert. Wenn es dann kein großes Geschrei gibt und keine Aufstände, weil die meisten gar nicht begreifen, was da beschlossen wurde, dann machen wir weiter – Schritt für Schritt, bis es kein Zurück mehr gibt."

Die Brüsseler Republik, Der Spiegel, 27. Dezember 1999

Liebe Leserinnen und Leser, lassen Sie mich an dieser Stelle etwas klarstellen. Die aufgeführten Konsequenzen sind nur die Auswirkungen der unmittelbaren Corona-Politik zum heutigen Zeitpunkt (Dezember 2021). Ausgeschlossen sind hier bewusst die tragischen gesundheitlichen und wirtschaftlichen Folgen der Massentests, des Maskentragens und der Massenimpfung der Bevölkerung. Diese werde ich in den jeweiligen Kapiteln darstellen. Des Weiteren handelt es sich bei den Konsequenzen bis auf das Suizid-Beispiel Japan um Resultate in der Bundesrepublik Deutschland. Um sich das wahre Ausmaß dieser Intrige vorstellen zu können, sollten Sie die oben dargestellten Folgen auf alle Industrienationen ausweiten, die sich an diesem Great Reset beteiligen. Nur dann können Sie sich ein Bild der tatsächlichen Tragweite und Konsequenzen vor Augen führen.

In den nächsten Kapiteln möchte ich Ihnen die Institutionen, Gesellschaften und verschiedene Personen vorstellen, die an dieser weltweiten Verschwörung beteiligt sind, um die Frage vom Anfang des Buches, ob es hinter dieser Covid-19-Pandemie einen Plan gibt, zu beantworten.

4. Die WHO, wenn es dreckig wird zu Ihren Diensten

„Die Weltgesundheitsorganisation (World Health Organization, kurz WHO) ist eine Sonderorganisation der Vereinten Nationen mit Sitz in Genf. Das Ziel der Organisation ist die Koordination des internationalen öffentlichen Gesundheitswesens. Sie wurde am 7. April 1948 gegründet und zählt heute 194 Mitgliedsstaaten. ... Die Verfassung der Weltgesundheitsorganisation legt als Ziel die Verwirklichung des bestmöglichen Gesundheitsniveaus bei allen Menschen fest. Hauptaufgaben sind die Bekämpfung von Erkrankungen mit besonderem Schwerpunkt auf Infektionskrankheiten sowie Förderung der allgemeinen Gesundheit der Menschen weltweit."[33]

Wenn man die Statuten der WHO durchliest, könnte man an den noblen Grundsätzen dieser Weltgesundheitsorganisation eigentlich nichts aussetzen. Doch ist es tatsächlich so? Ist es wirklich echtes Gold, was da so hübsch glänzt bei diesem Bündnis? Man könnte denken, dass diese Organisation wirklich mit dem Willen gegründet wurde, den Menschen auf diesem Planeten zu helfen. Doch ich muss Ihnen gestehen, dass ich begründete Zweifel habe.

„Die WHO hat von allen Sonderorganisationen der UN das größte Budget. Die Zahlungen werden nach einem Schlüssel bemessen, wobei sich die Höhe des Beitrags nach der Zahlungsfähigkeit des jeweiligen Landes richtet. Die freiwilligen Spenden in der Höhe von 2,745 Milliarden US-Dollar wurden zu 52 % von den WHO-Mitgliedstaaten, vor allem China, Japan, Deutschland und Großbritannien entrichtet. Der Rest der freiwilligen Beiträge stammte hauptsächlich von Stiftungen (21%), internationaler Organisationen (17%) sowie zu je 5 % von NGOs und dem privaten Sektor. ... Im Zweijahresbudget für die Jahre 2018–2019 stammten laut WHO 15,18 % ihrer Finanzierung von den

USA, 12,12 % von der Bill und Melinda Gates Foundation und 8,18 % von der Global Alliance for Vaccines and Immunization (GAVI) – diese drei größten Geldgeber machten also bereits über ein Drittel des gesamten Finanzierungsvolumens der WHO aus."[33]

Weitere Sponsoren der WHO sind:

- die Open Society Foundations (George Soros)
- Facebook
- BlackRock
- Viele große Unternehmen, von denen Vanguard und BlackRock die Aktien besitzen.

Also fassen wir die obigen Punkte, absichtlich aus Wikipedia kopiert und nicht verändert, kurz zusammen: Glauben Sie wirklich, dass eine Interessengemeinschaft, die zum Großteil von wenigen Staaten und privaten Organisationen finanziert ist – welche sich übrigens öffentlich für Pharmaunternehmen und weltweite Impfungen einsetzen – unabhängig sein kann?

Ich glaube, dass die Unabhängigkeit dieser Weltorganisation unter diesen Umständen auf gar keinen Fall gewährleistet sein kann. Die Pharmalobby und die Pharmaunternehmen haben nur zwei Ziele, und das sind immer mehr Macht und immer mehr Gewinne. In meinen Augen ist es töricht, zu glauben, dass uns die Pharmaindustrie, Bill Gates und Konsorten gesund machen möchten und am Wohlbefinden der Menschen interessiert wären. Die Vergangenheit hat klar gezeigt, dass die Pharmaindustrie nur an Macht und Gewinnen Interesse hat und sich um die Gesundheit des Einzelnen einen Dreck schert. Laut Begutachter zufolge (zum Beispiel B. Hontschik) stammen 80 Prozent der WHO von freiwilligen Beiträgen der Mitgliedsstaaten und Spenden von Stiftungen, die an einer Unabhängigkeit der WHO zweifeln lassen.

„Ein Problem sehen Kritiker in der Finanzierung. 2014 berichtete Frontal21, dass vom Jahresbudget der WHO von

etwa 4 Mrd. US-Dollar allein etwa 3 Mrd. US-Dollar frei-
willige Beiträge seien, darunter auch größere Spenden von
Unternehmen, insbesondere aus der Pharmabranche. ...
Dadurch sei ab 2001 die WHO in die Arme der Industrie
getrieben worden. ... Die WHO sei mehr und mehr auf
Gelder aus der Wirtschaft angewiesen, wodurch die Neut-
ralität der WHO gefährdet sei. ... Nach dem Bericht von
Frontal21 kritisiert der Brite Paul Flynn, der 2010 die
Untersuchung im Europarat gegen die WHO geleitet hatte,
die WHO wie folgt: „Meiner Meinung nach ist sie [die
WHO] auch heute noch exzessiv beeinflusst von der
Pharmaindustrie, die sehr geschickt bei der Manipulation
von Gesundheitsausgaben vorgeht, zugunsten eigener
finanzieller Interessen."[33]

Glauben Sie, dass, wenn es schon 2010 während der Schweinegrippe-Pandemie so war, es heute anders ist?

„Die Gates Foundation empfiehlt die Vergabe von Auf-
trägen der WHO an Konzerne wie MSD, GlaxoSmithKline,
Novartis und Pfizer, deren Aktien von der Stiftung gehalten
werden. »Big Pharma, die Pharmakonzerne, und die Nah-
rungsmittelkonzerne, nutzten skrupellos genau diesen
Interessenkonflikt der WHO«."[33]

Es ist nicht nur eine Anklage von mir, sondern die Anklage-
punkte gegen die WHO sind weltweit bekannt und sogar auf
Wikipedia nachzulesen. Wie schon gesagt, habe ich die Texte
nicht verändert, um Ihnen zu zeigen, dass diese angeblichen
Verschwörungstheorien öffentlich bekannt sind. Wissen Sie, liebe Leserinnen und Leser, ich möchte wirklich gerne glauben,
dass der Gründungsgedanke der WHO tatsächlich für das Gute
und die Gesundheit der Menschen ausgelegt war. Doch auch
hier habe ich echt meine Zweifel, da die WHO eine Sonderorganisation der UNO ist und diese sich noch nie mit Ruhm bekleckert hat.

Die Idee der Vereinten Nationen (UNO) kam während des Zweiten Weltkriegs auf. Am 1. Januar 1942 unterzeichneten 26 Staaten – angeführt von Großbritannien, der Sowjetunion und den USA – in Washington die Erklärung Vereinter Nationen. Darin verpflichteten sie sich zur gegenseitigen Unterstützung im Kampf gegen die Achsenmächte Deutschland, Italien und Japan. Bis zum Jahr 1945 kamen noch 19 weitere Staaten als Unterzeichner hinzu. Nach der Gründung der Vereinten Nationen 1945 befand sich ihr Hauptsitz zunächst in London. Der Grundstein für das neue UNO-Hauptquartier in New York wurde am 24. Oktober 1949 gelegt. Dafür stiftete John D. Rockefeller Junior ein etwa sieben Hektar großes Gelände im Wert von 8,5 Mio. Dollar am Ostufer Manhattans, das den Status eines internationalen Territoriums erhielt.

Glauben Sie wirklich, dass Herr Rockefeller aus Wohltätigkeitszwecken ein Gelände, das damals schon Millionen von Dollars gekostet hat, spendete? Nach Artikel 1 der Charta der Vereinten Nationen sind die Hauptaufgaben der UNO: Die Wahrung des Weltfriedens und der internationalen Sicherheit. Die Entwicklung besserer, freundschaftlicher Beziehungen zwischen den Nationen, die internationale Zusammenarbeit, Lösung globaler Probleme und Förderung der Menschenrechte.

Im unteren Schaubild können Sie die weltweiten Konflikte sehen. Ich glaube nicht, dass ich mich noch zu den Hauptaufgaben der UNO äußern muss. Die UNO hat fast 200 Mitgliedsstaaten, davon sind sehr viele an über 300 Konflikten weltweit beteiligt.

Anzahl der Konflikte weltweit nach Konfliktintensität von 2005 bis 2020

Jahr	Dispute	Gewaltlose Krisen	Gewaltsame Krisen	Begrenzte Kriege	Kriege	Insgesamt
2020	69	70	180	19	21	359
2019	71	91	158	23	15	358
2018	68	83	173	25	16	365
2017	68	77	190	16	20	371
2016	77	72	188	21	18	376
2015	90	88	183	24	19	404
2014	97	88	181	25	19	410
2013	107	82	178	31	20	418
2012	99	85	177	25	19	405
2011	106	87	155	19	20	387
2010	95	108	139	22	6	370
2009	107	118	110	25	8	368

Suche: ____   Einträge: 13

DOWNLOAD
PDF · XLS · PNG · PPT

Quelle
→ Quellenangaben anzeigen
→ Veröffentlichungsangaben anzeigen

Veröffentlichungsdatum
März 2021

Region
Weltweit

Erhebungszeitraum
2005 bis 2020

Hinweise und Anmerkungen
Die Angaben für die Jahre bis 2018 stammen aus früheren Ausgaben des Konfliktbarometers.

Die Angaben der Berichtsjahre von 2005 bis 2009 können aufgrund der veränderten Methodik im

Wo ist der Sinn dieser Gesellschaft, wenn so viele Konflikte weltweit vorhanden sind? Kann es sein, dass sie komplett an ihrem Artikel 1 der Charta der Vereinten Nationen vorbeiarbeiten?

Ich möchte mich an dieser Stelle nicht mehr weiter zu den vereinigten Nationen äußern, denn ich habe in diesen wenigen Sätzen schon mehr als genug diesbezüglich gesagt und jeder kann sich seine Meinung dazu bilden.

Wir haben bei der Finanzierung der WHO des Öfteren von einer Einrichtung mit dem Namen GAVI gelesen. Doch was hat es mit dieser Stiftung überhaupt auf sich?

Hier eine kleine Märchenstunde:

„Die Impfallianz Gavi ist eine öffentlich-private Partnerschaft mit dem Ziel, Menschen in Entwicklungsländern durch Impfungen gegen vermeidbare Krankheiten zu schützen. Dazu unterstützt Gavi unter anderem den Ausbau nationaler Impfprogramme, die Einführung neuer Impfstoffe und die nachhaltige Finanzierung von Impfkampagnen. Alle wichtigen Entscheidungsträger im Immunisierungsbereich arbeiten dabei partnerschaftlich zusammen: die Regierungen von Industrie- und Entwicklungsländern, die Weltgesundheitsorganisation (WHO), das Kinderhilfswerk der Vereinten Nationen (UNICEF), die Weltbank, die Bill-und-Melinda-Gates-Stiftung, Impfstoffhersteller, die Einrichtungen des öffentlichen Gesundheitswesens und Nichtregierungsorganisationen. Das BMZ unterstützt die Arbeit der Impfallianz seit 2006.“[34]

„Die Allianz wurde am 29. Januar 2000 am Weltwirtschaftsforum in Davos gegründet, um den bereits seit Ende der 1990er Jahre stagnierenden, zum Teil sogar rückläufigen Impfquoten in den ärmsten Ländern der Welt zu begegnen. ... Die Bill & Melinda Gates Foundation stellte anfänglich 750 Millionen US-Dollar zur Verfügung, um Kinder in Ent-

wicklungsländern mit Impfstoffen zu versorgen ... Deutsch-land ist seit 2006 Gavi-Geberland. ... Im Januar 2015 rich-tete Deutschland – unter der Schirmherrschaft von Bun-deskanzlerin Angela Merkel – die Gavi-Geberkonferenz in Berlin aus. ... Am 50. Weltwirtschaftsforum in Davos 2020 hatte Merkel eine Finanzierung in Höhe von 600 Millionen Euro für den Zeitraum 2021-2025 zugesagt."[35]

Für das WHO-Budget 2020/21 überweist Deutschland als WHO-Champion rund 900 Millionen Euro, fast viermal so viel wie in den zwei Jahren davor.[36] [37] [38]

Also fassen wir auch hier kurz zusammen:

GAVI ist eine Stiftung, die von Regierungen, der Pharmaindust-rie und mal wieder von der Gates Foundation finanziert wird. Ihr Ziel ist es, für ihre Geldgeber und die jeweiligen Regie-rungen Verträge zu verhandeln, damit Impfstoffe »überteuert« in die Dritte Welt geliefert werden. Sie wird von der Pharma-industrie gesponsert und muss daher mit dieser über die Preise und das Vorgehen der Impftaktik weltweit verhandeln.

Soll das ein Witz sein? Zusätzlich finanziert sie die WHO und dies mit beachtlichen Summen. Sie wird selbst finanziert, damit sie wiederum eine weitere pharmagesteuerte Stiftung finan-ziert. Ich kann mir nicht vorstellen, dass die Unabhängigkeit und die Seriosität dieser Stiftung zu 100 Prozent gewährleistet ist, zumal sie von den Eliten des Weltwirtschaftsforums gegrün-det wurde, die eine Neue Welt Ordnung anstreben (dazu kommen wir später!). Und zufälligerweise ist der alte Onkel Bill Gates mit seiner Stiftung immer irgendwo beteiligt und hält die Fäden in der Hand. Selbstverständlich darf auch unsere Bun-desregierung mit der »Mutti Merkel« nicht fehlen, wenn es um Geschenke in alle Welt geht, und überschüttet diese fragwür-digen Stiftungen mit Geldregen.

Aber Stopp mit Sarkasmus. Doch dass diese Organisationen sich alle im Kreis drehen und nur gegründet und finanziert werden und wurden, um die Interessen der Pharmaindustrie und den Organisatoren der Neuen Welt Ordnung voranzutreiben, ist doch mehr als offensichtlich.

Zur GAVI möchte ich Ihnen einen Top-Videobericht von www.uncutnews.ch empfehlen. In diesem Video wird Frau Dr. Astrid Stuckelberger, internationale Gesundheitswissenschaftlerin, klinische und epidemiologische Forscherin und Fakultätsmitglied der Universitäten Genf und Lausanne sowie ehemalige WHO-Insiderin interviewt. Sie spricht in einem 18-minütigen Videoclip über »den Plan«, auf dessen Umsetzung die WHO, die GAVI und 193 UN-Mitgliedsstaaten drängen. Astrid Stuckelberger gibt Einblicke in das Innenleben der WHO. Sie erklärt, wie das Vorgehen der WHO gegen deren eigene Vorschriften verstößt und einen perversen Plan einer Neuen Weltordnung verfolgt. Sicherlich könnte man jetzt Frau Dr. Stuckelberger Interessenkonflikte oder Ähnliches vorwerfen, doch es kann doch nicht sein, dass jeder, der eine andere Meinung als unsere Regierung vertritt, korrupt, Verschwörungstheoretiker oder rechtsradikal ist!

Beitrag:

Titel	Wirkt sich der PCR-Test auf die Zirbeldrüse aus? Menschen und „Transhumane". Dr. Astric Stuckelberger
Link	https://uncutnews.ch/wirkt-sich-der-pcr-test-auf-die-zirbeldruese-aus-menschen-und-transhumane-dr-astrid-stuckelberger/
Short-URL	https://bshort.one/vbcdgitb2

4.1 Die Rolle der WHO in der Corona-Pandemie

Bevor wir jedoch in die Rolle der WHO, die sie in der Corona-19 Pandemie hat, eingehen, sollten wir noch kurz einen Blick in die vergangene Schweinegrippe-Pandemie von 2009/2010 werfen. Auch in dieser weltweiten Pandemie hatte die WHO eine tragende Rolle, und was am Ende heraus kam, haben wir ja gesehen. So gut wie ALLE Schreckensmeldungen und Vorhersagen waren falsch!

Millionen von Menschen wurden auf Anraten der WHO mit einem nicht getesteten Vakzin geimpft und viele erlitten schwerste Nebenwirkungen. Da die Massenmedien zu dieser Zeit noch nicht komplett gleichgeschaltet waren, kamen Berichte über diese Fake-Pandemie aber an die Öffentlichkeit.

≡ Deutschlandfunk

Startseite › Hintergrund · 21.03.2010

Zwischen Alarmismus und Wirklichkeit

Warum wurde die sogenannte Schweinegrippe vor einem Jahr zur gefährlichen Pandemie erklärt, obwohl sie zehnmal weniger tödliche Erkrankungen verursacht hat als eine normale Wintergrippe? Kritiker werfen der WHO vor, nur darauf gewartet zu haben, eine über Jahre aufgebaute Maschinerie in Gang zu setzen.

[...]

Im Fall der Schweinegrippe will die WHO beweisen, dass sie vorbereitet und handlungsfähig ist. Obwohl die Fallzahlen der südlichen Welthalbkugel zeigen, dass es nur eine geringe Zahl an schwerwiegenden Erkrankungen und Todesfällen gegeben hat, erklärt sie am 11. Juni 2009 die Schweinegrippe zur Pandemie. Und ruft die höchste Alarmstufe 6 aus. Es ist das erste Mal seit rund 40 Jahren.

Bis Anfang Mai 2009 war auf der WHO-Internetseite zu lesen: Eine Pandemie sei die Ausbreitung eines neuen Influenzavirus, das – so wörtlich – „zu weltweiten Epidemien mit enormen Zahlen von Toten und Kranken führt". Diese Definition wurde abgeändert. Nun kommt es nicht mehr so sehr darauf an, ob ein Virus tödlich sein kann, sondern ob es sich rasend schnell verbreitet.

Dennoch bleibt der Vorwurf bestehen, dass die Pharmalobby eine wichtige Rolle gespielt haben könnte. Viele Grippeforscher, die als Experten in maßgeblichen Kommissionen mitbestimmen, seien mit der Pharmaindustrie verbunden, beschreibt die Organisation Transparency International den Zusammenhang:

„Was wir immer kritisch überprüfen, ist die Unabhängigkeit von medizinischen Sachverständigen. Und da stellt sich heraus, auch in Deutschland, bei der Arzneimittel-Kommission der deutschen Ärzteschaft beispielsweise, dass man eben kaum Sachverständige findet, die nicht auch als Sachverständige von der entsprechenden Herstellerindustrie in Anspruch genommen werden", sagt Anke Martiny, Vorstandsmitglied der Anti-Korruptionsorganisation.

26

≡ Forbes

5. Feb. 2010, 16:35

Warum die WHO eine Pandemie inszeniert hat

[...]

Aber wie konnte die Organisation eine Pandemie deklarieren, wenn ihre eigene offizielle Definition "gleichzeitige Epidemien weltweit mit enormen Zahlen von Todesfällen und Krankheiten" verlangte. Der Schweregrad - also die Zahl der Todesfälle - ist entscheidend, denn die Grippe verursacht jedes Jahr "eine globale Ausbreitung der Krankheit."

Ganz einfach. Im Mai verkündete die WHO, zugegebenermaßen als direkte Reaktion auf den Ausbruch der Schweinegrippe im Monat zuvor, eine neue, auf die Schweinegrippe abgestimmte Definition, die einfach den Schweregrad als Faktor eliminierte. Man könnte nun eine Pandemie mit null Todesfällen haben.

[...]

Aber hier ist mehr als bürokratisches Eigeninteresse am Werk. Bizarrerweise hat die WHO ihre gefälschte Pandemie auch ausgenutzt, um eine extreme politische Agenda voranzutreiben.

In einer Rede im September sagte WHO-Generaldirektorin Chan, dass "Gesundheitsminister" die "verheerenden Auswirkungen" der Schweinegrippe auf ärmere Länder ausnutzen sollten, um die Botschaft zu verbreiten, dass "Veränderungen in der Funktionsweise der Weltwirtschaft" notwendig seien, um "Wohlstand auf der Grundlage von" Werten "wie Gemeinschaft, Solidarität, Gleichheit und soziale Gerechtigkeit" zu verteilen. Sie erklärte weiter, dass sie als Waffe gegen "die internationale Politik und die Systeme, die die Finanzmärkte, die Wirtschaft, den Handel und die Außenpolitik regieren, eingesetzt werden sollte."

27

Doch was waren die Konsequenzen? Es gab so gut wie keine. Die Pandemie wurde als beendet erklärt, die Pharmaunternehmen hatten Milliarden-Gewinne verbucht und auch alle daran Beteiligten hatten sich die Taschen vollgestopft.

Es wurde 2010 eine Fake-Pandemie von der WHO ausgerufen, obwohl die Schweinegrippe um ein Vielfaches weniger Tote als die gewöhnliche Grippe verursachte.

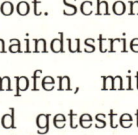

Es war und ist offensichtlich, dass die WHO nur nach den Interessen der Pharmaunternehmen und deren Investoren gehandelt hat. Doch die WHO trifft nicht die alleinige Schuld, sondern die Bundesrepublik Deutschland ebenfalls, denn die so geliebte Ex-Bundeskanzlerin Merkel war auch mit im Boot. Schon damals vertraten sie nur die Interessen der Pharmaindustrie mit dem Ziel, die gesamte Bevölkerung durchzuimpfen, mit Impfstoffen und Maßnahmen, die nicht ausreichend getestet und erprobt waren.

Es wurde reichlich Kasse gemacht, jedoch entwickelte sich in der Bevölkerung eine Art Skepsis in Bezug auf diese Pandemie. Sie wurde dann im August 2010 beendet und alles Dazugehörige unter den Teppich gekehrt. Trotzdem schafften sie es, weltweit über 30 Millionen Impfdosen zu verabreichen, obwohl es sich ganz klar um eine Fake-Pandemie handelte. Es war ein Vorlauf, bei dem sie ganz genau die Vorgehensweisen einer Pandemie live in den Industriestaaten planen und studieren konnten.

An dieser Stelle möchte ich einmal eine Lanze für die Massenmedien brechen und ihnen ein YouTube-Video empfehlen, das erstaunlicherweise von *Arte* gesendet wurde und die oben genannten Thesen ein wenig unterstützt.

Video 5:

Titel	Die WHO - Im Griff der Lobbyisten - Arte Doku HD
Link	https://www.youtube.com/watch?v=dYlia_fQOLk
Short-URL	https://bshort.one/vbcdgitv5

Liebe Leserinnen und Leser, lassen Sie uns nun zu der Rolle der WHO in der Covid-19-Pandemie kommen. Im Grunde hat sich die Aufgabe der WHO in dieser Pandemie im Vergleich zur Schweinegrippe-Pandemie nicht groß verändert. Sie hat ihre Rolle als seriöse Weltgesundheitsorganisation mithilfe der Massenmedien in den Köpfen der Menschen sehr gut verankert. Die Menschen glauben an eine unabhängige Gesundheitsorganisation, die weltweit die Interessen der Bürger vertritt. Sie haben keine Ahnung, dass die WHO seit Jahren nur noch die Anliegen der Pharmaindustrie und ihrer Geldgeber verfolgt. Sie ist in keiner Weise in ihren Handlungen selbstständig und wird von ihren Förderern für eine weltweite Intrige missbraucht! Eigentlich ist es schade und zutiefst traurig, denn der Grundgedanke dieser Organisation könnte der Menschheit wirklich von Nutzen sein. Wenn sie frei und unabhängig handeln könnte...

Wie Sie sehen können, ist die Vorgehensweise immer die gleiche, mit den Hauptdarstellern Gates, der WHO und den einfach ausgetauschten Nebendarstellern. Bill Gates mit seiner fragwürdigen Stiftung ist immer irgendwie beteiligt und profitiert durch und mit diesen Beteiligungen an den Pandemien. Am Anfang einer Pandemie gibt es eine Meldung, dass irgendwo auf der Welt ein Virus identifiziert werden konnte, das voraussichtlich die komplette Menschheit auslöschen kann. Wenige erkrankte Menschen könnten die ganze Bevölkerung der Erde ausrotten. Der Start zur Massenpanik wird durch die Massenmedien und die Regierungen gestartet, nachdem alle ausführenden Protagonisten in Stellung gebracht wurden. Es ist wirklich schwer, an dieses weltweite Komplott zu glauben, denn das Ausmaß der Handlungen dieser Bauernfänger übersteigt bei Weitem die vorhandenen Informationen und das Wissen der Durchschnittsmenschen auf diesem Planeten. Aber wir werden später noch zu dieser weltweiten Verschwörung kommen.

Fazit zur WHO:

Die WHO kommt ihrer Rolle als Weltgesundheitsorganisation absolut nicht nach. Sie wird durch und mit der Abhängigkeit zu ihren Geldgebern für deren Zwecke missbraucht, da sie seit Jahrzehnten infiltriert wurde und in Abhängigkeit zu ihnen steht. Sie ist in keiner Weise selbstständig, was die vielen Skandale über sie mehr als deutlich belegen. Die WHO ist ein künstlich aufgeblähtes Monstrum, das für die Machenschaften weniger psychopathischer Milliardäre für die Erschaffung einer Neuen Weltordnung missbraucht und benutzt wird. Es ist ein Zusammenschluss der Weltelite, die wie schon gesagt öffentlich eine Weltregierung ausgerufen haben.

Glauben Sie wirklich, dass das kommunistische Land China die WHO wegen ein paar Virus-Erkrankten im Januar 2021 informiert hätte? Ein Land, das alles kontrolliert und geheim hält, informiert die WHO, dass auf einem Tiermarkt in Wuhan ein seltsames, unbekanntes Virus auf den Menschen übergesprungen ist und die gesamte Weltbevölkerung infizieren könnte? Und ein Jahr später schickt die WHO Experten nach Wuhan, die genau diese Theorie bestätigen. Das Merkwürdige an dieser schönen Lügengeschichte ist, dass im Mai 2021 sogar die Massenmedien von einem Labor-»Unfall« berichten mussten, da diese Meldung nicht mehr zu verschweigen war. Raten Sie mal, um welches Labor es sich handelte, aus dem zufällig ein mutiertes Virus entkommen konnte? Ja, richtig, genau das Labor, das unsere ehemalige Bundeskanzlerin nur wenige Monate vor Ausbruch der Pandemie besucht hatte. Was für ein Zufall![39] [40] [41]

Was also haben in diesem Fall die Experten der WHO bestätigt? Es kam heraus, dass es ein Laborunfall war, obwohl die Koryphäen der WHO auf ihrer Kaffeefahrt von einem Ursprung auf dem Tiermarkt berichteten. Das Vorgehen der WHO bestätigt einmal mehr ihre Befangenheit und wirft wieder einen großen dunklen Schatten auf ihre Glaubwürdigkeit und die Aussagen der Experten.

Wir müssen uns in der Zukunft auf weitere Pandemien gefasst machen und darauf, dass sich die Politik ihre eigenen Bedingungen erschafft. Hierzu wird sie Grundrechte aushebeln, Freiheiten einschränken und demokratische Tabus einreißen, um eben diese Pandemien zusammenzustellen, welche dann von der WHO ausgerufen werden.

Zum Abschluss dieses Kapitels möchte ich mit Ihnen einen kleinen Blick auf den Generaldirektor der WHO werfen:

„Tedros Adhanom Ghebreyesus ist nicht nur der erste Direktor der WHO ohne medizinischen Abschluss, sondern hat auch einen »politischen Hintergrund« im Vergleich zu seinen Vorgängern. ... Neben seinen medizinischen Qualifikationen ist Tedros Mitglied der »Tigray Volksbefreiungsfront" (TPLF), eine friedliche Organisation, wie der Name schon sagt. Als kommunistische revolutionäre Partei gegründet, kam sie 1991 an die Macht, führte eine Guerillakampagne gegen die Mengistu-Diktatur durch ... Die TPLF wurde in den 90er Jahren von der Regierung der Vereinigten Staaten als terroristische Organisation eingestuft und ist es auch noch heute katalogisiert als Mitglied der Global Terror Database aufgrund seiner hartnäckigen Angewohnheit, bewaffnete Angriffe in ländlichen Gebieten durchzuführen. ... 2012 wurde er zum Außenminister ernannt und führte sofort ein Vorgehen gegen Journalisten und Regierungsgegner durch, einschließlich des Versuchs, diejenigen auszuliefern, die ins Exil ins Jemen geflohen waren. Die beiden Länder nahmen auch Verhandlungen auf, um Dissidenten aus dem Jemen aufzuspüren, auszuschließen und in Äthiopien einzusperren. ... Äthiopien ist bis vor kurzem einer der Staaten geblieben, die die Menschenrechte der Welt am meisten verletzt haben. Es erhielt eine Punktzahl von 19/100 im Index der menschlichen Freiheit für 2018 und eine Punktzahl von 150/180 für Pressefreiheit. Die Regierung ist seit 1991 an der Macht und wahrscheinlich so beliebt, dass sie jede Volksabstimmung mit 100% der Stimmen gewonnen hat."[(42)]

Wie wurde ein Mann mit einem Lebenslauf wie Tedros zum WHO-Direktor?

> *„Die Ernennung einer so unqualifizierten Person wie Tedros hat viel mit der labyrinthischen Struktur des Ernennungsprozesses der WHO zu tun. Der Direktor wird vom Verwaltungsrat ausgewählt, der seinerseits von einer rotierenden Minderheit der Versammlung ernannt wird, die sich aus Gesundheitsministern zusammensetzt, die von den Regierungen der Welt ernannt werden. Die WHO hat daher das gleiche Problem wie viele andere globale Institutionen, bei denen der Direktor ein Beauftragter eines Beauftragten ist, ein Abgesandter von jemandem, der rechtmäßig hätte gewählt werden können. Wenn Sie also zum Direktor kommen, war das demokratische Mandat so klein, dass es fast bedeutungslos ist.“*[42]

Darüber hinaus wurde Tedros von der Amhara Professional Union (APU), einer äthiopischen Bürgerorganisation, beschuldigt, während seiner Amtszeit als äthiopischer Gesundheitsminister zwischen 2005 und 2012 Völkermord durch Zwangsimpfungen, chemische Sterilisationen und Abtreibungen begangen zu haben.[42] [43]

Der Menschenrechtsaktivist Kassahun Adefris sagte in einem Interview, er sei besorgt über Tedros Ernennung: »*Während er Gesundheitsminister war, verloren viele Menschen ihr Leben, weil er Cholera-Epidemien vertuschte.*«, so Adefris.[44] »*Aus meiner Sicht ist es sehr fragwürdig, jemanden für diese Posten zu nominieren, der in solche Skandale mit verwickelt war.*«

Es ist eine Schande, für eine solch wichtige Position einen Mann wie ihn zu nominieren, doch daran kann man ganz klar die noblen Absichten dieser Vereinigung erkennen. Auch die Menschenrechtsorganisation *Human Rights Watch* kritisierte Tedros während seiner Kampagne für den neuen Posten dafür, dass er für einen autoritären Staat arbeite, der repressiv gegen politische Gegner und Journalisten vorgehe.

5. Die EMA (European Medicines Agency)

Die Aufgabe der EMA (European Medicines Agency) ist die Überwachung und Sicherheitsprüfung von Human- und Tierarzneimitteln sowie die Gewährleistung einer sach- und fachgerechten Bewertung dieser. Oberstes Ziel ist die Gesundheit von Mensch und Tier zu schützen und zu fördern. Die wichtigsten Aufgaben der Agentur sind die Zulassungen und Überwachungen von Arzneimitteln in der Europäischen Union. Unternehmen beantragen bei der EMA eine einzige Genehmigung für das Inverkehrbringen, die jedoch von der Europäischen Kommission ausgestellt werden muss.

Wird die Genehmigung erteilt, kann das Arzneimittel in der gesamten Europäischen Union und im europäischen Wirtschaftsraum vertrieben werden.

Die Agentur

- erleichtert die Entwicklung und Zugänglichkeit von Arzneimitteln,

- bewertet Anträge auf Genehmigung für das Inverkehrbringen,

- überwacht die Sicherheit von Arzneimitteln während ihres Lebenszyklus,

- informiert Beschäftigte im Gesundheitswesen und Patienten.

Die Arbeiten der EMA nutzen

- Patientinnen und Patienten

- Beschäftigte im Gesundheitswesen

- Wissenschaftler/-innen

- **pharmazeutische Unternehmen!**

- Entwickler von Arzneimitteln

- politische Entscheidungsträger

„Das europäische System bietet für eine solche Zulassung unterschiedliche Möglichkeiten an. Beim zentralisierten Verfahren darf ein Arzneimittel aufgrund einer einzigen EU-weiten Beurteilung und einer Genehmigung für das In-verkehrbringen, die EU-weit gültig ist, vertrieben werden. Pharmaunternehmen legen der EMA einen einzigen Antrag auf Genehmigung vor. Der Ausschuss für Humanarznei-mittel (CHMP) oder der Ausschuss für Tierarzneimittel (CVMP) der EMA unterzieht den Antrag einer wissen-schaftlichen Beurteilung und gibt der Europäischen Kom-mission eine Empfehlung, ob das Arzneimittel auf den Markt gebracht werden kann oder nicht. Sobald die zen-tralisierte Genehmigung für das Inverkehrbringen durch die Europäische Kommission erteilt wurde, gilt sie in allen EU-Mitgliedstaaten."[(45)]

„Die EMA selbst verfügt nicht über die Autorität, Markt-zulassungen für Arzneimittel zu erteilen. Sie spielt aber eine entscheidende Rolle dabei."[(46)]

„Die Europäische Kommission spielt bei der Regulierung von Arzneimitteln in der EU eine wichtige Rolle. Basierend auf der durch die EMA ausgeführten wissenschaftlichen Beurteilung erteilt oder verweigert sie Genehmigungen für das Inverkehrbringen von Arzneimitteln, die im Rahmen des zentralisierten Verfahrens beantragt wurden, ändert diese Genehmigungen ab oder setzt sie aus. Sie kann aber auch EU-weite Maßnahmen ergreifen, wenn in Bezug auf ein auf nationaler Ebene zugelassenes Produkt ein Sicher-heitsproblem auftritt..."[(45)]

2021 belief sich das Gesamtbudget der europäischen Arznei-mittel-Agentur auf rund 386 Millionen Euro. Davon stammen 14% von der EU und 86% von Unternehmen aus dem Pharma-bereich. Die EMA erhebt Gebühren und Auslagen für die Zulas-sung von Medikamenten sowie für sonstige Dienstleistungen (wissenschaftliche Beratung, Inspektionen und Festsetzung von Höchstmengen für Rückstände). Die Unabhängigkeit der EMA gegenüber Pharmaunternehmen ist in keiner Weise gewährleistet, da über 80 Prozent ihrer Einnahmen von eben diesen kommen. Ganz im Gegenteil, die Abhängigkeit zu diesen Gesellschaften ist mehr als offensichtlich. Im Klartext bedeutet dies: Gibt die EMA keine Empfehlung, dann gehe ich als Pharmaunternehmen eben zu einer anderen Agentur, die korrupt genug ist. Die Profiteure dieser Geschäftsstelle sind ganz klar die Pharmaunternehmen und die Agentur EMA, aber auf gar keinen Fall der Bürger der Europäischen Union.[47]

Halten wir an dieser Stelle Folgendes fest:

Aufgrund fragwürdiger und in aller Eile zusammengewürfelter Studien hat die EMA die Einführung verschiedener Covid-19-Impfstoffe der Europäischen Kommission empfohlen. Pharmaunternehmen haben an tausenden menschlichen Versuchskaninchen einen neuwertigen und noch nie zugelassenen mRNA-Impfstoff getestet und sind selbstverständlich zu der Entscheidung gekommen, dass die Versuchsreihen ausreichend waren, um einen Antrag bei der EMA zu stellen, die wiederum mit diesen fragwürdigen Studien eine Zulassung bei der Europäischen Kommission befürwortet hat.

Nach positiver Bewertung in Bezug auf Sicherheit, Qualität und Wirksamkeit durch die europäische Arzneimittel-Agentur (EMA) erteilte die Kommission eine bedingte Zulassung für bislang 4 Impfstoffe folgender Hersteller: BioNTech/Pfizer, Moderna, AstraZeneca und Johnson & Johnson.

Eine bedingte Zulassung ist die Zulassung eines Arzneimittels, für das noch nicht alle, für eine normale Genehmigung erforderlichen Daten vorliegen. Eine solche bedingte Genehmigung kann dann erwogen werden, wenn der Nutzen der sofortigen Verfügbarkeit des Arzneimittels die Risiken im Zusammenhang mit der unvollständigen Datenlage deutlich überwiegt. Doch überwiegt der Nutzen dieser mRNA-Impfung mit den jetzt schon bekannten Nebenwirkungen? Schon diese Empfehlung ist meiner Ansicht nach ein Schwindel. Das darf und sollte nach dieser Pandemie nicht vergessen werden.

Direktorin ist seit dem 16. November 2020 die irische Pharmazeutin Emer Cooke. Sie ist die erste Frau in diesem Amt. Vorher war Cooke mehrere Jahre bei der Weltgesundheitsorganisation (WHO) und der Pharma-Lobby in leitender Position tätig. Zu Frau Emer Cooke möchte ich ihnen ein Video empfehlen, das weitere Kommentare erübrigt. Gerald Hauser zeigt darin Brisantes über die Impfstoffzulassung auf!

Video 6:

Titel	Gerald Hauser zeigt Brisantes über die Impfstoffzulassung auf! ORF – 01.04.2021
Link	https://www.youtube.com/watch?v=oqH9CoXXYls
Short-URL	https://bshort.one/vbcdgitv6

Es ist mehr als fragwürdig, eine Pharmalobbyistin als Leitung der EMA zu haben, welche zum größten Teil durch die Einnahmen die Pharmaindustrie finanziert wird. Die Direktorin hat sich über mehrere Jahrzehnte für die Interessen von Big Pharma eingesetzt. Dass man hier nicht von einem unabhängigen Institut sprechen kann, versteht sich von selbst. Frau Cooke arbeitete nach ihrem Abschluss von 1985 bis 1991 zunächst in verschiedensten Positionen der irischen Pharmaindustrie. Von 1991 bis 1998 war sie im Vorstand der EFPIA tätig. Die EFPIA ist die Lobbyorganisation der größten europäischen Pharmakonzerne. Frau Cooke betrieb somit acht Jahre Lobbyismus für die 30 größten europäischen Pharmaunternehmen. Unter ihren Auftraggebern waren Pfizer, AstraZeneca, Novartis, Johnson & Johnson ebenso wie Bayer, Roche, Sanofi oder Merck. Was für ein Zufall!

Wie wir nun wissen, empfiehlt somit die EMA der Europäischen Kommission die Zulassung für ein Medikament. In unserem Fall hier die Covid-19-Impfstoffe, und die Europäische Kommission erteilt aufgrund der Empfehlung der EMA eine vorläufige Genehmigung für die Produktion, Herstellung und den Verkauf der sogenannten Vakzine.

Präsidentin der Europäischen Kommission ist Ursula von der Leyen, die seit Juli 2019 dieses Amt innehat, nachdem sich der Europäische Rat der Staats- und Regierungschefs nicht auf einen der zur Europawahl 2019 angetretenen Spitzenkandidaten einigen konnte. Gehen wir hier nur ganz kurz in diese

Aussage: Spitzenkandidaten/System bedeutet, dass europäische Parteien einen gemeinsamen Spitzenkandidaten für die Europawahl und das Amt des Präsidenten der Europäischen Kommission nominieren. Aus diesen Vorschlägen wird dann der Kommissionspräsident vom Europaparlament gewählt. Die dort vertretenen europäischen Parteien haben sich mehrheitlich darauf festgelegt, nur einen Kommissionspräsidenten zu wählen, der vorher als Spitzenkandidat aufgetreten war. Bei der Wahl 2019 (23.-26 Mai) handelte es sich um M. Weber, F. Timmermans und M. Verstager. Die verschiedenen Spitzenkandidaten gingen in den Wahlkampf und M. Weber wurde als neuer Kommissionspräsident bis zur Sitzung des Europaparlaments gehandelt. Auf dieser Sitzung kam dann keiner der Spitzenkandidaten auf eine erforderliche Mehrheit und es wurde kein neuer Kommissionspräsident gewählt. Laut verschiedener Aussagen war einfach kein »richtiger« Spitzenkandidat dabei, obwohl sie von den Parteien für das Amt nominiert worden waren. Was »richtiger« an dieser Stelle zu bedeuten hat, überlasse ich der Phantasie des Lesers bzw. Leserin.

Dann passierte etwas ganz Merkwürdiges, das meines Erachtens einer Demokratie nicht würdig ist. Beim G20-Gipfel (28. Juni 2019) im japanischen Osaka einigten sich die anwesenden EU-Regierungschefs, dass Weber nicht der Passende wäre. Von Präsident Macron (Frankreich) wurde daraufhin Ursula von der Leyen als Kommissionspräsidentin vorgeschlagen, obwohl sie gar nicht als Spitzenkandidatin nominiert war. Auf einmal wurde eine neue Kommissionspräsidenten aus dem Hut gezaubert und alle vorherigen Abmachung waren nicht mehr gültig. Aber sie war die Richtige!

Die anwesenden europäischen Regierungschefs sind:

- Macron / Frankreich

- Merkel / Deutschland

- Conte / Italien

- (May / Vereinigtes Königreich)

Diese vier oder vielmehr drei Regierungschefs (von 27 Regierungschefs in der EU!) bestimmten, dass Weber einfach nicht der Richtige für ihre Agenda war und ernannten kurzerhand eine neue Kommissionspräsidentin.

Dass dies alles ein sogenanntes Geschmäckle hat, ist doch mehr als eindeutig. Am 2 Juli 2019 nickten dann die anderen Regierungschefs die Wahl durch, und das Europaparlament nominierte mit knapper Mehrheit diese Wunsch-Kandidatin der Frau Merkel und des Herrn Macron zur Präsidentin der Europäischen Union. Viele Grüße an die Demokratie!

Ich möchte aber nicht zu tief in die Politik eintauchen, da ich zu diesem Thema ein separates Buch in Planung habe. Jedoch kann ich es mir nicht verkneifen, an dieser Stelle die Funktion der EU-Gesundheitskommissarin Stella Kyriakides anzusprechen. Frau Kyriakides, die Gesundheitskommissarin, scheint in einen Korruptionsskandal gigantischen Ausmaßes verwickelt zu sein.

> *„Nach Panorama-Informationen steht die EU-Gesundheitskommissarin Stella Kyriakides nach einem Rechnungshofbericht in ihrer Heimat Zypern unter Druck."*[48]

> *„Auf dem gemeinsamen Konto der EU-Gesundheitskommissarin und ihres Mannes tauchten nämlich unerwartet 4 Millionen Euro auf. Die zypriotische Presse sprach bereits – wörtliches Zitat – von passiver Bestechung. ... Stella Kyriakides versuchte, nachdem sie entlarvt wurde, sich auf jede erdenkliche Weise zu entschuldigen. Sie versuchte, es so aussehen zu lassen, als ob das Geld nichts mit den EU-Impfstoffverträgen zu tun hat und davon abzulenken, dass es sich um Schmiergelder handeln könnte, die von den Impfstofffirmen für Verträge mit für sie günstigen Konditionen bezahlt wurden, um verzögerte beziehungsweise beschränkte Lieferungen zu ermöglichen."*[49]

Sie behauptete, dass es sich bei den Überweisungen um Darlehen für ihren Mann handeln würde, obwohl er nicht einmal ansatzweise die nötigen Sicherheiten für eine solche Kredit-summe hatte. Na klar, Pharmaunternehmen gewähren dem Mann der EU-Gesundheitskommissarin einen Kredit über 4 Millionen Euro. Das ist doch ganz normal und mit Sicherheit keine Korruption, genau so, wie es auch den Osterhasen gibt!

Es gilt selbstverständlich die Unschuldsvermutung, doch wenn es sich doch um eine legale Überweisung bzw. Darlehen handeln würde, dann könnte man doch dies ohne Weiteres beweisen. Die Gesundheitskommissarin bestreitet alle Vorwürfe der Korruption, ohne jedoch gegenteilige Beweise vorzulegen. Es ist nicht das erste Mal, dass die EU-Gesundheitskommissarin und ihre Familie in einen gesundheitsbezogenen Korruptionsskandal verwickelt sind. Der Name der Familie, die mit Krebspatienten ein Vermögen gemacht hat, wurde zu einem Begriff in Zypern. Stella Kyriakides ist jetzt also Gesundheitskommissarin der Europäischen Union und somit die Unterzeichnerin der inzwischen allseits kritisierten Impfstoffverträge.

Trotz der umstrittenen Studienlage, tausenden von Todesfällen, die im Zusammenhang mit den Impfstoffen stehen und Millionen von möglichen Impfnebenwirkungen hat die EMA im Oktober 2021 grünes Licht für die Moderna- und BioNTech-Auffrischungsimpfung ab 18 Jahren ausgesprochen. Somit kann die zuständige Gesundheitsbehörde der EU nun unter Berücksichtigung der lokalen epidemischen Lage offiziell Empfehlungen für die Verabreichung von Auffrischungsimpfungen geben. Hatten die Regierungen und Politiker nicht versprochen, dass durch einen kleinen Picks die Pandemie vorüber wäre? Wie es scheint, hatten die Verschwörungstheoretiker doch recht mit ihrer Behauptung, dass es kontinuierliche Auffrischungsimpfungen mit diesen mRNA-Impfstoffe geben wird![50]

6. Das Robert-Koch-Institut, die Handlanger der Verschwörer

Das Robert-Koch-Institut (RKI) ist ein Bundesinstitut im Geschäftsbereich des Bundesministeriums für Gesundheit und somit dem Gesundheitsminister untergeordnet. Einen Großteil ihrer Finanzierung erhält das Institut aus dem Bundeshaushalt. In den vergangenen Jahren waren das zwischen 90 und 112 Millionen Euro. Darüber hinaus erhält das Institut zweckgebundene Drittmittel von privaten Geldgebern. Unter privaten Geldgebern könnte man sich jetzt Bürger vorstellen, die die Arbeit des RKI toll finden und mit kleinen Beträge unterstützen. Doch das ist nicht der Fall![51]

Unter den privaten Geldgebern sind internationale Pharmaunternehmen gelistet, und wieder einmal die Bill & Melinda Gates Foundation. Wie auch bei der WHO ist das RKI von privaten Geldgebern abhängig, obwohl es auch vom Bundeshaushalt finanziert wird.[52]

So, jetzt mal eine ganz dumme Frage: Was glauben Sie, wie unabhängig kann ein RKI in seinen politisch-gesundheitlichen Empfehlungen für die Covid-19-Pandemie und auch für weitere Pandemien in der Vergangenheit sein, wenn es dem Gesundheitsminister Spahn unterstellt ist und vom Bundeshaushalt, der Pharma-Industrie und der Gates Foundation finanziert wird?

Das RKI steht bei Pandemien immer in der Öffentlichkeit, das war bei der Schweinegrippe-Pandemie so, wo das Institut ebenfalls mit der WHO in der ersten Reihe stand, und ist in der Covid-19-Pandemie ebenso. Es veröffentlicht täglich Schreckensmeldungen und eine Auflistung von Zahlen, mit denen kein Mensch etwas anfangen kann. Außer der verängstigte Bürger. Schon die Aufzählung der Toten, die angeblich mit und an Covid-19 verstorben sind, ist eine Zumutung für jeden mündigen Staatsbürger. Es ist ein gewaltiger Unterschied, ob der Patient mit oder an Covid-19 verstorben ist und ein ebenfalls gewaltiger Unterschied in der Auflistung der täglichen Todesfälle. Wo sind hier Logik und Seriosität dieses Institutes?

Zu diesem Thema empfehle ich Ihnen ein Video von Medizin-Professor Schrappe mit dem ZDF: »Zahlen des RKI sind nichts wert«.

Video 7:

Titel	Prof. Dr. med. Matthias Schrappe: Zahlen des RKI sind nichts wert
	ZDFheute
Link	https://www.youtube.com/watch?v=GP6H53yTAAl
Short-URL	https://bshort.one/vbcdgitv7

Apropos Seriosität – Professor Dr. Wieler leitet das RKI seit dem 1. März 2015. Ein Fachtierarzt leitet das »wichtigste« Gesundheitsinstitut Deutschlands! Ich möchte Prof. Wieler an dieser Stelle wirklich nicht zu nahe treten (wir werden uns im nächsten Kapitel um ihn kümmern), aber hat das Gesundheitsministerium keinen anderen »Experten« für diese Anforderung gefunden? Mich würden wirklich einmal die Einstellungskriterien, die in der damaligen Stellenausschreibungen gefordert wurden, interessieren: »Gesundheitsministerium sucht Direktor, Tierärzte willkommen.«

Wenn man darüber nachdenkt, dann könnte man aus dem Lachen echt nicht mehr herauskommen, wäre die Sachlage nicht so ernst. In der Presse werden unzählige Professoren, die sich jahrzehntelang mit Virologie befasst haben, diskreditiert, und ein Tierarzt berät den Gesundheitsminister. Das kann doch eigentlich nur ein Witz sein.

Zum Abschluss noch eine moralische und ethische Frage: Ist das RKI überhaupt in der Lage, die Rolle, die es vor der Öffentlichkeit einnimmt, zu gewährleisten?

„1933 – Nach der Machtergreifung der Nationalsozialisten müssen jüdische Wissenschaftler das Institut verlassen. Während des Dritten Reichs ist das RKI erheblich in die nationalsozialistische Gewaltpolitik involviert. Unter anderem sind führende Wissenschaftler an Menschenversuchen in Heilstätten und Konzentrationslagern beteiligt."[(53)]

Als staatliche Einrichtung hatte das RKI eine besondere Nähe zum Nazi-Regime und war an zahlreichen menschenverachtenden Experimenten (unter anderem Impfstoff-Experimenten), gegen das eigene Volk beteiligt und war eines der ausführenden Kräfte.

Man sollte an dieser Stelle nicht vergessen, dass durch die »wissenschaftliche« Beratung des RKI während der Covid-19-Pandemie die Grundrechte der Bürger eingeschränkt wurden. Das RKI ist an der Propaganda-Maschinerie der Bundesregierung beteiligt und ist durch ihre Prognosen und Meldungen mitverantwortlich, dass Millionen von Menschen in Angst und Schrecken leben. Und man sollte auch nicht vergessen, dass das RKI – dieses Mal mit seinem Direktor Prof. Wieler –, wieder einmal an einem Experiment mit Impfstoffen beteiligt ist. Die Geschichte wiederholt sich immer wieder!

Wobei natürlich auch gesagt werden muss, dass Herr Wieler als Leiter einer Bundesbehörde dem Gesundheitsminister weisungsunterworfen ist.

> *„Äußert er sich öffentlich, tut er dies als Vertreter des Staates. Er hat gegenüber der Öffentlichkeit keine Stimme, die von der Stimme der Bundesregierung getrennt werden könnte, schon gar nicht inmitten einer Pandemie, in der das Robert-Koch-Institut die mit Abstand sichtbarste deutsche Bundesbehörde ist. Was er nach außen sagt, muss mit seinem Dienstherrn Spahn im wörtlichen Sinne „abgestimmt" werden. Wenn nun also Wieler unter dem alleinigen Titel des „Präsidenten des Robert-Koch-Instituts" eine Stellungnahme der Leopoldina unterzeichnet, dann signiert die Bundesregierung quasi mit."*[54]

6.1 Das Kabarett: Ständige Impfkommission

„Die Ständige Impfkommission (abgekürzt STIKO, vollständige Bezeichnung: Ständige Impfkommission am Robert-Koch-Institut) ist eine ehrenamtliche, politisch und weltanschaulich unabhängige, derzeit 18-köpfige Expertengruppe in der Bundesrepublik Deutschland, welche beim Robert-Koch-Institut in Berlin angesiedelt ist und sich zweimal jährlich trifft, um sich mit den gesundheitspolitisch wichtigen Fragen zu Schutzimpfungen und Infektionskrankheiten in Forschung und Praxis zu beschäftigen und entsprechende Empfehlungen (darunter auch den jeweils gültigen Impfkalender) herauszugeben. ... Kritiker fordern seit Jahrzehnten die vollständige finanzielle Unabhängigkeit der Mitglieder der STIKO von Impfstoffherstellern ... Im November 2009 wurden 12 von 16 Mitgliedern der STIKO solche Nebentätigkeiten für Pharmaunternehmen oder von diesen unterstützten Organisationen vorgehalten. So hatte auch die Organisation Transparency International für März 2009 bei der Schweinegrippeimpfung festgestellt, »dass die Mehrzahl der derzeit 16 Mitglieder mehr oder minder intensive Kontakte, darunter auch bezahlte Tätigkeiten, zu den wichtigsten Herstellern von Impfstoffen hatten« und sich einige Mitglieder im »Forum Impfen« engagierten...“[55]

Fassen wir die Einleitung, die ich bewusst aus Wikipedia entnommen habe somit kurz zusammen: Die STIKO, die in der Covid-19-Pandemie durch und mit ihrem Expertenwissen von allen Nachrichtkanälen, der Regierung und dem RKI als DAS Impfgremium Deutschland hervorgehoben wird, ist eine 18-köpfige ehrenamtliche Expertengruppe, die sich jährlich zweimal trifft. Während der Schweinegrippe-Pandemie hat sich diese Kommission nicht mit Ruhm bekleckert, da den allermeisten Experten, während einer weltweiten Pandemie bezahlte Tätigkeiten für die Pharmaindustrie unterstellt wurde.[56]

Halleluja, da ist ein richtig übler Haufen zusammen!

Ich habe mir die Mühe gemacht und habe die Sitzungsprotokolle, die die STIKO während der Covid-19-Pandemie virtuell ge-
teilt hatte, durchgelesen.

Ich fasse wie folgt zusammen:

Sitzungsprotokoll 95   4./5. März 2020   Covid-19
                                           keine Diskussion

Sitzungsprotokoll 96   17. Juni 2020   Covid-19
                                           Diskussion
                                           15.45–16.15 Uhr

Sitzungsprotokoll 97   5. November 2020   Covid-19
                                           Diskussion
                                           11.15–13.15 Uhr

Sitzungsprotokoll 98   3. März 2021   Covid-19
                                           Diskussion
                                           11.30–12.30 Uhr

	Information, Diskussion		
9	**Aktuelles zu Covid-19** - **Update** - **Sammlung Änderungsvorschläge zur Empfehlung** Information, Diskussion	Koch, Vygen-Bonnet	11:30 - 12:30
10	**Verschiedenes** - Priorisierungsliste STIKO-Themen: Bearbeitungsstand - Publikationszeitpunkt STIKO-Empfehlungen EpiBull	Koch	12:30 - 13:00

30

Laut der Sitzungsprotokolle sitzen bis zu 40 Personen virtuell
zusammen und diskutieren zweimal jährlich über verschiedene
Geschäftspunkte, die einzeln durchgepeitscht werden müssen.
Da diese Experten offiziell von und durch diese Kommission
kein Geld verdienen, muss der Aufwand dieses Gremiums so
klein wie möglich gehalten werden. Nach meinem Erachten soll
nach außen hin nur der Schein gewahrt werden, dass es sich
um etwas Edles und Wichtiges handelt, dass wichtige Entscheidungen getroffen werden. Unter einer ständigen Impfkommission stellt man sich doch vor, dass diese Experten wochenlang

die Vor- und Nachteile einzelner Impfungen miteinander durchgehen, heiß diskutieren, Studien durcharbeiten und keiner der Teilnehmer irgendwelchen finanziellen und politischen Interessen der Pharmaindustrie ausgesetzt ist. Oder etwa nicht? Leider ist das nicht so!

Ist auch nicht möglich, da diese Experten woanders ihr Geld verdienen müssen und im Grunde nur ihren Namen der Impfkommission zur Verfügung stellen.

Die Covid-19-Pandemie war diesem Gremium in 4 Sitzungen nach offiziellen Zeitangaben der Sitzungsprotokolle keine 5 Stunden wert. Sicherlich hat sich das Gremium noch anderweitig über diese besorgniserregende Pandemie ausgetauscht, um ihre Covid-19-Impfempfehlung zu geben, jedoch ist dies nicht ersichtlich und bekannt.

Den unbefriedigenden Umgang mit Interessenkonflikten bei der STIKO verdeutlichen einige Beispiele aus den letzten Jahren:

- Lehnte die STIKO noch im März 2003 eine allgemeine Empfehlung der Windpockenimpfung für alle Kinder ab, änderte sie ihre Meinung schon 2004 – maßgeblich war offenbar eine vom Impfstoffhersteller GlaxoSmithKline finanzierte Telefonumfrage(!) in ärztlichen Praxen, die eine viel höhere Komplikationsrate der Windpocken ergab als alle bis zu diesem Zeitpunkt vorliegenden wissenschaftlichen Untersuchungen.[57]

- Im Jahr 2006 wurde von der STIKO in einer für viele Experten nicht nachvollziehbaren Tour de force die damals wie heute nicht unumstrittene HPV-Impfung in die Impfempfehlungen aufgenommen. Im selben Jahr erhielt der damalige STIKO-Vorsitzende H.-J. Schmitt den vom HPV-Impfstoff-Hersteller Sanofi gestifteten und mit 10.000 Euro dotierten Helmut-Stickl-Preis für »besonderes Engagement zur Förderung des Impfgedankens«. 2007 wechselte Schmitt dann von der Universität Mainz zum Impfstoffhersteller Novartis (Lehn 2008).[58] [59] [60]

- Noch 2009 – im Rahmen der »Schweinegrippe-Pandemie« – waren die Interessenkonflikte der STIKO so massiv und die Entscheidungsprozesse so wenig transparent, dass sich selbst die internationale Antikorruptions-NGO Transparency International aufgerufen fühlte, dies ausdrücklich zu kritisieren (ti/Transparency International 2009).[61]

- Die STIKO empfiehlt 2021 keine Impfung für Jugendliche mit dem Covid-19-Vakzin. Aufgrund des immensen Drucks der Politik ändert sie ihre Meinung und empfiehlt im August 2021 doch eine Covid-19-Impfung für Kinder ab 12 Jahren. Was für ein Vergehen an unsern Kindern![62] [63]

Ich wollte eigentlich jeden einzelnen Experten dieses Gremiums durchleuchten, doch zum jetzigen Zeitpunkt ist mir die Zeit dafür einfach zu schade.

In meinen Augen ist diese Kommission eine einzige Augenwischerei, die dem Bundesministerium, dem Gesundheitsminister und zu guter Letzt dem RKI unterstellt ist. Diese Impfkommission ist genauso (finanziell) unabhängig in ihren Empfehlungen wie die Institute in den vorherigen Kapiteln. Um es direkt auf den Punkt zu bringen: Eine Witz-Kommission!

Die Ständige Impfkommission (STIKO) empfiehlt die Impfung gegen COVID-19 für alle Personen ab 18 Jahren sowie als Indikationsimpfung für Kinder und Jugendliche im Alter von 12-17 Jahren, die aufgrund von Vorerkrankungen ein erhöhtes Risiko für einen schweren Verlauf der COVID-19-Erkrankung haben.

6.2 Die Leopoldina, im Namen der Wissenschaft ist alles erlaubt

„Die 1652 gegründete Deutsche Akademie der Naturforscher Leopoldina ist mit ihren rund 1.600 Mitgliedern aus nahezu allen Wissenschaftsbereichen eine klassische Gelehrtengesellschaft. Sie wurde 2008 zur Nationalen Akademie der Wissenschaften Deutschlands ernannt. In dieser Funktion hat sie zwei besondere Aufgaben: die Vertretung der deutschen Wissenschaft im Ausland sowie die Beratung von Politik und Öffentlichkeit."[64]

Wissenschaftlerinnen und Wissenschaftler werden in einem mehrstufigen Auswahlverfahren in die Akademie gewählt. Kriterium für die Aufnahme sind herausragende wissenschaftliche Leistungen. Es gilt heute als eine hohe wissenschaftliche Auszeichnung, zum Mitglied der Leopoldina ernannt zu werden. Seit dem Bestehen gehörten mehr als 7.000 Wissenschaftler, Forscher und Gelehrte zur Leopoldina. Darunter waren so bedeutende Persönlichkeiten wie Marie Curie, Charles Darwin, Johann Wolfgang von Goethe und Max Planck. Es ist ein Institut, das hochrangige Forscher und Gelehrten vereint, welche die deutsche Wissenschaft im Ausland vertritt. Der Aufbau und die Darstellung für die Öffentlichkeit dieses Institutes ist »Marketing-technisch« perfekt dargestellt. Man könnte fast meinen, dass Hunderte hochrangige Wissenschaftler zusammen sitzen und sich über die Corona-Politik beraten, damit die Bundesregierung die notwendigen Entscheidungen treffen kann.

Immer wieder zaubert die Leopoldina für die Handlungen der Bundesregierung die passenden Thesen und ad-hoc zurechtgemachten Studien aus dem Zauberhut, auf die sich unsere Bundesregierung nur wenige Tage später beruft, damit sie weitreichende Entscheidungen für das deutsche Volk beschließen kann. Das Zusammenspiel zwischen der Bundesregierung und der Leopoldina scheint perfekt zu klappen!

Es vergeht nahezu keine Woche, in der man in der gesteuerten Presse nicht Artikel lesen kann, was die Leopoldina empfiehlt, was die Leopoldina anregt, was der Expertenrat der Leopoldina beschließt und so weiter. Es werden Meldungen für das Vorgehen Deutschlands herausgegeben und Handlungen empfohlen, die bei Bedarf und Notwendigkeit von unserer Bundesregierung übernommen werden. Wie schon gesagt, könnte man meinen, dass Hunderte unbefangene und unabhängige Virologen wochenlang zusammensitzen, wissenschaftliche Studien diskutieren und dann der Bundesregierung das »Richtige« empfehlen.

Leider muss ich Sie, liebe Leserinnen und Leser, auch hier enttäuschen. Leider kann ich Ihnen nicht bestätigen, dass die Leopoldina so vorgeht. Der Expertenrat, der die Bundesregierung berät, besteht, wie Sie im unteren Bild sehen können, nur aus zwei, leider nicht unbefangenen, Virologen. Die restlichen Wissenschaftler sind sicherlich Experten in ihren Fachgebieten, haben aber mit Virologie und Epidemiologie nichts am Hut. Und einer der Virologen ist Professor Drosten, der in diesem Pandemie-Sumpf wahrscheinlich ganz tief drin steckt!

Mitglieder der Arbeitsgruppe
- Prof. Dr. Katja Becker, Institut für Biochemie und Molekularbiologie, Universität Gießen
- Prof. Dr. Stephan Becker, Institut für Virologie, Universität Marburg
- Prof. Dr. Christian Drosten, Institut für Virologie, Charité Berlin
- Prof. Dr. Bernhard Fleischer, Bernhard-Nocht-Institut für Tropenmedizin, Hamburg
- Prof. Dr. Bärbel Friedrich, ehem. Vizepräsidentin der Leopoldina
- Prof. Dr. Jörg Hacker, Altpräsident der Leopoldina
- Prof. Dr. Gerald Haug, Präsident der Leopoldina
- Prof. Dr. Ralph Hertwig, Max-Planck-Institut für Bildungsforschung, Berlin
- Prof. Dr. Rolf Hilgenfeld, Institut für Biochemie, Universität Lübeck
- Prof. Dr. Thomas Krieg, Vizepräsident der Leopoldina, Klasse III Medizin
- Prof. Dr. Heyo Kroemer, Vorstandsvorsitzender der Charité Berlin
- Prof. Dr. Frank Rösler, Biologische Psychologie und Neuropsychologie der Universität Hamburg
- Prof. Dr. Cornel Sieber, Institut für Biomedizin des Alterns, Universität Erlangen-Nürnberg
- Prof. Dr. Claudia Spies, Klinik für Anästhesiologie m.S. operative Intensivmedizin, Charité Berlin
- Prof. Dr. Norbert Suttorp, Klinik für Infektiologie und Pneumologie, Charité Berlin
- Prof. Dr. Clemens Wendtner, Infektiologie und Tropenmedizin, München Klinik Schwabing

Wissenschaftliche Referenten der Arbeitsgruppe
- Dr. Johannes Fritsch, Nationale Akademie der Wissenschaften Leopoldina
- Dr. Kathrin Happe, Nationale Akademie der Wissenschaften Leopoldina
- Dr. Stefanie Westermann, Nationale Akademie der Wissenschaften Leopoldina

31

Das ist die Kopie der Mitglieder des Expertenrates mit der Ad-hoc-Stellungnahme von 21.3.2021.

Es ist schon eine ziemliche Unverschämtheit, die eigenen Bürger auf diese Weise zu verarschen und hinters Licht zu führen. Wo sind die besten Virologen und Epidemiologen Deutschlands, die sich mit dieser Pandemie befassen sollten? Warum werden sie bei so weitreichenden Entscheidungen der Bundesregierung nicht zu Rate gezogen? Warum wird nicht ein Experten-Gremium aus den besten 50 Virologen und Epidemiologen Deutschlands gegründet, welches die tatsächliche Sachlage dieser Pandemie unabhängig beurteilt?

Sicherlich haben Sie sich diese Fragen auch schon gestellt. Die Antwort ist ebenso einfach wie ernüchternd: Sie werden nicht zu Rate gezogen, weil sie diese Fake-Pandemie nicht bestätigen würden und könnten. Ich bin mir sicher, dass die allermeisten der tatsächlichen Experten zu einem anderen Schluss kommen würden, wenn sie von der Bundesregierung nicht finanziell abhängig wären. Und ich bin mir fast sicher, dass diese Experten diese Aufgabe sicherlich auch kostenlos übernehmen würden. Dies wäre einer Nation wie der Bundesrepublik würdig! Aber nein, unsere Bundesregierung beruft sich auf die Panikverbreiter des RKI, Prof. Drosten, Tierarzt Wieler und Gesundheitsexperte Lauterbach.

Die *Nationale Akademie der Wissenschaft Leopoldina* ist als eingetragener Verein gemeinnützig tätig und wird aus öffentlichen Mitteln vom Bundesministerium für Bildung und Forschung (80%) sowie vom Bundesland Sachsen-Anhalt (20%) finanziert. Somit wird sie zu 100 Prozent »durch« diese Bundesregierung finanziert und ist somit indirekt von den Anweisungen dieser Bundesregierung abhängig. Wie schon im Dritten Reich, als jüdische Wissenschaftler exmatrikuliert wurden und Albert Einstein aus dem Mitgliederregister gestrichen wurde, ist dieser Verein von der Bundesregierung finanziell abhängig und somit indirekt weisungsgebunden.

Derzeitiger Präsident ist seit dem 1. März 2020 der Klimaforscher Gerald Haug. Ein Schelm, der zum Thema Klima Böses denkt. Vor ihm war Jörg Hacker von 2010 bis 2020 Präsident der *Deutschen Akademie der Naturforscher Leopoldina*. Kurios an Herrn Hackers Lebenslauf ist, dass er von 2008 bis 2010 Präsident des RKI war. Was für ein Zufall!

Weitere Mitglieder sind:

- **Prof. Joachim Sauer**, der Ehemann von Bundeskanzlerin Merkel
- **Prof. Lothar Wieler**, Präsident des RKI
- **Prof. Christian Drosten**

Es sind immer die gleichen Wissenschaftler, die zufälligerweise in den Instituten sitzen, die das Vorgehen der Bundesregierung unterstützen.

Liebe Leserinnen und Leser, wie Sie in den vorherigen Kapiteln lesen konnten, sind alle Institute wie

- die WHO
- das Robert-Koch-Institut
- die EMA
- die Ständige Impf-Kommission (STIKO)
- die Leopoldina
- und viele weitere

an dieser Pandemie beteiligt und ausführende Kräfte. Sie sind ALLE den Pandemie-treibenden Regierungen, der Pharma-Industrie und den privaten Geldgebern, wie beispielsweise die Gates Foundation, hörig und von ihnen abhängig.

Mitglieder und Wissenschaftler dieser Institute werden von einer Gesellschaft zur anderen verschoben, damit sie die Interessen der gewünschten Weltregierung verfolgen und durchsetzen. Es besteht eine finanzielle Verknüpfung zwischen allen Instituten, die mutwillig die Bundes- oder vielmehr die Weltbürger belügen und betrügen. Im Namen der angeblichen Wissenschaft wird ein weltweites Massen-Experiment vollzogen und die Gesundheit von Milliarden von Menschen bewusst aufs

Spiel gesetzt. Angesehene Wissenschaftler werden diskreditiert und verleumdet, wenn sie anderer Meinung sind als die sogenannten Experten dieser Institute, obwohl diese sogenannten Experten gar keine tatsächlichen Experten sind oder jemals waren.

Jeder, der sich mit und durch diese Institute an dieser weltweiten Verschwörung beteiligt, macht sich schuldig und muss strafrechtlich verfolgt werden. Die Wissenschaftler, die an dieser weltweiten Konspiration beteiligt sind, sollten sich ernsthaft Gedanken über ihr Handeln machen!

Im nächsten Kapitel werden wir einen Blick auf die Protagonisten werfen, die für diese Fake-Pandemie in Deutschland verantwortlich sind.

Frankfurter Allgemeine
Inland

Stiko-Mitglied: Vorerst wohl keine Impfempfehlung für Kinder

26.05.2021, 08:00

Berlin (dpa) - In der Ständigen Impfkommission (Stiko) wird derzeit eher nicht damit gerechnet, dass das Gremium eine allgemeine Impfempfehlung für alle älteren Kinder und Jugendlichen abgeben wird.

Das Kommissionsmitglied Rüdiger von Kries sagte in der Sendung «RBB-Spezial», momentan wisse man kaum etwas über die Nebenwirkungen von Corona-Impfungen bei Kindern. «Bei unklarem Risiko kann ich zur Zeit noch nicht vorsehen, dass es eine Impfempfehlung für eine generelle Impfung geben wird.»

https://archive.is/Kh8t4

32

Frankfurter Allgemeine
Inland

Spahn will Kinderimpfung auch ohne Stiko-Empfehlung

26.05.2021, 10:15

Vor dem Impfgipfel streiten Politiker und Virologen über die Corona-Impfung für Kinder und Jugendliche. Die Ständige Impfkommission will sie offenbar nicht empfehlen. Gesundheitsminister Spahn will trotzdem „ein Angebot machen".

Bundesgesundheitsminister Jens Spahn setzt weiterhin auf Corona-Schutzimpfungen für ältere Kinder und Jugendliche, auch wenn die Ständige Impfkommission (Stiko) dafür keine allgemeine Empfehlung aussprechen sollte. Die Stiko gebe eine Empfehlung, sagte der CDU-Politiker den Sendern RTL und ntv.

https://archive.is/wGfFp

33

Ich möchte an dieser Stelle deutlich machen, dass sie nicht alleine für diese Konspiration verantwortlich sind, jedoch an der Frontlinie stehen. Mitverantwortlich sind alle, die die Anweisungen der Bundesregierung befehlsgehörig umsetzen und dadurch einen immensen menschlichen und finanziellen Schaden verursachen. Mitverantwortlich sind alle, die wegschauen und hoffen, dass die Bundesregierung es schon richten wird.

Mitverantwortlich sind auch diejenigen, die ihren Berufs-kodex aus Angst vor Repressalien verraten und durch eine ver-zerrte Berichterstattung die Machenschaften dieser korrupten Regierung stützen. Mitverantwortlich sind alle, die ihrem Be-rufskodex als Arzt oder Apotheker aus finanziellen oder anderen niederen Gründen nicht nachkommen.

Ich träume von einer Zeit, in der alle Beteiligten zur Rechen-schaft gezogen werden, doch ich bin mir fast sicher, dass die allermeisten auch dieses Mal mit Taschen voller Geld davon-kommen werden.

Zum Schluss dieses Kapitels möchte ich mit Ihnen das Inter-view vom 12.2.2021 von Peter Weber mit Dr. Hans-Georg Maa-ßen teilen. Es bringt den momentanen Konflikt, in dem die heu-tige Wissenschaft steckt, auf den Punkt.

Video 8:

Titel	Maaßen zur Funktion der Wissenschaft und Gutachter ... Boom
Link	https://www.youtube.com/watch?v=AvILjgB3_SY
Short-URL	https://bshort.one/vbcdgitv8

Dr. Hans-Georg Maaßen ist deutscher Jurist und war von 2021 bis 2018 Präsident des Bundesamts für Verfassungsschutz.

Ich zittere aus dem Interview:

„Ich habe manchmal den Eindruck, die Normalmenschen verstehen nicht, wie man in einem Ministerium tickt. Ich will es Ihnen mal an einem Beispiel klarmachen. Man hält es auch so, wie es in dem Fall war, jetzt mit den Wissen-schaftlern und dem Corona-Virus. Stellen sich mal vor, Sie sind Staatssekretär und werden zum Minister einbestellt. Es geht um das Thema Erde. Der Minister spricht Sie dann direkt im Stehen in seinem Büro an und sagt: »Herr Staats-sekretär, ich habe gerade mit der Kanzlerin gesprochen. Wir haben entschieden, die Erde ist eine Scheibe. Jede andere politische Auffassung lässt sich nicht mehr durch-setzen«. Dann werden Sie als Staatssekretär sagen: »Herr

Minister, wir haben jetzt 500 Jahre lang gesagt, die Erde ist eine Kugel, das wird relativ schwer sein das durchzusetzen«.

Darauf erwidert der Minister: »Aber wir müssen das irgendwie hinbekommen«. Sie nicken und antworten: »Ich werde mich drum kümmern«, gehen zurück in Ihr Büro, werden Ihren Ministerialdirektor, Unterabteilungsleiter und Referatsleiter kommen lassen und jenen sagen: »Der Minister hat entschieden, die Erde ist eine Scheibe. Das war der Wunsch der Kanzlerin. Wir müssen eine Lösung finden«. Nun wird einer vorschlagen, dass Gutachter beauftragt werden müssen, und der eine kennt den Gutachter und der andere kennt jenen Gutachter. Also ruft man bei einem der bekannten Gutachter an. Dieser wird so etwas wie: »Was wollen Sie denn von mir? Kompetenz oder wollen Sie meinen Namen?« Letzteres ist teuer. Man sagt einem Gutachter, dass man gerne seinen Namen nutzen mag, um zu dem Ergebnis zu kommen, die Erde sei eine Scheibe ... Es wird also ein vierseitiges Gutachten erstellt, welches zu dem Ergebnis kommt, dass aufgrund neuester wissenschaftlicher Erkenntnisse die Erde eine Scheibe ist und man sich die letzten 500 Jahre eben geirrt habe. Mit diesem vierseitigen Dokument geht man zurück zum Minister und dieser sagt: »Ich freue mich, gut gemacht! Darüber wird die Kanzlerin glücklich sein.«

Die Bundesregierung oder die Politik hat eine bestimmte Auffassung und dafür sucht man sich dann die Argumente. Noch einmal: Die Ziele sind schon vorgegeben, man sucht sich die dafür passenden Argumente."

7. Die Protagonisten an dieser weltweiten »Pandemie«

Ich freue mich unheimlich, dieses Kapitel zu schreiben, und ich konnte es von Anfang nicht erwarten, endlich zu dieser Passage zu kommen. Lassen Sie mich vorneweg klarstellen, liebe Leserinnen und Leser, dass es nicht meine Intention ist, hier in diesem Buch irgendwelche Persönlichkeiten, Menschen oder Institute zu diskreditieren, ihnen zu schaden oder sie durch den Dreck zu ziehen. Ganz im Gegenteil, ich wäre überaus glücklich, wenn ich Gutes an dieser Stelle über die Protagonisten schreiben könnte. Leider ist dies nicht der Fall und diese Personen haben es durch und mit ihrem Verhalten selbst zu verantworten.

Bei den folgenden Protagonisten handelt es sich nur um kleine Nebendarsteller, welche die Interessen einer anstrebenden Weltregierung in Deutschland umsetzen. Ich weiß nicht, was die Beweggründe des Einzelnen sind. Sind es reine Machtgier, Geldgier oder persönliche Überzeugungen, an dieser sozialistischen Intrige teilzunehmen, oder gar einfach nur pure Dummheit? Womöglich ist es sogar Erpressbarkeit. Haben sie etwa die sogenannten »Leichen im Keller«? Es sind winzige Schrauben im System, über denen sehr mächtige Menschen stehen, welche die Fäden in der Hand halten. Es ist nicht allein ihre Schuld, sondern vor allem UNSERE, da wir das alles mit uns machen lassen.

Doch bevor wir uns näher um die einzelnen Protagonisten kümmern, müssen wir viel tiefer in dieses Thema eintauchen.

7.1 Die »Neue Weltordnung« (NWO)

Um das ganze Ausmaß dieses weltweiten Spiels zu verstehen, müssen wir einen Blick hinter die Kulissen werfen. Es war kein Zufall, dass sehr viele Regierungsvertreter 2021 ein vorgelegtes Skript vor laufender Kamera vorlasen, wo sie klar und deutlich von einer „Weltregierung" sprachen. Das Erstaunliche an diesen Reden war, dass sie fast alle identisch aufgebaut waren. Als ich das erste Mal diese Diskurse sah, war mein spontaner Gedanke: Wer wohl diese Anweisung und die vorgelegten Skripts verfasst hat und für das Timing verantwortlich war? Die Regierungschefs teilten dem Zuhörer klar und deutlich mit, dass eine Weltregierung von Nöten wäre und diese unausweichlich sei. Durch die Covid-19-Pandemie ist diese mafiöse Organisation aus einem Schattendasein nach vorne getreten und hat ihre Besitzansprüche ganz offen dargestellt.

Ich habe in diesem Buch bereits von den »Eliten der Zentral-Bankiers« gesprochen, die fast das gesamte letzte Jahrhundert und bis zum heutigen Tag die Erlaubnis haben, mit und durch die Zentralbanken selbstständig Geld zu drucken. Egal wo man sich mit dem Thema befasst, man wird sofort in die Verschwörungstheorie-Schublade gesteckt und darauf verwiesen, dass es noch nie irgendwelche Bankiers gab, die eine solche Erlaubnis hätten. Ich möchte mich an keinen Verschwörungstheorien beteiligen, aber dies ist nun mal eine Tatsache und belegbar.

Am 23. Dezember 1913 wurde der »Federal Reserve Act« vom US-Kongress verabschiedet, der eine private Zentralbank (USA) autorisierte, Geld nach Belieben zu drucken und die Geldmenge zu kontrollieren. Diese private Zentralbank wurde zwölf regionalen Notenbanken übergeben, die ALLE zwölf privates Eigentum der einflussreichsten Bankiers-Familien der damaligen Zeit waren. Wie schon beschrieben, ist die gigantischste und einflussreichste Zentralbank der Welt bis heute keine Bank der amerikanischen Regierung, sondern eine Gesellschaft in Privatbesitz, bestehend aus zwölf regionalen Federal-Reserve-Banken, die wiederum verschiedenen Großbanken gehören. Es ist unglaublich, doch leider wahr, die mächtigste Zentralbank der Welt ist in Besitz von privaten Banken, die wiederum seit Jahr-

zehnten den einflussreichsten Bankiers-Familien der Welt gehören. Es ist ein Schachtelprinzip, welches ein eigenes Buch benötigen würde, um es aufzuzeichnen. Klar ist: Wer das Geld bestimmt, der bestimmt auch die Politik des Landes. Wer hier an
dieser Stelle etwas anderes glaubt, dem kann man nicht mehr
helfen. Die Politik der USA wird seit über 100 Jahren von diesen
Bankiers-Familien bestimmt, da sie der USA den Geldhahn nach
Belieben zudrehen können, wenn die Marionetten der Regierungen nicht den Anweisungen folgen sollten.

Land	Notenbank	Wem gehört die Notenbank?	börsennotiert?
USA	Federal Reserve	regionale Notenbanken: zu 100 % im Besitz privater Banken Board of Governors: staatlich	nein
Eurozone	Europäische Zentralbank (EZB)	100 % nationale Notenbanken, davon 24 rein staatlich (z B. Bundesbank), zwei rein privat (Banca d'Italia und Bank of Greece) und eine gemischt (Banque Nationale de Belgique)	nein
Deutschland	Bundesbank	100 % Bund	nein
Italien	Banca d'Italia	100 % Banken, Versicherungen, Stiftungen und Pensionsfonds	nein
Griechenland	Bank of Greece	100 % private Aktionäre	ja: GRS004013009
Belgien	Banque Nationale de Belgique	50 % Staat, 50 % private Aktionäre	ja: BE0003008019
Schweiz	Schweizer Nationalbank	rund 55 % Kantone und Kantonalbanken, rund 45 % Privatbesitz	ja: CH0001319265
Japan	Bank of Japan	55 % Staat, 45 % Privatbesitz	ja: JP3699200006 (nicht handelbar in Deutschland)
Südafrika	South African Reserve Bank	zu 100 % im Privatbesitz	nein, aber OTC-Handel
Türkei	Central Bank of the Republic of Turkey	Staat (mind. 51 %), Rest: türkische Banken, Unternehmen und Privatpersonen	nein

Die Tabelle[65] zeigt alle Notenbanken weltweit, die sich (teilweise oder vollständig) in Privatbesitz befinden. Wie Sie in
dieser Tabelle sehen können, ist die amerikanische Zentralbank
nicht die einzige Zentralbank weltweit, die dieser Täuschung

zum Opfer fiel. Es ist in meinen Augen eine der größten Rechtsverletzungen weltweit, da der amerikanische Staat bei seiner eigenen Zentralbank um Geld bitten, dafür Zinsen bezahlen und dafür die Bürger seines eigenen Landes mit Steuern (Mehrwertsteuer) belasten muss, damit sich private Bankiers bereichern können. Und der größte Witz ist, dass diese das Fiat-Geld aus dem Nichts erschaffen können.

Durch die Macht mit und über das Geldsystem wurde die Politik der Vereinigten Staaten kastriert. Wahrscheinlich war sie schon vor diesem Act nicht unabhängig, da ansonsten ein solcher Coup gar nicht möglich gewesen wäre, aber seit diesem Zeitpunkt sind die Politiker nur noch Marionetten in diesem perfiden Macht-Spiel. Es ist das Unlogischste überhaupt, aber es funktioniert, und durch dieses System wurde eine weltweite Herrschaft aufgebaut.

Diese relativ kleinen elitären Familien haben ein so riesiges Vermögen über die Jahrzehnte angehäuft, dass das Vermögen von Bill Gates oder Jeff Bezos dagegen mickrig aussieht. Wir sprechen hier von den tatsächlich reichsten »Menschen« der Welt, welche die Absicht haben, eine totale Weltherrschaft zu errichten.

Es ist unglaublich, doch leider ist es tatsächlich so, dass diese Bankiers-Familien wie Rothschilds, Rockefeller, Morgan, Carnegie, Harriman, Schiff und Warburg eine Weltherrschaft anstreben. Sicherlich sind nicht alle Familienmitglieder in diesen Plan involviert, doch die Führer der jeweiligen Dynastien verfolgen diesen perfiden Plan seit Jahrzehnten: DEN PLAN EINER TOTALEN WELTDIKTATUR.

Durch die Kontrolle

- des Geld-Kreislaufs, der Energie-Produktion (Elektrizität, Öl, Gas),
- der Landwirtschaft (Wasser, Anbau),
- der Pharmaindustrie und des Gesundheitswesens,
- der Waffenindustrie,

- der Erziehung und des Informations- und Mediennetzes,

- des Internets,

- der weltweiten Regierungen,

- des einzelnen Bürgers (Entzug der Rechte, Überwachung),

sind sie ihrem Plan in den letzten Jahrzehnten immer näher gekommen. Der Öffentlichkeit wird dieser neue Umbruch als »The Great Reset« verkauft, der laut den gekauften Experten unumgänglich ist.

Doch wie konnten diese Freibeuter das erreichen?

Ganz einfach: Im Grunde besitzen und kontrollieren zwei amerikanische Investment-Firmen mit ihren Aktionären einen erheblichen Teil des weltweiten Reichtums. Ein Bloomberg-Report prognostiziert, dass BlackRock und die Vanguard-Gruppe im Jahre 2028 zusammen Investitionen von über 20 Billionen US-Dollars kontrollieren werden. Das ist wie beim Monopoly-Spiel, irgendwann gehört einem alles, nur dass es sich hier nicht um ein Spiel handelt, sondern um die Realität. In anderen Worten kann man das wie folgt ausdrücken: Über 80 Prozent des weltweiten Reichtums gehören 1 Prozent der Eliten! Und sie können mit ihrer Macht alles tun, was ihnen in den Sinn kommt.[66] [67] [68]

Lassen wir doch ein paar der Verschwörer selbst zu Wort kommen:

„Wir danken der Washington Post, der New York Times, dem Time Magazine und anderen großen Medien, deren Direktoren an unseren Treffen teilgenommen und ihre Zusagen für Diskretion seit fast 40 Jahren eingehalten haben. Es wäre unmöglich gewesen, dass wir unseren Plan für die Weltherrschaft hätten entwickeln können, wenn wir Gegenstand der öffentlichen Beobachtung gewesen wären. Aber die Welt ist jetzt weiter entwickelt und darauf vorbereitet, in Richtung einer Weltregierung zu marschieren. Die su-

pranationale Souveränität einer intellektuintellen Elite und der Weltbanker ist sicher der nationalen Souveränität, wie sie in der Vergangenheit praktiziert wurde, vorzuziehen."

David Rockefeller auf einem Treffen der „Bilderberger"
in Baden-Baden im Juni 1991

„Für mehr als ein Jahrzehnt hatten ideologische Extremisten an beiden Enden des politischen Spektrums jeden jemals veröffentlichten Zwischenfall (...) genutzt, um die Rockefeller-Familie zu kritisieren, weil wir angeblich übermäßigen Einfluss auf politische und wirtschaftliche Institutionen in Amerika nehmen würden. Einige glauben sogar, wir seien Teil einer geheimen Verschwörung, die gegen die Interessen der Vereinigten Staaten opponiere, charakterisieren meine Familie und mich als »Internationalisten « und werfen uns vor, wir konspirierten mit anderen auf der ganzen Welt, um eine neue ganzheitlichere globale politische und wirtschaftliche Struktur aufzubauen – eine neue Welt, wenn Sie so wollen. Wenn das die Anklage ist, bekenne ich mich gern schuldig und ich bin stolz darauf."

David Rockefeller, Originalzitat aus seiner Autobiografie
„Erinnerungen eines Weltbankiers"

„Der Drang der Rockefellers und ihrer Verbündeten ist es, eine Weltregierung zu kreieren, welche Kapitalismus und Kommunismus vereint – unter ihrer Kontrolle. Meine ich eine Verschwörung? Ja, das tue ich. Ich bin überzeugt davon, dass so ein Plan existiert – [die Eliten] planen es und ihre Absichten sind unglaublich bösartig."

Kongressabgeordneter Larry P. McDonald, 1976

„Im nächsten Jahrhundert werden Nationen, wie wir sie kennen, obsolet sein. Alle Staaten werden eine einzige globale Autorität anerkennen. Nationale Souveränität war keine besonders gute Idee."

Strobe Talbott, Vizeaußenminister der Vereinigten Staaten
Von 1993 bis 2001, am 20. Juli 1992

„Wir stehen am Beginn eines weltweiten Umbruchs. Alles, was wir brauchen, ist die eine richtig große Krise und die Nationen werden die Neue Weltordnung akzeptieren."

David Rockefeller am 23.9.1994 vor dem Wirtschaftsausschuss der Vereinten Nationen (UN Business Council)

Es gibt zig weitere Zitate von Insidern oder Whistleblowern bezüglich der Neuen Weltordnung, wie beispielsweise durch Präsident George Bush, doch diese mögen hier genügen. Fakt ist: Der Stein zu einer Weltregierung ist ins Rollen gekommen und kann so gut wie nicht mehr aufgehalten werden. Es wird sich in der Zukunft zeigen, ob die Bürger sich kampflos versklaven lassen oder für ihre Freiheit und Rechte kämpfen werden. Die wenigen, die diese Agenda vorantreiben, sind unter den verschiedensten Namen erkennbar:

- Illuminati
- Committee of 300
- Skull & Bones
- Bilderberger
- Weltwirtschaftsforum
- und einige weitere...

Sicherlich haben Sie von der einen oder anderen Gruppe schon in den Nachrichten beiläufig irgendwelche nichtssagenden Berichte gesehen oder gehört, und wundern sich nun, dass Institutionen, von denen man bis zum heutigen Tag so gut wie nichts gehört hat, eine Weltregierung anstreben. Die oben aufgelisteten und viele weitere Gesellschaften sind an dem Vorhaben der Neuen Weltordnung maßgeblich beteiligt. Sie treffen sich, abgeschottet von der restlichen Welt (Weltwirtschaftsforum, Bilderberger), und planen ihre perverse Agenda. An diesen Begegnungen nehmen die mächtigsten Unternehmens-Führer, Regierungschefs und Milliardäre der Welt teil und treiben den perfiden Plan einer Weltregierung voran. Bei diesen Treffen werden Schritt für Schritt weitreichende Entscheidungen getroffen, welche in der Hackordnung nach unten durchgereicht werden, damit man diese umsetzt. Die Entscheidungen und Informationen werden wie bei einer Pyramide von der Spitze jeweils in die nächste Ebene nach unten durchgereicht und die jeweilige Ebene hat nur die Informationen, die für sie von Bedeutung ist.

Es gibt eine Hierarchie des Wissens. Die Mächtigsten dieser Welt, eben diese Personen, die sich stets nur im Geheimen treffen, um ihren »Great Reset« durchzuführen, sind der Meinung, dass sie intelligenter als der Durchschnittsbürger sind und einer Elite angehören. Die NWO wird dem Bürger als die ultimative Lösung angepriesen, die der gesamten Weltbevölkerung Frieden und Freiheit bringen wird, doch im Grunde geht es in dieser Agenda nur um die Versklavung der Menschheit.

Die Vereinten Nationen, die, wie schon beschrieben, in der totalen monetären Abhängigkeit von privaten Geldgebern und einzelner Staaten stehen, und das Weltwirtschaftsforum haben 2015 gemeinsam mit 193 Staaten eine Agenda für nachhaltige Entwicklung verabschiedet. Diese Liste fordert ein Umdenken und eine Transformation unserer Welt, in der jeder ökologisch, sozial und wirtschaftlich auftritt.

Beim Weltwirtschaftsforum (WEF) handelt es sich nicht um eine staatliche Institution, die das Recht unter bestimmten Umständen hätte, einen solchen Plan mitzuentwickeln, sondern es ist eine Stiftung mit Sitz in Genf, Schweiz, der die mächtigsten Unternehmen, Unternehmer, Politiker und jeder, der irgendwelchen Einfluss hat, angehören. Es ist eine Unverschämtheit, dass eine private Stiftung der Menschheit vorschreibt, wie die Welt von morgen auszusehen hat. In dieser sogenannten »Agenda 2030« wurden 17 Hauptziele und 169 Unterziele definiert, die von allen Industrie- und Entwicklungsländern erreicht werden sollen. Auf den ersten Blick könnte man meinen, dass das Wohlbefinden der Bürger und des Planeten im Vordergrund stehen würde, doch bei näherem Betrachten sind es komplett utopische Ziele, die nur als Vorwand für einen großen Umbruch verwendet werden, damit diese Elite ihre Weltregierung etablieren kann.

Unter anderem verkaufen sie uns folgende Punkte für die Zukunft 2030:

- eine Welt ohne Hunger

- Wohlstand für alle

- Respektierung unsers Planeten

- Frieden und Menschenrechte

- globale Partnerschaft

- dass niemand zurückgelassen werden soll und alle Menschen
  gleich sind.

Liebe Leserinnen und Leser, an dieser Stelle möchte ich
Ihnen die 169 Unterziele dieser Märchen-Agenda ersparen,
diese können Sie, falls Sie möchten, im Internet nachlesen. Aber
um die Hauptziele dieser Agenda 2030 kommen wir nicht herum.

Die 17 Ziele der Agenda 2030 für nachhaltige Entwicklung
der Vereinten Nationen sind:

1. Armut in allen ihren Formen und überall beenden.

2. Den Hunger beenden, Ernährungssicherheit und eine bes-
   sere Ernährung erreichen und eine nachhaltige Landwirtschaft fördern.

3. Ein gesundes Leben für alle Menschen jeden Alters gewährleisten und ihr Wohlergehen fördern.

4. Inklusive, gleichberechtigte und hochwertige Bildung gewährleisten und Möglichkeiten lebenslangen Lernens für
   alle fördern.

5. Geschlechtergleichstellung erreichen und alle Frauen und
   Mädchen zur Selbstbestimmung befähigen.

6. Verfügbarkeit und nachhaltige Bewirtschaftung von Wasser
   und Sanitärversorgung für alle gewährleisten.

7. Zugang zu bezahlbarer, verlässlicher, nachhaltiger und mo-
   derner Energie für alle sichern.

8. Dauerhaftes, breitenwirksames und nachhaltiges Wirtschaftswachstum, produktive Vollbeschäftigung und menschenwürdige Arbeit für alle fördern.

9. Eine widerstandsfähige Infrastruktur aufbauen, breitenwirksame und nachhaltige Industrialisierung fördern und Innovationen unterstützen.

10. Ungleichheit in und zwischen Ländern verringern.

11. Städte und Siedlungen inklusiv, sicher, widerstandsfähig und nachhaltig gestalten.

12. Nachhaltige Konsum- und Produktionsmuster sicherstellen.

13. Umgehende Maßnahmen zur Bekämpfung des Klimawandels und seiner Auswirkungen ergreifen.

14. Ozeane, Meere und Meeresressourcen im Sinne nachhaltiger Entwicklung erhalten und nachhaltig nutzen.

15. Landökosysteme schützen, wiederherstellen und ihre nachhaltige Nutzung fördern, Wälder nachhaltig bewirtschaften, Wüstenbildung bekämpfen, Bodendegradation beenden und umkehren und dem Verlust der biologischen Vielfalt ein Ende setzen.

16. Friedliche und inklusive Gesellschaften für eine nachhaltige Entwicklung fördern, allen Menschen Zugang zur Justiz ermöglichen und leistungsfähige, rechenschaftspflichtige und inklusive Institutionen auf allen Ebenen aufbauen.

17. Umsetzungsmittel stärken und die globale Partnerschaft für nachhaltige Entwicklung mit neuem Leben erfüllen.

Lassen Sie mich bitte an dieser Stelle eines klarstellen: Ich mache mich hier nicht über diese Ziele lustig, denn im Grunde müsste eine Welt so aussehen, wie in diesen Zielen beschrieben. Doch es ist utopisch, solche Ziele bis 2030 auszurufen, da sie in keiner Weise umsetzbar sind. Die leichtgläubigen Menschen werden durch wunderbare Ziele gelockt, damit diese machtgeilen Psychopathen ihre Weltregierung ohne großen Widerstand durchgesetzt bekommen.

Es gibt hunderte Konflikte durch und mit den Mitgliedsstaaten der UNO, die Natur wird aufs Schamloseste ausgebeutet, die Meere sind verseucht und leergefischt, Naturkatastrophen gang und gäbe, Millionen von Menschen sind auf der Flucht vor Armut, Krieg und Elend, und diese Psychopathen möchten uns verkaufen, dass dies alles und vieles mehr bis zum Jahre 2030 gelöst werden soll. Nach dem Motto: Vertrauen Sie uns, wir werden dies und vieles mehr für Sie schon richten!

Doch was ist überhaupt dieses Weltwirtschaftsforum und wie konnte es seine Macht derart ausbauen?

> *„Das Weltwirtschaftsforum (englisch World Economic Forum, kurz WEF) ist eine in Cologny im Schweizer Kanton Genf ansässige Stiftung und Lobby-Organisation, die in erster Linie für das von ihr veranstaltete Jahrestreffen gleichen Namens bekannt ist, das alljährlich in Davos im Kanton Graubünden stattfindet. Hierbei kommen zahlende Mitglieder, international führende Wirtschaftsexperten, Politiker, Wissenschaftler, gesellschaftliche Akteure und Journalisten zusammen, um über aktuelle globale Fragen zu diskutieren."*[69]

Die offizielle Mission des Forums lautet, »den Zustand der Welt verbessern«. Darauf wie und unter welchen Umständen sich das Weltwirtschaftsforum das vorstellt, werden wir gleich näher eingehen.

Das Forum wurde 1971 von Klaus Schwab mit seinen damals gerade 33 Jahren gegründet, und schon zum ersten Treffen haben sich 440 Manager aus 31 Ländern zusammengefunden. Wie das ein 33-jähriger junger Mann ohne große internationale Vernetzung zustandebekommen hat, ist für viele heute noch ein Rätsel. Klaus Schwab studierte Maschinenbau und absolvierte während seines Studiums ein Jahr an der Harvard University in Cambridge, USA. Dort wurde der junge Schwab von Henry Kissinger (ehemaliger Außenminister der USA) unterrichtet. Aus unbestätigten Quellen hört man, dass die Harvard Universität zu dieser Zeit einen Plan schmiedete der weltweiten Vernetzung von Wirtschaftsmanagern, Politikern und Experten anderer

Sektoren. Diese Vernetzung oder Zugehörigkeit wollte man mit einem jährlichen Treffen öffentlich in Davos, in der Schweiz, präsentieren. Höchstwahrscheinlich wurde dem jungen Schwab diese Aufgabe anvertraut, die er bis zum heutigen Tag erfolgreich umgesetzt und die ihn zu einem der einflussreichsten Männer der Welt gemacht hat. Sicherlich hat die Position des Gründers des WEF und zugleich des Geschäftsführers Herrn Schwab zu einem mächtigen Mann gemacht, jedoch sollte man seine Position nicht allzu überbewerten, da er im Spiel der Elite-Bankiers nur ein kleines Rädchen ist, welches gehorsam und artig über die Jahrzehnte die Agenda vorangetrieben hat und somit jederzeit ersetzbar ist. Er ist das Gesicht des WEF und der Mann, der den Plan der Elite seit Jahrzehnten umsetzt, somit ist er ein Mann mit einem weltumspannenden Einfluss und Netzwerk.

> *„Die einflussreichste Gruppe, die die Gründung von Schwabs Symposiums vorantrieb, war der Club of Rome. Diese einflussreiche Denkfabrik der wissenschaftlichen und monetären Elite, die das Weltwirtschaftsforum in vielerlei Hinsicht widerspiegelt, setzt sich auch für die Förderung eines globalen Regierungsmodells ein, das von einer technokratischen Elite geführt wird. Der Club wurde 1968 von dem italienischen Industriellen Aurelio Peccei und dem schottischen Chemiker Alexander King während eines privaten Treffens in einer Residenz der Familie Rockefeller in Bellagio, Italien, gegründet. ... Der Club of Rome war lange Zeit umstritten, wegen seiner Besessenheit, die Weltbevölkerung zu reduzieren und wegen vieler seiner früheren Maßnahmen, die von Kritikern als eugenisch und neomalthusianisch beeinflusst bezeichnet wurden."*[70]

Für diejenigen, die in die interessante Vergangenheit des Klaus Schwab tiefer eintauchen möchten, kann ich dieses sehr gute Video empfehlen, da das Thema den Rahmen dieses Buches sprengen würde.

Video 9:

Titel	Ein Treffen mit Klaus Schwab – WEF – Doku – Chnopfloch
Link	https://uncutnews.ch/ein-treffen-mit-klaus-schwab-wef-doku-chnopfloch/
Short-URL	https://bshort.one/vbcdgitv9

Zusammenfassend kann man sagen, dass Herr Schwab als unbedeutender Neuling beauftragt wurde, eine Stiftung zu gründen, in der die mächtigsten Menschen der Welt Mitglieder sind und dies öffentlich mit einem jährlichen Treffen nach außen tragen. In der Gründungsphase des WEF ist die Nähe durch den Club of Rome, zur Rockefeller-Banken-Elite ersichtlich und von dieser höchstwahrscheinlich sogar erwünscht und in Auftrag gegeben. Dies ist meine persönliche Meinung, die ich es zu diesem Zeitpunkt nicht beweisen kann, jedoch wenn man eins und eins zusammenzählt, wird immer zwei herauskommen.

Warum sollte ein Herr Schwab, der zur damaligen Zeit ein Niemand im wirtschaftlichen und politischen Bereich war, vom »Club of Rome«, der in einer Rockefeller-Privatresidenz gegründet wurde, sonst unterstützt werden?!

Am Anfang galt dieses Treffen nur Managern und Wirtschaftsbossen, jedoch wurde es bald sukzessive auf die Politik, die Medien und unterschiedliche Prominente ausgeweitet.

„Das Forum wird von seinen rund 1.000 Mitgliedsunternehmen finanziert. Das typische Mitgliedsunternehmen ist ein globales Unternehmen mit einem Umsatz von über 5 Mrd. US-Dollar, wobei dies je nach Branche und Region variieren kann. Außerdem zählen die meisten dieser Unternehmen zu den wichtigsten Unternehmen ihrer Branche und/oder ihres Landes und spielen bei der Zukunftsgestaltung ihrer Branche und/oder Region eine wichtige Rolle. Seit 2005 bezahlt jedes Mitgliedsunternehmen eine Basis-Jahresmitgliedsgebühr von 42.500 Schweizer Franken (CHF) und eine Gebühr von 18.000 CHF für die Teilnahme ihres Präsidenten am Jahrestreffen in Davos. Industrie- und strategische Partner bezahlen jeweils 250.000 CHF und 500.000 CHF, um maßgeblich an den Initiativen des Forums mitzuwirken.“[69]

Zum fünfzigsten Jahrestag des Weltwirtschaftsforums im Jahre 2020 kamen laut Angaben von Bloomberg 119 Milliardäre und Politiker aus der ganzen Welt zum Treffen. Mittlerweile hat das Forum seinen möglichen Höchststand erreicht und gerade deshalb ist es mit seiner Forderung einer Neuen Weltordnung in die Öffentlichkeit getreten.

Laut Wikipedia ist die Neue Weltordnung eine Verschwörungstheorie, die von durchgeknallten Typen in die Welt gebracht wurde. Jedoch sieht es Herr Schwab und die meisten Regierungschefs nicht ganz so wie Wikipedia, da sie öffentlich eine »Neue Weltordnung« durch einen »Great Reset« gefordert haben. Wie soll dieser Widerspruch denn nun verstanden werden? Sind diese Personen etwa alle Verschwörungstheoretiker und rechtsradikal?

»The Great Reset« (der große Umbruch) ist eine Initiative des Weltwirtschaftsforums, die eine Neugestaltung der weltweiten Gesellschaft und Wirtschaft im Anschluss an die Covid-19-Pandemie vorsieht. Die Initiative wurde von Prinz Charles und WEF-Direktor Klaus Schwab im Mai 2020 vorgestellt. Ziel ist es, offiziell den Kapitalismus zu verbessern. Sie riefen zum »Great Reset« auf, um alle Aspekte unserer Gesellschaft und Wirtschaft zu überholen. Von den USA bis China müsse jedes Land und jede Industrie sich dieser Erneuerung unterziehen. Zitat Schwab: *»Wir können nicht zur alten Normalität und Realität zurückkehren.«*[71]

Mit ihrer Agenda 2030, eine Welt ohne Hunger, Kriege, Krankheiten und vielen weiteren wünschenswerten Punkten, verkauft das WEF seine Ziele und den »Great Reset« als etwas Schönes, das eigentlich von allen Bürgern erwünscht ist. Schaut man dann aber hinter die Kulissen, erkennt man, dass der Preis jedoch von den Staatsbürgern bezahlt werden muss.

Sie streben eine sozialistische Weltregierung an, die mit einer »Militär-Diktatur« am Leben gehalten werden muss. Denn wenn der versklavte Bürger eines Tages aufwacht und es ersichtlich wird, dass er betrogen und belogen wurde, wird es automatisch zu Unruhen kommen. Sie werden ihre globale Weltregierung nur durch Unterdrückung, Leid und Schmerz am Leben halten können, und deswegen ist eines ihrer Ziele die Reduzierung der Weltbevölkerung. Frei nach dem Motto: Warum sich mehr Sklaven halten, die nur unnötige Ressourcen verschwenden, als unbedingt nötig?

In ihrer Propaganda und den zugehörigen Videos wird jedoch eine andere Welt dargestellt. Nach dem Motto: *»Willkommen im Jahr 2030, Sie besitzen zwar nichts mehr, sind durch einen Militär-Apparat 24 Stunden am Tag kontrolliert, haben somit keine Privatsphäre, aber das Leben war noch nie besser.«*

Video 10:
Titel	8 predictions for the world in 2030
Link	https://www.youtube.com/watch?v=Hx3DhoLFO4s
Short-URL	https://bshort.one/vbcdgitv10

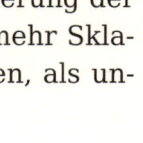

Ihr wahres Ziel ist es:

- Die Entziehung der Bürgerrechte (welche ja momentan ohnehin schon für das öffentliche Gesundheitssystem eingeschränkt sind).

- Aufbau einer sozialistischen Weltdiktatur.

- Enteignung aller Bürger und Übertragung ihres Besitzes auf den Staat.

- Versklavte Bürger ohne Rechte schaffen.

- Einführung einer digitalen Währung, gekoppelt an einen Gesundheitspass.

- Die Reduktion und die totale Kontrolle der Weltbevölkerung.

- Zusammenschlüsse der Unternehmen zu globalen Monster-Gesellschaften.

- Die totale Kontrolle der Nachrichten und des Internets.

- Keinen Raum für Privateigentum zulassen, da alles dem Staat gehört.

- Die absolute Kontrolle – alle einzelnen Schritte der Bürger elektronisch verfolgen.

- Die Reduzierung der Weltbevölkerung.

Vielleicht werden Sie mich jetzt für einen total durchgeknallten Typ halten, der womöglich einen Science-Fiction-Film zu viel angeschaut hat. Aber glauben Sie mir, wir sind auf dem Weg in diese Militär-Diktatur, die von einer kleinen Welt-Elite vorangetrieben wird, und die allermeisten Menschen haben es noch nicht einmal ansatzweise bemerkt. Jeder einzelne Schritt und jedes Ereignis der letzten Jahrzehnte wurde akribisch und sorgfältig geplant.

Die Welt ist gespalten und die geschaffenen Gräben sind durch das Handeln dieser Welt-Elite und unser Nichtstun entstanden. Durch die Zensur des Internets und der gesteuerten Propaganda bestimmen sie heute schon die Normen der Gesellschaften, um das Denken, das Fühlen und das Handeln der Bürger kontrollieren zu können. Sie entscheiden, was gut und was schlecht ist, was moralisch und was unmoralisch ist, was Wissenschaft und was Verschwörungstheorie ist. Im Grunde bestimmen sie heute schon alles!

Wenn man sich als Bürger in einem von ihnen vorgegebenen Radius bewegt, dann wird man als »normaler« Bürger eingestuft und das private und soziale Umfeld wird einen in Ruhe lassen. Bewegt man sich gegen diesen Strom und hinterfragt dieses Handeln, dann ist man ein Verschwörer, ein Rechtsradikaler und Gegner des Systems. Dieses kranke Vorgehen wird in unserer Gesellschaft schon seit Langem umgesetzt. Es gibt immer einen Feind. Einmal waren es die Juden, dann die Russen mit ihrem Kommunismus, dann rechts gegen links, schwarz gegen weiß, Inländer gegen Ausländer, Geimpfte gegen Nichtgeimpfte. Ich könnte die Liste noch ewig fortsetzen. Wir müssen endlich verstehen, dass es diese Gräben, die von der Politik geschaffen werden, in Wirklichkeit gar nicht gibt. Wir sind alle Menschen, die im Grunde nur friedlich, gelassen und glücklich leben möchten. Wir müssen endlich aufhören, uns gegenseitig zu bekriegen und dieser korrupten Elite dadurch das Feld zu überlassen. Sie haben aus uns feindselige und verängstigte Wesen geschaffen, wie sie es immer gemacht haben – divide et impera – teile und herrsche.

Wir sind mittendrin in diesem Umbruch und es wird an uns liegen, ob wir diese Entwicklung noch aufhalten werden und können. Es ist mit Sicherheit noch nicht zu spät, aber die Zeit läuft ab. Liebe Leserinnen und Leser, schauen Sie sich doch unsere aktuelle Situation an (Dezember 2021). Wir sind auf direktem Weg, alles zu verlieren. Unsere Grundrechte wurden aufgrund des Infektionsschutzgesetzes eingeschränkt, obwohl dies rechtlich eigentlich gar nicht möglich ist. Wir wurden und werden wegen einer angeblichen Pandemie monatelang eingesperrt und zirka 70 Prozent der Bevölkerung lässt sich mit einem Vakzin impfen, welches von Personen entwickelt und verkauft wird, die eine Weltreduktion vorantreiben. Jegliches bürgerliche Recht wurde uns genommen, und durch Einschränkungen, Bestrafung und Gewalt wird dafür gesorgt, dass wir uns diese Rechte auch ja nicht wieder zurückholen sollen. Eine Impfpflicht durch die Hintertür wird gerade eingeführt, da Ungeimpfte in Deutschland nicht mehr am gesellschaftlichen Leben teilnehmen dürfen. Alles wird ins Digitale umgesetzt, damit alle unsere Schritte kontrolliert und überwacht werden können. Bewegungsapps sind längst auf den Handys installiert.

Sie gehen auf unsere Kinder los und setzen die Impfkommission (STIKO) so lange politisch unter Druck, bis sie letztendlich die Empfehlung einer Impfung für 12- bis 17-jährige Kinder ausspricht, obwohl Professor Mertens, der Leiter der STIKO, sich im Herbst 2021 gegen eine Impfung für Kinder aussprach. Sie planen ein Grundeinkommen für jedermann, damit dieses Geld nach ihren Vorgaben verbraucht werden kann. Der digitale Euro ist in Planung und damit die Bargeldabschaffung, um wie bereits beschrieben, uns jederzeit den Finanzhahn abdrehen zu können. Sie planen, wie sie von jedem Bürger eine Auskunft über das Vermögen erhalten können, damit die geplante Enteignungswelle stattfinden kann und wird.

Die Planung und Umsetzung ihrer perversen Agenda ist voll im Gange!

ENEMIES OF THE PEOPLE

34

Sie glauben, ich hätte womöglich zu viel Gras geraucht und sehe überall nur noch eine Verschwörung?

Dann lassen Sie uns doch einfach einen Blick in das von der Politik so gepriesene Wunderland CHINA werfen. China wird seit Jahren durch eine sozialistische Militärdiktatur geführt und verwaltet. Die allermeisten Grundrechte, wie wir sie in der westlichen Welt kennen, sind in diesem kommunistischen Land längst abgeschafft oder dermaßen eingeschränkt, dass die Bürger schon gar nicht mehr an diese Rechte glauben. Millionen von Uiguren werden in Konzentrationschamps gesteckt, misshandelt und getötet. Die Bürger werden von zirka 400 Millionen Kameras 24 Stunden überwacht, gefilmt und durch ein Punkte-System bewertet. Jeder erfasste und registrierte Bürger hat ein Punkte-Konto, das je nach Verhalten reduziert oder gesteigert wird. Das gesellschaftliche Leben in China hängt von diesem Punkte-Konto ab, und alle »normalen« Handlungen hängen von jeweiligen „Score" des Einzelnen ab. Wenn sich ein chinesischer Bürger zum Beispiel ein Haus kaufen, einen Kredit beantragen, heiraten oder viele weitere alltägliche Vorgänge tätigen möchte, dann darf er das nur dann, wenn sein Punkte-Konto ausreichend hoch ist.

Alles ist diesem kommunistischen und diktatorischen System untergeordnet. Und genau diese Lebensweise wird uns in der westlichen Welt als so toll verkauft und hoch angepriesen. Ich weiß nicht, wie es Ihnen geht, aber in so einem System möchte ich nicht leben. Ich möchte ehrlich zu Ihnen sein, liebe Leserinnen und Leser, in den vergangenen Monaten habe ich kontinuierlich an ein Auswandern gedacht, doch die Frage ist, wohin? Es wird sehr bald keinen Ort mehr auf dieser Welt geben, der nicht diesem sozialistischen System folgen wird. Wir haben diesen Wahnsinn schon in der Vorstufe bei der Covid-19-Pandemie sehen können. Die große weite Welt wird auf einmal zu einem Dorf. Über Nacht ist nichts mehr, wie es einmal war und wie wir es liebten.

Wie Sie sehen, ist die von mir beschriebene Zukunft keine Science-Fiction, sondern ein System, das jetzt bereits schon bei über einer Milliarde Staatsbürger in China erfolgreich angewandt wird. Die Planung der Neuen Weltordnung steht, und der Stein ist ins Rollen gekommen. Nur liegt es an uns, ob wir das Rückgrat haben, diesen Albtraum noch zu verhindern.

35

Die Agenda wird von der Elite schon lange umgesetzt, damit sie ihre sozialistische Politik implementieren kann. Durch die Gründung des G20 wurde sichergestellt, dass Amerika und Europa gleichgeschaltet ist. Zusätzlich wurden auf globaler Ebene passenden Strukturen und Gesellschaften geschaffen, wie zum Beispiel die

- World Trade Organization (Welthandelsorganisation)

- World Health Organization (Weltgesundheitsorganisation)

- World Bank (Weltbank)

- IWF (Internationaler Währungsfonds),

welche dann zur passenden Zeit nur noch in den Vordergrund treten müssen.

Um dieses Kapitel nicht unnötig in die Länge zu ziehen, und da dazu schon tonnenweise Bücher geschrieben worden sind, möchte ich Ihnen zum weiteren Verständnis eine Dokumentation von Klar.TV empfehlen. In zirka 20 Minuten werden hier einige Teile und Zusammenhänge des oben Beschriebenen zusammengefasst.

Video 11:

Titel	Council on Foreign Relations – Die geheime Weltregierung?
Link	https://www.kla.tv/NWO/19404
Short-URL	https://bshort.one/vbcdgitv11

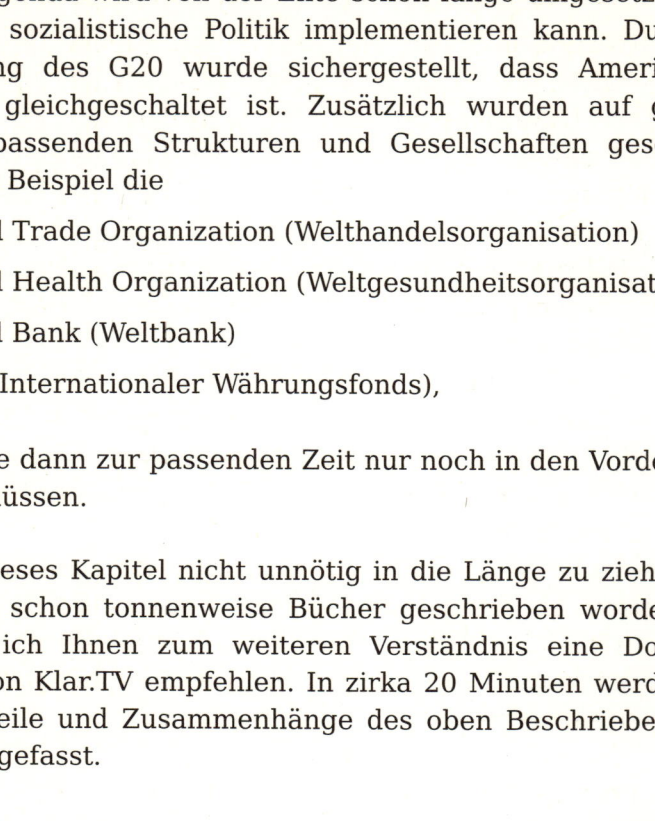

7.2   Who the fuck are the »Young Global Leaders«?

Das Weltwirtschaftsforum hat die Young Global Leaders ins Leben gerufen, um ihren Einfluss und ihre Agenda direkt in die wichtigsten Unternehmen und Regierungen der Welt einzupflanzen. Sicherlich hätten sie sich auch die allermeisten Führungspositionen erkaufen können, aber um den niedrigsten Widerstand zu erhalten, haben sie bevorzugt eine Neue Generation von Führungskräften unter ihren Fittichen heranwachsen lassen. Dadurch können sie die anstrebenden Führungskräfte nach Belieben formen und führen.

> *„Die Young Global Leaders Community ist ein Beschleuniger für eine dynamische Gemeinschaft außergewöhnlicher Menschen mit der Vision, dem Mut und dem Einfluss, die Welt positiv zu verändern.*
> *Unsere wachsende Mitgliederzahl von mehr als 1.400 Mitgliedern und Alumni aus 120 Ländern umfasst Innovatoren aus Gesellschaft und Wirtschaft, Unternehmer, Technologiepioniere, Pädagogen, Aktivisten, Künstler, Journalisten und viele mehr.“*[72]

Wenn man die Web-Seite der Young Global Leaders besucht, könnte man denken, dass es sich um einen einfachen Inkubator handelt, der für besonders gebildete Menschen ins Leben gerufen wurde.

Wenn man jedoch einen Blick hinter die Kulissen wirft, erkennt man fast eine sektenartige Struktur, welche die Teilnehmer, mit welchen Methoden auch immer, dazu bewegt, die Interessen des Weltwirtschaftsforums zu vertreten. Diese zukünftigen Führungspersönlichkeiten durchlaufen ein mindestens fünfjähriges Schulungsprogramm, während dem sie in das Netzwerk und das System eingeführt werden. Nach diesem Programm haben die abgehenden Young Global Leaders die Möglichkeit, sich als *GLF Alumni* für die Gemeinschaft einzusetzen und sich um die Folge-Generation zu kümmern. Im Herbst jeden Jahres werden von den Young-Leaders-Alumni oder Mitgliedern der Atlantik-Brücke potenzielle Konferenzteilnehmer zwischen 28 und 35 Jahren vorgeschlagen, die daraufhin von der Atlantik-

Brücke zur Bewerbung aufgefordert werden. Mit Hilfe einer Jury werden die »richtigen« Young Leaders ausgewählt.

Wer oder was ist die Atlantik-Brücke?

Die Atlantik-Brücke wurde 1952 von den beiden Bankiers Eric Warburg und Gotthard von Falkenhausen und andere ins Leben gerufen. Atlantik-Brücke und ACG gründeten 1973 gemeinsam das »Young Leaders-Programm«. Man könnte, wie bereits im Kapitel »Who the fuck are the ›Young Global Leaders‹?« Beschrieben meinen, dass es sich hier um eine Pfadfinder Gruppe handelt, die sich um die Belange der Menschheit kümmert. Doch leider ist dies nicht der Fall, denn die Interessen dieser Vereinigung liegen bei der Errichtung einer Neuen Weltordnung.

Dr. Arend Oetker, der ehemalige Vorstands-Chef der Atlantik-Brücke und Vizepäsident des Bundesverbandes der Deutschen Industrie (BDI) beschrieb die Lobbytätigkeit der Atlantik-Brücke im Jahr 2002 folgendermaßen: *»Die USA wird von 200 Familien regiert und zu denen wollen wir gute Kontakte haben.«*

Haben Sie das gelesen? Nicht Joe Biden oder Donald Trump regieren, sie sind nur Marionetten. Regieren tun diese 200 Familien!

Wenn man auf der Web-Seite der Young Global Leaders unter den „Ehemaligen" sucht, kann man einige Persönlichkeiten, wiederfinden, die heute in führende Positionen sind. Wie zum Beispiel den französischen Präsidenten E. Macron und viele weitere Staatsoberhaupte.

Das *Handelsblatt* hat am 3. Dezember 2002 eine Liste mit allen bis zu diesem Zeitpunkt deutschen Absolventen veröffentlicht, und dreimal dürfen Sie raten, wer in der Abschlussklasse 1992/93 dabei war.[73]

Na, sind Sie darauf gekommen? Natürlich unsere „Kanzlerin der Herzen", Frau Angela Merkel! Wie sie das geschafft hat und unter welchen Voraussetzungen, würde mich wirklich interessieren, da ja 1990 erst die Mauer gefallen war. Wie geht es an, dass die Jungkommunistin bereits kurz danach im Kurs von Herrn Schwab sitzt?

Legendär ist auch das Treffen in Davos, bei welchem sich Helmut Kohl mit dem letzten Vorsitzenden des Ministerrates der DDR, Hans Modrow, im Beisein von Klaus Schwab traf und die ehemalige Bundesrepublik an die DDR verkaufte. Sicherlich werde ich für diese Aussage eine Menge Kritik bekommen, aber glauben Sie wirklich, dass die BRD die DDR übernommen hat? In wirtschaftlicher Hinsicht sicherlich, aber in politischer wurde die BRD von ehemaligen Stasi-Mitarbeitern und SED-Mitgliedern regelrecht überrollt. Diese Leute sitzen heute noch in unserem Bundestag und in unseren Ämtern.

Wissen Sie, liebe Leserinnen und Leser, für mich ist nicht verständlich, dass Mitglieder dieser kommunistischen Partei, die jahrzehntelang für Leid und Schmerz der Bürger verantwortlich waren, einfach so übernommen wurden, ohne an die Konsequenzen zu denken.

Der *Merkur* hat übrigens zu diesem brisanten Thema einen Artikel veröffentlicht:

Bericht:

Titel	17 000 Ex-Stasi-Mitarbeiter arbeiten in Behörden
Link	https://www.merkur.de/politik/ex-stasi-mitarbeiter-arbeiten-behoerden-zr-396234.html
Short-URL	https://bshort.one/vbcdgitb3

Mitglieder der Young Global Leaders können wir breit gestreut in unserer gesamten Gesellschaft finden. Ob Politiker wie Spahn, Özdemir, Merkel oder Industrielle bis hin zu Königsfamilien. Sie werden aus allen Schichten rekrutiert. Sie sind alle vertreten, egal ob Ex-Kanzler Kurz aus Österreich oder Alicia Garza, die Mitgründerin der BlackLivesMatter-Bewegung. Wichtig ist aber, dass sie die sozialistische Agenda des WEF vorantreiben. Diese Politiker werden von den Bürgern in den Bundestag gewählt, durch deutsche Steuergelder finanziert und absolvieren eine Kaderschmiede, die ein sozialistisches-kommunistisches System propagandiert, obwohl sie für einen demokratischen Staat arbeiten. Ich weiß nicht, wie es Ihnen dabei geht, aber ich fühle mich echt verarscht! Sogar unsere grüne Parteivorsitzende Annalena Baerbock ist Mitglied der Young Global Leaders, obwohl sie keine zwei zusammenhängenden Sätze herausbringt.

Zum Thema Wahlen möchte ich mich an dieser Stelle nicht groß äußern, da ich, wie ich Ihnen bereits angedeutet habe, an einer Fortsetzung dieses Buches arbeite. Dort werde ich näher auf die Politik und das Wahlsystem eingehen.

Was glauben Sie, warum unsere Frau Baerbock von unseren so unabhängigen Medien ins Kanzleramt gepusht wurde – sie ist inzwischen unsere Außenministerin? Ganz einfach, weil sie und ihre Partei das vollenden sollen, was unsere Kanzlerin der Herzen Merkel begonnen hat – den wirtschaftlichen und politischen Ruin Deutschlands. Reiner Zufall ist es sicherlich auch, dass vier ehemalige Gesundheitsminister der BRD aus der Kaderschmiede der Young Global Leaders kommen, die Verbindungen zur Pharma-Lobby haben, und dass diese bei zwei weltweiten Pandemien als Gesundheitsminister tätig waren.

- 1998-2001 Andrea Fischer (Bündnis 90 / die Grünen), die nach ihrer beruflichen Laufbahn Pharma-Lobbyisten wurde

- 2009-2011 Philipp Rössler (FDP), von 2014 bis 2017 Geschäftsführer des Weltwirtschaftsforums

- 2011-2013 Daniel Bahr (FDP)

- seit 2018 Jens Spahn (CDU), Haupt-Pandemie-Treiber 2020

Ich möchte dieses Kapitel mit dem Spruch eines bemerkenswerten und unabhängigen Journalisten unserer heutigen Zeit abschliessen – ein Mann, der sich Tag für Tag mutig für unabhängigen Journalismus einsetzt: Boris Reitschuster.

»Ein Schelm, wer Böses dabei denkt.«

7.3   Die Massenmedien, ein Abbild der Prostitution

Jeder von uns hat mit Sicherheit schon einmal die grausamen Bilder der Massenvernichtungslager des Dritten Reiches gesehen, wo Menschen auf die übelste Art und Weise gefangen, gefoltert, misshandelt und umgebracht wurden. Diese Bilder sind eine Schande für die Menschheit, und jedes Mal fragen wir uns, wie es dazu kommen konnte. Wie konnte es dazu kommen, dass anständige deutsche Frauen und Männer zu so einem grausamen Verbrechen imstande waren? Es ist sicherlich richtig, dass ein Großteil von diesen Menschen von der Ideologie des Dritten Reiches überzeugt und somit zu allem fähig und bereit waren. Aber ein Großteil der Menschen, die sich an diesem Verbrechen beteiligten, waren ganz normale Menschen, so wie Sie und ich.

Ich habe Ihnen ein Original-Inserat für die Bewerbungsformalitäten eines KZ-Aufsehers herausgesucht. Wie Sie selbst lesen können, war für diese Tätigkeit keine besondere Fähigkeit von Nöten:

> *„Im Konz.-Lager Ravensbrück sitzen Frauen ein, die irgendwelche Verstöße gegen die Volksgemeinschaft begangen haben und nun, um weiteren Schaden zu verhindern, isoliert werden müssen. Diese Frauen sind bei ihrem Arbeitseinsatz innerhalb und außerhalb des Lagers zu beaufsichtigen. Sie brauchen für diese Arbeit also keine beruflichen Kenntnisse zu besitzen, da es sich ja lediglich um die Bewachung der Häftlinge handelt."*[74]

Ein Großteil von diesen Frauen waren aus finanziellen und privaten Gründen auf diese Tätigkeit angewiesen und im Grunde waren sie nur arme Mitläufer im System. Bei den verschiedensten Gerichtsprozessen beriefen sich diese Frauen auf ihre Dienstpflicht auf die Frage, warum sie an diesem Verbrechen teilgenommen hatten.

Liebe Leserinnen und Leser, verstehen Sie mich hier an dieser Stelle bitte nicht falsch. Ich möchte hier nichts beschönigen oder irgendwelche Verbrecher/innen in Schutz nehmen, ganz im Gegenteil. Aber die zwei Fragen, die ich mir stelle, sind:

1. Wie war es möglich, dass sich ganz gewöhnliche deutsche junge Frauen zu solchen Bestien verwandeln konnten?

2. Wäre es in der heutigen Zeit auch möglich, dass die Menschen sich zu solchen Verbrechen verleiten lassen?

Wie schon oben beschrieben, fühlten sich sehr viele dieser jungen Frauen nicht schuldig, da sie in ihren Augen nur ihre Pflicht ausübten und ihre Dienstanweisungen ausführten. Sicherlich waren sie hier und da bei bestimmten Anweisungen nicht begeistert, doch in ihrem deutschen Pflichtbewusstsein führten sie die Befehle einfach aus. Sie bezogen für diese Arbeit ihren Sold und an eine Dienstverweigerung war nicht zu denken. Es wurde ihnen mitgeteilt, dass es sich um Staatsfeinde handelte, die sie zu bewachen hätten, und an den Anweisungen wurde nicht mehr gerüttelt. Zusätzlich erhielten vielen von ihnen eine Macht zugeteilt, die sie bis zu dem damaligen Zeitpunkt nicht gekannt hatten. Von einem »Niemand«, der bis zu diesem Moment nicht viel auf die Reihe bekommen hatte, hatten sie auf einmal die Macht über Leid, Schmerz bis hin zum Tode zu entscheiden. Es ist erschreckend und erstaunlich, wie Menschen sich in bestimmten Situationen verhalten. Diese Vorgehen können wir bei jedem Krieg in der Welt beobachten. Menschen verwandeln sich durch die ihnen zugeteilte Macht zu Bestien.

Im unten stehenden Link können Sie das Experiment »Rhythm 0« sehen, das die serbische Performancekünstlerin Marina Abramovic 1974 im Studio Mora, Neapel absolviert hat. Zugegeben, es ist ein extremes Beispiel. Doch es veranschaulicht sehr gut, wozu Menschen imstande sind.

„Die Aufführung bestand aus Abramović, die stillstand oder sich anderweitig passiv verhielt, während das Publikum dazu eingeladen wurde, mit 72 Gegenständen, die sie auf einem Tisch ausgelegt hatte, alle möglichen Handlungen durchzuführen. Die Gegenstände umfassten unter anderem

eine Rose, eine Feder, Parfüm, Honig, Brot, Trauben, Wein, Scheren, ein Skalpell, Nägel, eine Metallstange und einen geladenen Revolver."[(75)]

Video 12:

Titel	Sie durften ALLES mit ihr machen... Das schockierende Experiment - Rhythm 0	MythenAkte
Link	https://www.youtube.com/watch?v=42Be1feMa20
Short-URL	https://bshort.one/vbcdgitv12

Was glauben Sie, wie das Experiment verlaufen ist? Der Fortgang wurde im Buch »No Innocent Bystanders « (Frazer Ward, 2012) übersetzt nach Thomas McEvilley wie folgt wiedergegeben:

„Es begann harmlos. Jemand drehte ihre Arme herum. Jemand schob ihre Arme hoch in die Luft. Jemand berührte sie auf eine einigermaßen intime Weise. Die neapolitanische Nacht begann sich zu erhitzen. In der dritten Stunde wurden all ihre Kleider mit Rasierklingen vom Leib geschnitten. In der vierten Stunde sondierten Rasierklingen ihre Haut. Jemand schnitt mit denselben Rasierklingen an ihrer Kehle, um das Blut abzulecken. Verschiedene kleinere sexuelle Übergriffe wurden an ihrem Körper ausgeführt. Sie verhielt sich ihrer Performance gegenüber so verpflichtet, dass sie sich weder einer Vergewaltigung noch einem Mord widersetzt hätte. Angesichts ihrer Willenlosigkeit, mit ihrem implizierten Kollaps der menschlichen Psyche, bildete sich im Publikum eine schützende Gruppe. Als eine geladene Feuerwaffe an ihren Kopf gehalten und ihr Finger auf den Abzug gelegt wurde, brach zwischen den Publikumsgruppen ein Kampf aus.
Abramović beschrieb die Ereignisse wie folgt: Was ich dadurch lernte, war... dass wenn Du alles dem Publikum überlässt, dann kann es Dich töten. Ich fühlte mich geschändet: Sie schnitten meine Kleider auf, stießen Rosendorne in meinen Bauch, eine Person zielte den Revolver auf meinen Kopf, und jemand anderes nahm ihn wieder weg. Es entstand eine aggressive Atmosphäre. Nach exakt sechs Stunden, wie vorgesehen, stand ich auf und schritt auf das

Publikum zu. Alle rannten weg, um einer tatsächlichen Konfrontation zu entfliehen."[75]

Zu dieser spannenden Frage habe ich Ihnen ein weiteres Video herausgesucht, das ich sehr gerne mit Ihnen teilen möchte:

Video 13:

Titel	Die politische Welle in Palo Alto Stadt Land Kunst (07/01/2021)
Link	https://www.arte.tv/de/videos/101161-005-A/die-politische-welle-in-palo-alto/
Short-URL	https://bshort.one/vbcdgitv13

Das sind nur zwei kleine Beispiele, die ich Ihnen zu diesem Thema zeigen wollte, aber zurück zu unserer zweiten Frage.

- Wäre es heute auch möglich?

- Wäre es heutzutage möglich, dass wir schon wieder so manipuliert werden, dass wir Menschen, sogar aus der eigenen Familie, diskriminieren würden?

- Dass wir Menschen an die Behörden denunzieren und nicht geimpfte Menschen zum Beispiel nicht in ein Restaurant lassen?

- Dass wir den Nachbarn beobachten und dem Gesundheitsamt melden?

- Dass Demonstrationen verboten werden, weil diese der politischen Richtung nicht genehm sind?

- Unsere Alten und Kinder zu einer tödlichen Impfung zwingen würden?

- Uns selbst, aus welchen Gründen auch immer, mit einem Gift-Cocktail vergiften?

- Gegen anders denkende Menschen gewaltsam vorgehen würden?

Liebe Leserinnen und Leser, leider muss ich Ihnen mitteilen, dass wir durch und mit der gefakten Covid-19-Pandemie schon mitten in dem oben beschriebenen Szenarium sind!!! Schauen

Sie sich das Verhalten unserer Gesellschaft doch mal näher an. Sie ist in zwei Lager gespalten – in Geimpfte und Ungeimpfte. Der Graben in unserer Gesellschaft ist überall zu sehen, egal wie positiv man im Leben auch sein möchte. Da ist das Lager der Impfbefürworter, welche die Maßnahmen der Regierung in Schutz nehmen, sogar im Sommer beim Fahrradfahren eine FFP-2-Maske tragen und nach einer Impfpflicht lechzen. Ihr Leben besteht aus Ängsten, die durch die Massenmedien tagtäglich angeheizt werden. Ihre Fähigkeit, logisch zu denken, scheint komplett ausgeschaltet.

Die sogenannten Impfgegner sind in einer Art Opferhaltung und jammern, anstatt sich gegen die Ungerechtigkeit zu wehren. Fakt ist, dass, ob Gegner oder Befürworter, beide Lager am Ende verlieren werden, wenn sie sich nicht zusammentun und gegen den wahren Feind ankämpfen. Solange die beiden Seiten nicht verstehen, dass die Spaltung genau so gewollt wurde, wird der Graben immer tiefer werden. Und die Gefahr, gewaltsam gegeneinander ausgespielt zu werden, immer reeller.

Wenn es die Hofberichterstatter unserer Massenmedien nicht geben würde, hätten wir einen ganz normalen Sommer gehabt und von einer Pandemie hätte es keine Spur gegeben. Das Pflichtbewusstsein dieser Menschen, das sicherlich aus vielen verschiedenen Gründen umgesetzt wird, wie beispielsweise die Notwendigkeit der Arbeitsstelle oder der Druck der Gesellschaft wird kaskadenförmig von ganz oben bis ganz unten durchgereicht. Egal wohin wir schauen, ob Beamte, Ärzte, Apotheker, Polizisten, die auf wehrlose Bürger einprügeln, Angestellte in Impfzentren, Gesundheitsämter, Ordnungsämter, Nachbarn, Lehrer und viele, viele weitere Bereiche, sie alle setzen pflichtbewusst die Anweisungen der Bundesregierung und den entsprechenden Stellen um. Zusätzlich profitieren unzählige Menschen durch und mit der Pandemie, ob finanziell und/oder an Ansehen. Es gibt in jeder Ebene tausende von Menschen, die sich die Taschen vollstopfen – ob Politiker durch Maskendeals, Ärzte durch Stundensätze bis zu 150 Euro, Hersteller, Apotheker, Impf- und Test-Zentren, bis hin zu den Sub-Unternehmen, die für die Reinigung der Zentren zuständig sind. Es gibt Bereiche unserer Gesellschaft, die unheimlich davon profitieren, und Bereiche, die an dieser Fake-Pandemie zugrunde gehen. Glauben Sie, dass dies ein Zufall ist?

Sicherlich wird sich jetzt der eine oder andere auf den Schlips getreten fühlen, aber liebe Leserinnen und Leser, das ist die Wahrheit, und diese Art von Wahrheit hatten wir schon einmal im Dritten Reich. Das Traurige an dem Ganzen ist, dass die Mehrheit es gar nicht kapiert.

Doch wie ist das möglich? Wie ist es möglich, dass wir schon wieder am Anfang eines sehr großen Dilemmas stehen?

Sie glauben, ich übertreibe? Die Entwicklung dieser Neuen Weltordnung geht doch genau in die Richtung einer sozialistischen Militärdiktatur. Sehr viele Mitläufer glauben noch, dass wenn sie brav mitlaufen und brav gewesen sind, sie in Zukunft immer noch ihr Netflix schauen und ihre Würstchen im Garten grillen dürfen. Doch das Erwachen wird gerade für diese Menschen dramatisch werden.

Nochmals zurück zu unserer Frage: Wie ist es möglich, dass wir schon wieder so manipuliert worden sind? Die ganze Einleitung für dieses Kapitel habe ich eigentlich nur geschrieben, um auf den Punkt der Massenmedien zu kommen. Ohne Sie gäbe es gar keine Pandemie!!! Im Grunde sind sie die Huren unserer Gesellschaft, für Geld und Macht sind sie zu allem bereit. Um Ihnen aber das genaue Bild und die Rolle der Medien in dieser Fake-Pandemie aufzeigen zu können, muss ich ein wenig ausholen.

Wir haben in diesem Werk schon des Öfteren von zwei Gesellschaften lesen können: Vanguard und BlackRock. Doch wer sind sie denn nun genau und was haben diese beide Konzerne mit der Fake-Pandemie zu tun? BlackRock und Vanguard sind die größten Anlageverwaltungsfirmen der Welt. Zählt man zu diesen zwei Firmen noch das Finanzdienstleistungsunternehmen State Street dazu, dann wird ersichtlich, dass weniger als eine Handvoll Unternehmen weit über 80 Prozent der Anteile der im

S&P-Index gelisteten Unternehmen besitzen. Der S&P 500 (Standard & Poor's 500) ist ein Aktienindex, der die Aktien von den 500 größten börsennotierten US-amerikanischen Firmen umfasst. Es ist somit der meist beachtete Aktienindex der Welt. Alles, was wir heute konsumieren, hängt von den Gesellschaften, die in diesem Aktienindex gelistet sind, ab. Diese beiden Gesellschaften sind fast in allen Bereichen, beteiligt, die unser alltägliches Leben betreffen.

Stellen Sie sich einmal vor, Sie möchten eine Reise machen und für zwei Wochen in den Urlaub fliegen. Ihre Reise buchen Sie bequem online bei www.Trip.com. Wenn Sie jetzt unter https://finance.yahoo.com schauen, wer die Hauptaktionäre dieses Buchungsportals sind, dann werden sie auf Vanguard, BlackRock und verschiedene weitere institutionelle Investoren, wie Investmentfirmen, Fonds, Banken und Versicherungsgesellschaften, an welchen wiederum BlackRock und Vanguard beteiligt sind, finden. Es ist bei *Yahoo Finance* ganz einfach möglich, nach den Eigentumsverhältnissen der Unternehmen zu schauen. Schlicht https://finance.yahoo.com eingeben und unter Holders/Eigentümer nachschauen.

Damit Sie zum Urlaubsort fliegen können, benötigen Sie ein Flugzeug. Nehmen wir hier einfach mal die Lufthansa, obwohl man jede andere Fluggesellschaft genauso nehmen könnte. Wenn Sie jetzt wieder unter https://finance.yahoo.com (Lufthansa) nach den institutionellen Eigentümern schauen, dann werden Sie genauso wie bei anderen Fluggesellschaften Vanguard, BlackRock, Investmentfirmen oder Fonds finden, an denen wiederum diese beiden Gesellschaften beteiligt sind. Gehen wir an dieser Stelle noch einen Schritt weiter. Die Flugzeuge, die für den Flug verwendet werden, sind von Boeing gebaut worden. Schauen wir jetzt unter https://finance.yahoo.com (Boeing) wieder nach den Eigentumsverhältnissen bei Boeing nach, werden wir das Gleiche wie bei den anderen Gesellschaften finden. Dieses Spiel können wir bis zur Coca-Cola, die Sie vielleicht zum Essen genießen, fortführen. Bei den Eigentümern dieser Big Player, die uns mit allem, was wir für den täglichen Bedarf benötigen, versorgen, werden Sie so gut wie immer BlackRock oder Vanguard vorfinden. Wenn sie vielleicht einmal nicht selbst gelistet sind, dann sind sie über Investmentfirmen oder Fonds beteiligt, an welchen sie wiederum beteiligt sind.

Dieser Eigentumsaufbau gilt für ALLE Branchen, ob:

- Bergbau-Unternehmen (Ressourcen)
- Agrar-Unternehmen
- Textil-Industrie
- Mode-Marken
- Öl und Gas
- Solar-Energie
- Tabak-Konzerne
- Pharma-Industrie
- Auto-, Luftfahrt- und Waffen-Industrie
- Online-Märkte und Zahlungsdienstleister
- Versicherungen
- Banken
- Telefon-Gesellschaften

Sie werden bei den institutionellen Investoren so gut wie immer BlackRock, Vanguard oder eine Investmentfirma/Fonds/Bank vorfinden, an der sie beteiligt sind. Verstehen Sie jetzt, wie viel Macht diese beiden Gesellschaften besitzen? Im Grunde gehört ihnen die Welt! Die kleinen Investmentgesellschaften sind im Besitz von größeren Investmentgesellschaften, an denen wiederum größere Gesellschaften beteiligt sind. Und am Ende dieser Pyramide steht BlackRock und Vanguard.

Wie schon oben beschrieben, bei welchem Konzern man auch schaut, es sind immer die gleichen institutionellen Investoren. Diese Investoren sind in der Regel Investmentfirmen, Fonds, Banken oder Versicherungen, die sich wiederum durch Aktienpakete gegenseitig gehören. Somit besitzen sie nicht nur direkte Anteile an bestimmten Firmen, sondern auch Anteile an den Besitzern von Anteilen. Es ist ein verrücktes Investmentspiel, das über die Jahrzehnte aufgebaut wurde. Ich muss an dieser Stelle sagen, dass es nach heutigem Stand der Gesetze legal und somit von rechtlicher Seite völlig legitim ist. Doch das ist nicht der Punkt. Der Punkt ist, wenn nur zwei Gesellschaften so gut wie alles auf der Welt gehört oder sie daran zumindest beteiligt sind, ihre Macht unendlich groß wird. Sie können dadurch absolut alles lenken, entscheiden oder zumindest beeinflussen. Und genauso ist es mittlerweile gekommen. Die Staaten und die Politiker sind nur noch Handlanger dieser Firmen in ihrem Spiel des »Great Resets«. Doch wem gehört nun am Ende der Pyramide eigentlich BlackRock und Vanguard?

In BlackRock ist Vanguard Hauptaktionär, aber die Eigentumsverhältnisse von Vanguard sind nicht ersichtlich, da es sich um ein privates Unternehmen handelt.

Ja, liebe Leserinnen und Leser, einer der mächtigsten Konzerne der Welt, oder vielleicht sollte ich es so ausrücken: DAS mächtigste Unternehmen der Welt, ist ein privates Unternehmen. Und man weiß offiziell nicht, wem dieses gehört. Es ist aber bekannt, dass Vanguard im Besitz der reichsten Familien der Welt ist, die auch bei der Gründung der amerikanischen Zentralbank beteiligt waren. Diese Familien waren schon immer die reichsten Menschen bzw. Familien der Welt und ihre

Geschichte und ihre Besitzverhältnisse reichen weit über die letzten Jahrhunderte hinaus. Sie liegen sogar weit vor der industriellen Revolution zurück. Sie sind die alten Königshäuser, Gründer des Banken-Systems und Industrielle, die sich über die Jahrhunderte einen unermesslichen Reichtum angehäuft haben.

Forbes schreibt in einem Artikel vom März 2020, dass es mittlerweile über 2.090 Milliardäre auf der Welt gibt, jedoch stehen diese Familien weit über diesen Milliardären. Die Besitzer von Vanguard gehören zu den „Top 20" der tatsächlich reichsten und mächtigsten Familien der Welt. Egal wie es uns die Medien verkaufen möchten und obwohl Larry Fink, der CEO und Frontmann von BlackRock- in der Öffentlichkeit steht, diese Familien regieren die Welt.

Wie schon beschrieben, ist das Vanguard-Unternehmen vor allem im Besitz von privaten Fonds, gemeinnützigen Organisationen und Non-Profit-Stiftungen. Diese müssen laut Gesetz nicht offenlegen, wer ihre Spender (und somit ihre Eigentümer) sind und können das einbezahlte Geld investieren, wie sie es für richtig halten. Sie zahlen auch keine Steuern und Abgaben, solange die Gewinne auf diese Weise wieder in neue Projekte investiert werden. Es ist ein Kreislauf, der von Jahr zu Jahr immer größer und mächtiger wird.

Steuern oder Abgaben sind für das Volk und nicht für die mächtigsten Investoren der Welt. Wie krank ist das überhaupt? Diejenigen, die am meisten durch ihre Investitionen verdienen, zahlen keinerlei Abgaben, und der kleine Bürger, der zumeist mehr schlecht als recht bis ans Monatsende kommt, muss immer höhere Steuern bezahlen. Aber diese Bemerkung nur am Rande...

Doch nicht alle Stiftungen und gemeinnützigen Organisationen sind in der Hierarchie gleich. Für Aktionen, die die Aufmerksamkeit der Bürger auf sich ziehen könnten, werden Stiftungen von Philanthropen verwendet, die auch sehr reich, aber von einem niedrigeren Rang sind. Sie dürfen bei der Elite mitspielen, sind sich aber bewusst, dass sie nicht ganz zur Elite gehören, sondern im Grunde benutzt werden, um im Vordergrund zu stehen. Sie werden in den Vordergrund gestellt, um die Deckung aufrecht zu halten und – im Fall, dass das Volk zu aufmerksam wird – verheizt und ausgetauscht zu werden. Damit die wahren Mächtigen im Schatten bleiben können. Diese sind zum Beispiel die

- Bill & Melinda Gates Foundation
- Open Society Foundations von George Soros
- Clinton-Foundation

Diese stehen im Vordergrund und sind, wie wir wissen, die größten Sponsoren der UNO, der WHO und den vielen kleineren Institutionen, die an dieser Covid-19-Pandemie beteiligt sind. Des Weiteren arbeiten diese Stiftungen eng mit der Pharma- und Gesundheitsbranche zusammen. Im Grunde gehören die Unternehmen dieser Branche diesen Stiftungen.

Doch wie sieht es bei den Medien aus, von denen wir täglich mit Werbung oder Angstnachrichten zur Covid-19-Pandemie bombardiert und beeinflusst werden? Wie sehen die Eigentumsverhältnisse hier aus und warum werden wir von ihnen nicht über die tatsächlichen Verhältnisse auf der Welt informiert? Sind unsere Medien unabhängig? Berichten sie die Wahrheit?

Lassen Sie uns einen Blick auf die größten und stärksten Medienkonzerne der Welt werfen. Diese sind in verschiedenen Sparten und mit unterschiedlichen Gesellschaften unter anderem in Telekommunikation, Fernsehen, Film, Internet und Verlagswesen aktiv.

Der Großteil der Medienkonzerne hat seinen Sitz in den USA. Doch in den letzten Jahren haben auch ein paar Unternehmen aus China, Japan, Niederlande und Deutschland mit der Bertelsmann-Group den Sprung an die Weltspitze der Medienkonzerne geschafft.

Die Umsatzzahl von Apple bezieht sich in der unten stehenden Tabelle ausschließlich auf die Sparte »iTunes, Software & Services«. Bei Microsoft wurde die Entertainment & Devices-

Sparte berücksichtigt. Für die Einordnung von Amazon in das Ranking wurde der geschätzte Umsatz von Amazon Prime als Grundlage genommen.

Ranking der 50 größten Medien- und Wissenskonzerne weltweit nach ihrem Umsatz im Jahr 2019

(in Milliarden Euro)

Unternehmen	Umsatz
AT&T Inc. (Dallas / USA)	161,86
Alphabet Inc. (Mountain View / USA)	144,85
Comcast (Philadelphia / USA)	97,31
Facebook, Inc. (Palo Alto / USA)	63,15
The Walt Disney Company (Burbank / USA)	62,14
Tencent Holdings Ltd. (Shenzen / China)	48,78
Apple Inc. (Cupertino / USA)	41,36
Charter Comm. Inc. (St. Louis / USA)	40,87
Sony Corporation (Tokyo / JP)	31,47
Amazon.com, Inc. (Seattle / USA)	29,74
Shanghai Media Group (Shanghai / China)	28,35
Viacom Inc./CBS Corp. (New York / USA)	24,84
Altice Europe N.V./Altice USA, Inc. (Amsterdam / NL)	23,52
Liberty/Qurate Retail, Inc. (Englewood, CO / USA)	21,21
News Corp. Ltd. / 21st Century Fox (New York / USA)	19,17
Bertelsmann SE & Co. KGaA (Gütersloh / GER)	18,02
Netflix (Los Gatos / USA)	18
Verizon (New York / USA)	17,55
Microsoft Corporation (Redmond / USA)	16,98

DOWNLOAD

PDF   XLS   PNG   PPT

Veröffentlichungsdatum
Januar 2021

Region
Weltweit

Erhebungszeitraum
2019

Besondere Eigenschaften
Details siehe Hinweise

Hinweise und Anmerkungen
Die Medienkonzerne des Rankings werden als Unternehmen definiert, die publizistische Inhalt in Massenmedien verantwortlich erstellen und /oder verbreiten sowie maßgebliche Teile ihres Umsatz mit Erlösen aus Rechten/Lizenzen und /oder Werbung erzielen und nicht als reine Telekom- oder Technikprovider auftreten. Ferner werden Konzerne berücksichtigt, die durch Produktion und /oder Distribution maßgeblichen Einfluss auf die kommunikative Umwelt eines breiten Publikums haben.

37

Wenn Sie die oben aufgelisteten Konzerne einzeln unter https://finance.yahoo.com durchleuchten und nach den Eigentumsverhältnissen recherchieren, werden Sie bis auf wenige Unternehmen die gleichen institutionellen Eigentümer wie bei allen anderen Unternehmenssparten vorfinden: BlackRock, Vanguard, Versicherungen, Fonds und Investmentbanken. Das gleiche Bild der Eigentumsverhältnisse hat, wie am Anfang des Kapitels schon beschrieben, auch nicht vor den Medienkonzernen halt gemacht. Ganz im Gegenteil, denn wer heutzutage die Medien und die Nachrichten besitzt und leitet, der hat die größte und stärkste Armee der Welt unter sich.

Die westlichen Medien stehen in dieser Zeit auf der gleichen Stufe mit den Medien in China. Es werden mit ihnen Milliarden umgesetzt, sie sind jedoch in ihrer Meinungsäußerung in keiner Weise frei und werden in allem, was sie sagen, schreiben und senden, von oberer Stelle überwacht und zensiert.

Es ist ganz einfach – wer die Medien besitzt, der bestimmt den Kurs.

Sicherlich gibt es hier und da in bestimmten Ländern ein paar wenige Gesetze, die sie beachten müssen, doch was gesendet und geschrieben wird, entscheiden die Eigentümer. Dies wird, wie auch schon beschrieben, kaskadenförmig von oben nach unten übermittelt und überwacht. Diese Elite bestimmt seit Jahrzehnten alles, was wir sehen und hören dürfen. So gut wie alles in der Medienwelt wird nur durch ihre Zustimmung produziert und gesendet. Jeglicher Jugend- oder Kinderfilm, den Ihre Kinder oder wir auch selbst konsumiert haben, wurde nach deren Vorgaben hergestellt und vermarket. Weltweit sind für diese Sparte Tausende von Managern und Redakteuren tätig, die sich pyramidenförmig überwachen, zensieren und Produktionen freigeben. Alles hat seinen vor Jahren schon festgelegten Gang und wird durch Werbe-Milliarden am Laufen gehalten. Etwa 90 Prozent der internationalen Medien sind im Besitz von 9 Medienkonglomeraten und die Besitzer sind immer wieder die gleichen institutionellen Investoren. Ein Medienkonglomerat ist ein Unternehmen, das zahlreiche Unternehmen besitzt, die an Massenmedienunternehmen wie Fernsehen, Radio, Verlagswesen, Spielfilmen, Themenparks oder dem Internet beteiligt sind. Diese Unternehmen (Konglomerate) besitzen sich in Aktienpaketen wiederum gegenseitig, doch die Aktienmehrheiten dieser Monster halten wie immer BlackRock, Vanguard und die üblichen institutionellen Investoren, die wiederum von BlackRock und Vanguard gehalten werden. Sie besitzen TV-Sender, Radio, Internet und Produktionsstätten – einfach alles, was mit Kommunikation zu tun hat, inklusive selbstverständlich der größten Social-Media-Kanäle wie Facebook, Twitter und Plattformen wie YouTube.

Alles, was mit den Bürgern kommuniziert, wird von diesen Gesellschaften gehalten und verwaltet.

Liebe Leserinnen und Leser, ich möchte Sie nicht zu sehr mit den Besitzverhältnissen der Mediengesellschaften langweilen, aber der ganze »Great Reset« ist nur möglich, weil es die Medien auf diese Weise gibt. Gäbe es eine Medienlandschaft, die unabhängig und sauber über diese Pandemie berichten würde, dann würde den Bürgern nach wenigen Tagen klar werden, dass es sich im Grunde nur um eine Grippe handelt und im Moment das Finale einer weltweiten Übernahme vonstattengeht. Sie haben sich sicher schon gefragt, warum wir in den Medien überall von den gleichen Schlagzeilen und Inhalten bombardiert werden, ob online, in Printmedien oder im TV, und warum dies so ist. Das hat einen einfachen und ganz speziellen Grund: Die wichtigsten Journalisten und Redakteure der verschiedensten Nachrichtensender sind Mitglieder einer Journalismus-Agentur wie die »European Journalismus Center«, ANP oder Reuters, die alle von der

- Open Society Foundations

- Gates & Melinda Foundation

- Facebook und Google

finanziert und gesponsert werden. Zusätzlich verwenden und benutzen die größten Medienhäuser »Project Syndicate«, welche die mächtigste Organisation bei der Erstellung von Nachrichten ist. Auf ihrer Web-Seite kann man nachlesen, dass ihre »Nachrichten« von über 500 Medien-Häusern in über 150 Ländern weltweit verwendet werden. Diese wenigen Organisationen produzieren die Nachrichten für die ganze Medienlandschaft weltweit! Es ist kaum zu glauben, aber leider ist es so mit unseren unabhängigen Medien!

Oben angesprochene Organisationen sind das Bindeglied der weltweiten Medien und somit für alle Nachrichten, die Sie im Fernsehen, Radio, Print-Bereich oder im Internet lesen dürfen, verantwortlich. Und wie in allen anderen Bereichen auch, gehören die Organisationen den oben genannten Stiftungen oder werden von ihnen gehalten, gesponsert und gefördert. Zusätzlich erhalten sie in bestimmten Fällen noch Steuergelder von den jeweiligen Regierungen, die sie mit Zwangsgebühren durchsetzen, um damit die landesweite Propaganda voranzutreiben.

Ranking der größten Medienkonzerne in Deutschland nach ihrem Umsatz im Jahr 2018
(in Millionen Euro)

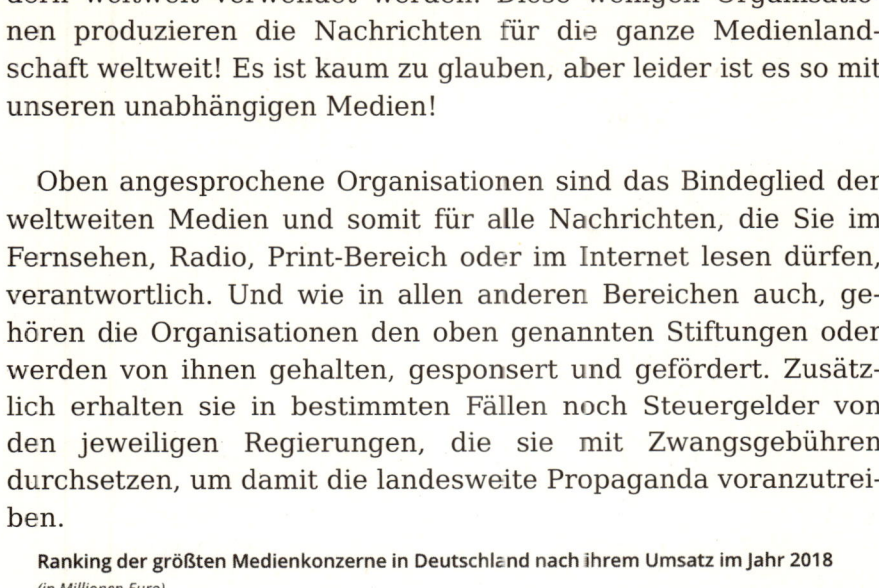

39

Werfen wir noch einen kleinen Blick in die deutsche Medienlandschaft, um zu sehen, ob unsere Heimat-Medien denselben Richtlinien folgen. Klarer Spitzenreiter in Deutschland ist die Bertelsmann-Gruppe, deren Anteile durch eine private Stiftung durch die Bertelsmann-Mohn-Familie gehalten werden. Die Bertelsmann-Gruppe hat eine langjährige Firmengeschichte, die sogar bis zum Jahre 1835 zurückreicht.

BERTELSMANN

Group Management Committee (GMC)*

Corporate**

RTL GROUP

RANDOM HOUSE BERTELSMANN

G+J

arvato BERTELSMANN

40

Die Bertelsmann-Gruppe besitzt die RTL-Gruppe, 45 Fernseh-sender, 30 Radiosender in 11 Ländern und ist Miteigentümer des größten Buchverlags der Welt: *Penguin Random House.* Vom Aufbau unterscheidet sich Bertelsmann im Grunde nicht von den größten Medienunternehmen der Welt. Die Nachrich-ten, die die Bertelsmann-Gruppe verwendet, werden von ANP, Reuters oder Project Syndicate produziert und somit hat sie einen erheblichen Anteil an der Angst- und Politikpropaganda, die in den letzten Jahren in der Bundesrepublik verbreitet wurde. Es ist schon traurig, dass die Bertelsmann-Gruppe sich schon wieder von der Elite und der Bundesregierung benutzen lässt und aus seiner Geschichte und Partizipation am Dritten Reich nichts gelernt hat. Der Bertelsmann-Verlag diente den Nationalsozialisten für die Veröffentlichung von antisemitischen Büchern und für die Kriegspropaganda und ist jetzt schon wieder mitten drin im nächsten Skandal.[76]

„99,5 Prozent der am Kiosk verkauften Tageszeitungen ge-hen in Deutschland auf das Konto der fünf größten Verlags-gruppen. Die Medienmacht ist in der Hand weniger Milliar-däre und Millionäre. Lügenpresse? Vertrauensverlust? Pressefreiheit? ... 99,5 Prozent – Das sind die Forschungs-

ergebnisse von Horst Röper in seiner Untersuchung »Zeitungsmarkt 2016«.

... unser Pressemarkt wird von Superreichen beherrscht. Milliardäre sind Springer, Bauer, Burda und Bertelsmann. Auf der Millionärsebene folgen Medien Union, Holtzbrinck-Verlag, Dieter von Holtzbrinck Medien, Funke, Münchner Merkur, M. DuMont Schauberg und Spiegel-Gruppe. Diese elf teilen sich im Wesentlichen den Pressemarkt auf..."[77]

An dieser Stelle kommen wir nicht umhin, auch einen kleinen Blick auf unsere öffentlich-rechtlichen Medien in Deutschland zu werfen, die einen erheblichen Teil an dem Pandemie-Geschehen tragen. Diese sind genauso wenig wie die privaten Medien unabhängig und erfüllen in keiner Weise ihre Rolle als vierte Gewalt.

„Vierte Gewalt, vierte Macht oder publikative Gewalt wird als informeller Ausdruck für die öffentlichen Medien, wie Presse und Rundfunk, verwendet. „Vierte Gewalt" bedeutet dabei, dass es in einem System der Gewaltenteilung eine vierte, virtuelle Säule gibt. Neben Exekutive, Legislative und Judikative gibt es demnach die Medien, die zwar keine eigene Gewalt zur Änderung der Politik oder zur Ahndung von Machtmissbrauch besitzen, aber durch Berichterstattung und öffentliche Diskussion das politische Geschehen beeinflussen können."[78]

Leider stehen die öffentlichen Medien komplett unter der Herrschaft der Bundesregierung und haben sich zu einer Art Hofberichterstatter umfunktionieren lassen. Ihre Funktion einer vierten Gewalt kommen sie schon seit Jahren nicht mehr nach, und da ist es nicht verwunderlich, dass Tagesthemen-Sprecher Ingo Zamperoni und Sandra Maischberger aus der Kaderschmiede der »Young Global Leaders« kommen. Diese Sender werden zwar aus Zwangsgebühren der GEZ finanziert, sind jedoch nichts weiter als eine Propagandamaschinerie der Regierung. Auf die Funktionsweise und die erpressten Zwangsgebühren brauche ich an dieser Stelle nicht weiter einzugehen, da Sie sicherlich, wie ich auch, jeden Monat diese an die Herrschaften abführen müssen, die sich damit fürstliche Gehälter und Pensionen sichern.

BR	hr	mdr	NDR	radiobremen	rbb
Ulrich Wilhelm	Manfred Krupp	Prof. Dr. Karola Wille	Joachim Knuth	Dr. Yvette Gerner	Patricia Schlesinger
388.000 €/a[1]	286.000 €/a[1]	275.000 €/a[1]	365.000 €/a[1]	270.000 €/a[1]	261.000 €/a[1]

SR	SWR	WDR	ZDF	Deutschlandradio	DW Deutsche Welle
Prof. Thomas Kleist	Prof. Dr. Kai Gniffke	Tom Buhrow	Dr. Thomas Bellut	Stefan Raue	Peter Limbourg
245.000 €/a[1]	343.000 €/a[1]	406.700 €/a[2]	352.722 €/a[2]	240.000 €/a[3]	207.000 €/a[4]

1: VÖ ARD Gehälter 2019; 2: Angaben GB inkl. Sachbezüge; 3: keine genauen Angaben bisher veröffentlicht; 4: wird aus Steuern finanziert, Angabe von 2010

41

Es ist eine maßlose Unverschämtheit, für einen Service bezahlen zu müssen, den man nicht erwünscht und nicht bestellt hat, der außerdem mit seinen Trash-Sendungen und der Propaganda der Bundesregierung seinen Bildungsauftrag nicht erfüllt. In Bild 41 erhalten Sie einen kleinen Einblick von den Grundgehältern unserer »Propaganda Minister*innen«, die monatlich von den Bürgern erpresst werden.

Wissen Sie, liebe Leserinnen und Leser, in meinen Augen kann es nicht sein, dass in einem angeblich demokratischen Land Zwangsgebühren erhoben werden für einen Service, den man nicht möchte und nicht bestellt hat, nur damit diese Wesen mit fetten Gehältern monatlich abziehen und uns mit der Propaganda der Bundesregierung verdummen können. Wenn man aber diese Zwangsgebühren nicht bezahlt, da einem der Service nicht gefällt oder man ihn nicht konsumiert, kann es schon mal sein, dass, wie im Falle Georg Thiels, der seit Monaten in Zwangshaft (Stand 8/2021) sitzt, rechtliche Schritte eingeleitet werden.[79]

An dieser Stelle müssen wir noch kurz auf den ZDF-Verwaltungsrat eingehen, der neben dem ZDF-Fernsehrat eine weitere angebliche Kontrollinstanz beim ZDF sein müsste. Dieser überwacht die Tätigkeit des Intendanten. Den Vorsitz hat seit dem 1. Juli 2017 die rheinland-pfälzische Ministerpräsidentin Maria Luise Dreyer (SPD) inne. Die drei weiteren Vertreter der Länder sind: S. Tillich (CDU), Markus Söder (CSU) und D. Woidke (SPD).

Ja, Sie haben richtig gelesen. Im Verwaltungsrat des ZDF sitzen vier Politiker, die an der Corona-Fake-Pandemie maßgeblich beteiligt sind und stopfen sich zusätzlich noch die Taschen voll. Es ist ja wohl ein Witz, dass der Kontrolleur eigentlich der Kontrollierte ist, oder habe ich da irgendetwas nicht verstanden? Das ZDF, das als vierte Gewalt mit unabhängiger Berichterstattung fungieren sollte, hat im Verwaltungsrat vier Politiker sitzen, die an der Propaganda der Bundesrepublik beteiligt sind. Na klasse!

Das Lächerliche an der ganzen Geschichte ist, dass sie mittlerweile nicht einmal mehr versuchen, es zu verheimlichen. Es wird einfach als normal dargestellt.

Markus Söder ist mit Sicherheit einer der größten Profiteure der Covid-19-Pandemie, zumindest politisch. Ob er finanziell an der Pandemie verdient hat, möchte ich an dieser Stelle nicht behaupten oder in den Raum stellen. Klar ist, dass er es als bayrischer Provinz-Minister fast ins Kanzleramt geschafft hat, da er gekonnt die Angst der Fernsehzuschauer täglich mit seinen Äußerungen und Maßnahmen aufrecht erhalten konnte. Ich bin mir sicher, dass bei einem Herrn Söder, der durch seine überzogenen Maßnahmen schon fast diktatorische Ansätze in der Coronakrise zeigte, noch nicht das letzte Wort in Bezug auf das Kanzleramt gesprochen ist. Ich glaube, dass es sich bei Herrn Söder um gar keinen schlechten Typ handelt. Leider wird bei genauem Hinschauen der Eindruck erweckt, Minderwertigkeitskomplexe, vielleicht gegenüber seiner Frau und deren Familie, könnten ihn dazu getrieben haben, sich gegen seine Wähler zu entscheiden und an diesem Komplott der Covid-19 Fake-Pandemie teilzunehmen. Eventuell in der Hoffnung auf das Kanzleramt?

Fazit des Kapitels:

Ich hoffe, dass ich Ihnen aufzeigen konnte, wer die größten Unternehmen der Welt besitzt, zu denen leider auch die internationalen und unsere nationalen Medien gehören, und was es mit den Besitzverhältnissen auf sich hat. Klar ist, dass diese Unternehmen wenigen Familien gehören, die nicht an einer demokratischen Weltherrschaft interessiert sind, sondern einen militärisch-diktatorischen Führungsstil für die Zukunft bevorzugen. Solange die Unternehmen nach dieser Konstellation aufgebaut sind und dieses gewaltige Vermögen in den Händen von sehr wenigen Menschen liegt, wird es auf dieser Welt keinen Frieden geben. Ganz im Gegenteil, dieses Machtstreben wird meines Erachtens zur Zerstörung der Welt, so wir sie kennen, führen.

Die Protagonisten, mit denen wir uns in den nächsten Kapiteln beschäftigen werden, sind im Grunde nur kleine Fische in diesem System, die jedoch durch ihren politischen oder wissenschaftlichen Einfluss einen immensen Schaden in der Covid-19-Pandemie angerichtet haben. Ich hoffe, dass sie als »Helfer« dieser Strauchdiebe in die Geschichte eingehen und eines Tages ihre gerechte Strafe vor einem Gericht bekommen werden. Leider kann ich an dieser Stelle nur auf die Protagonisten in Deutschland eingehen. Aber die Systeme und Akteure, die diese Fake-Pandemie vorantreiben, sind in allen Teilen der Welt identisch, nur unter verschiedenen Namen.

Zum Schluss dieses Kapitel möchte ich noch ganz kurz auf die sogenannten „Faktenchecker" eingehen: Die Motivation der Faktenchecker hat sich in den letzten Jahrzehnten total und komplett verändert. Ursprünglich gegründet, um Informationen der Regierung oder Äußerungen von Politikern auf ihren Wahrheitsgehalt zu prüfen, sind sie mittlerweile zu Instrumenten eben dieser Politiker und Regierungen sowie den großen Tech-Firmen mutiert. Im Zuge der Corona-Pandemie erreichte das Faktenchecken ungeahnte Ausmaße: Die harten Maßnahmen zur Eindämmung der Pandemie wurden als alternativlos und die wenigen regierungsberatenden Wissenschaftler als alleinige seriöse Quelle dargestellt. Seriöse Faktenchecker sind eigentlich zu einem Verhaltenskodex verpflichtet. Dazu gehören auf der einen Seite Überparteilichkeit und Fairness, Quellentransparenz, Angaben zur eigenen Finanzierung sowie Arbeitsweise und Transparenz bei den Prüfmethoden und Korrekturen. Es sollen keine politischen Positionen bezogen werden. Alle Fakten sollen mit gleichem Standard in alle Richtungen geprüft werden. Dass dieser Verhaltenskodex in den letzten Jahren von den sog. „Faktenchekern" nicht respektiert wurde und wird, ist durch ihre Finanzierung ganz klar ersichtlich. Egal wie diese Checker in Deutschland auch heißen, es tauchen bei den Finanzierungen immer die gleichen Namen auf: Google, die Gates-Stiftung, »Luminate« von der »Omidyar Network Stiftung« des Ebay-Gründers Pierre Omidyar, die »Open Society Stiftung« von George Soros und andere Philanthropenstiftungen sowie Facebook. Unterstützung aus der Wirtschaft gab es von der Deutschen Telekom, von der AOK, von der Deutschen Bank, von der GLS und vom Verband der PSD-Banken. Auch Steuergelder flossen zu Correctiv, z.B. von der Bundeszentrale für politische Bildung.[80]

Glauben Sie wirklich, dass diese sogenannten wahrheitsgetreuen Faktenchecker sich gegen das System stellen würden? Ganz sicher nicht, sie berichten genau so, dass es ihre Finanziers und Geldgeber zufriedenstellt und alle Maßnahmen dieser korrupten Regierung untermauert.

Ganz nach dem Motto: Man beißt doch nicht die Hand, die einen füttert!

7.4 Jens Spahn, der korrupteste Gesundheitsminister der BRD!?

Jens Spahn gehört zweifelsfrei zu den Strippenziehern und ganz großen Gewinnern der Covid-19-Pandemie. Wenn man sich mit dem Leben des Jens Spahn befasst, fällt einem sofort auf, dass er für diese »Strippen-Führungsrolle« durch die CDU und verschiedenen Lobby-Verbände seit vielen Jahren vorbereitet wurde. Sein unermüdlicher Ehrgeiz, sein nicht vorhandenes Rückgrat und seine Fähigkeit, die Menschen bewusst und gekonnt hinters Licht zu führen, haben diesen jungen Mann zu einem der Hauptakteure dieser Fake-Pandemie gemacht.

Lassen Sie uns gemeinsam einen Blick in Herrn Spahns Lebensstationen werfen:

- 2001 absolvierte er mit damals 21 Jahren die IHK-Prüfung zum Bankkaufmann.

- Mit 22 Jahren zog er als direkt gewählter Abgeordneter des Wahlkreis Steinfurt I Borken I in den Bundestag ein.

- Von 2003 bis 2017 studierte Spahn neben seiner Tätigkeit als Bundestagsabgeordneter Politikwissenschaft und erwarb im Jahr 2008 den Bachelor of Arts und 2017 den Master of Arts.

- Von 2006 bis 2010 war er über eine GbR an einer Lobbyagentur für Pharmaklienten Namens Politas als Gründer beteiligt. Gleichzeitig saß er als Obmann der CDU im Gesundheitsausschuss des Deutschen Bundestages.[81]

Schon damals warf man dem jungen Abgeordneten, unter anderem auch im *Focus*, mögliche finanzielle Interessenkonflikte vor. Sicherlich war es nur ein Zufall, dass der Obmann der CDU Mit-Eigentümer einer Pharmalobby-Agentur war. Ich nehme mal durch die Konstellation an, dass Herr Spahn sehr schnell herausgefunden hat, wo der Rubel rollt. Somit wollte er mit einem eigenen Lobby-Unternehmen ein kleines Stück von diesem fetten Kuchen abhaben.

Bei Herrn Spahn wird von Anfang seiner Karriere als Bundestagsabgeordneter an klar, dass er diese Tätigkeit nur zum

Zwecke seiner persönlichen Ziele innehat. Die Zeit als Bundestagsabgeordneter gleicht eher einer Nebentätigkeit, über die er seinem persönlichen Netzwerk, seinem Studium und seinen diversen privaten Geschäften nachgehen kann. Hat er sich nicht deshalb für die deutsche Politik entschieden, um den Bürgern zu dienen, sondern eher mit der Absicht, sich persönlich zu bereichern?[82]

Erstaunlich ist auch, dass Herr Spahn mit nur 28 Jahren von Dezember 2009 bis Juni 2015 in den Verwaltungsrat der Sparkasse Westmünsterland berufen und ebenso 2009 für einen Aufsichtsrat-Posten bei der Signal Iduna Pensionskasse nominiert wurde. Mit 28! Ein 28-jähriger junger Mann, der noch grün hinter den Ohren ist, wird in den Verwaltungsrat einer Sparkasse berufen und erhält zusätzlich einen Aufsichtsratsposten bei der Signal Iduna, ohne dass er jemals groß in seinem Leben gearbeitet hat. Ergänzend kassiert er eine Menge Kohle durch seinen »Nebenjob« im Bundestag, studiert, schreibt Bücher und gründet Lobby-Agenturen.

Fassen wir an dieser Stelle kurz zusammen:
Jens Spahn hatte zu dem Zeitpunkt, als er in den Verwaltungsrat jener Kreissparkasse berufen wurde, gerade erst eine Bankausbildung und einen Bachelor-Abschluss hinter sich gebracht. Diese Kreissparkasse wies eine Bilanzsumme von 6 Milliarden Euro auf und hatte Ende 2011 knapp 1.500 Mitarbeiter. Der Verwaltungsrat überwacht unter anderem den Vorstand, erlässt die Geschäftsanweisungen für den Vorstand und ist nach Sparkassengesetz für viele weitere Punkte zuständig, wie zum Beispiel die Gehälter des Vorstandes. 2011 war Heinrich Georg Krumme Vorstandschef eben dieser Kreissparkasse, der im Ranking der Top 10 der Vorstandsgehälter gehörte. Die vier Vorstände dieser Bank verdienten mehr als 1,6 Millionen Euro im Jahr!

Mir ist schleierhaft, wie ein Verwaltungsrat, von dem Herr Spahn über viele Jahre Mitglied war, solch horrende Gehälter und Pensionsansprüche unterschreiben konnte.

Man sollte vielleicht an dieser Stelle noch erwähnen, dass just diese Sparkasse einige Jahre später Herrn Spahn einen Immobilienkredit über 4 Millionen Euro gewährte, ohne weitere Sicherheiten oder Eigenkapital zu verlangen. Im Juli 2020 kauften sich Herr Spahn und sein Ehemann mit eben diesem Kredit eine denkmalgeschützte Villa in Berlin-Dahlem für 4.125 Millionen Euro, während in Deutschland die größte Pandemie aller Zeiten wütete. Aber auch dies war sicher nur Zufall und keine Gefälligkeit oder Vetternwirtschaft.[83] [84]

Über den Kaufpreis der Immobilie wird spekuliert, da Immobilien-Makler einen mehr als doppelt so hohen Preis für solche Objekte in Berlin-Dahlem ansetzen. Wahrscheinlich hat Herr Spahn einfach ein glückliches Händchen, wenn es sich um Immobilien und Finanzierungen handelt ...
2015 erwirbt er laut Stern und Tagesspiegel für einen hohen sechsstelligen Betrag eine Wohnung in Berlin-Schöneberg, die er an den FDP-Chef Christian Lindner vermietet. Oppositionsführer Lindner bekommt einfach keine Wohnung in Berlin und muss leider die Wohnung von Herrn Spahn mieten. Was für ein Zufall.[85]

Noch eine weitere Immobilie im selben Kiez leistet sich Spahn 2017. Dieses Mal wird sogar ein »sehr hoher sechsstelliger Betrag« fällig. Diese Wohnung steht dann ein paar Jahre später zum Verkauf aus – für 1.585.000 Euro. Das Erstaunliche an diesem Immobilienkauf ist, dass Herr Spahn die Immobilien von einem befreundeten Pharmamanager, Markus Leyck Dieken, kauft, der zufälligerweise Geschäftsführer der vom Gesundheitsministerium kontrollierten Gematik GmbH wird. Dass Leyck Dieken ein um 110.000 Euro hochgesetztes Festgehalt von 300.000 Euro erhält, ist sicherlich nur ein weiterer Zufall. Leyck Dieken war zuvor Vizechef des Pharmaverbands Pro Generika und in führenden Positionen bei dem japanischen Pharmariesen Shionogi, dem israelischen Teva-Konzern und als Geschäftsführer bei der Ulmer Teva-Tochter Ratiopharm tätig.[86]

Zählen wir hier 1 und 1 zusammen, damit es wirklich auch die größten Skeptiker verstehen:

- Herr Spahn war Teilhaber einer Pharmalobby-Agentur, und die Tätigkeit einer solchen Agentur ist, sich für die Interessen der Pharma-Unternehmen einzusetzen. Nach dem Motto: Ihr werdet bezahlt, damit ihr mit euren Beziehungen unsere Interessen vertretet.

- Zusätzlich macht er diverse Immobilien-Geschäfte, unter anderem mit einem ihm bekannten Pharma-Manager.

- Zufällig und sicherlich rechtlich abgesichert erhält dieser Immobilien-Verkäufer eine hoch bezahlte Geschäftsführer-Position für ein Unternehmen, an welchem das Gesundheitsministerium beteiligt und das Herrn Spahn unterstellt ist.

- Diesem Manager wird ab dem ersten Tag das Geschäftsführer-Gehalt um mehr als 100.000 Euro jährlich auf über 300.000 Euro erhöht. Ein Fixgehalt von über 300.000 Euro an einen Geschäftsführer zu bezahlen, an dem auch das Gesundheitsministerium beteiligt ist, ist sicherlich kein Kinder-Geburtstag.

Das Ganze stinkt zum Himmel. Ich kann mich an dieser Stelle wirklich nicht anders ausdrücken, mittlerweile können die Bundestagsabgeordneten sich verhalten, wie es ihnen beliebt, denn sie arbeiten ja nicht für das Volk, sondern das Volk arbeitet für sie, damit sie ungestört und auf Kosten der Bürger ihren Tätigkeiten nachgehen können. Ich will es hier ganz offen auf den Punkt bringen: Es ist mir echt schleierhaft, wie sich Herr Spahn, der seit 20 Jahren von den Steuergeldern der Bürger lebt, so ein gewaltiges Finanz- und Immobilien-Imperium aufbauen konnte. Sogar die nicht staatliche Antikorruptions-Organisation *Transparency International* hat bestimmte Vorgehensweisen kritisiert. Doch all das interessiert in Deutschland beinahe keinen Zeitgenossen mehr, obwohl man von einem privaten Vermögen von über 4 Millionen ausgeht. Bei jedem normalsterblichen Mensch hätte die Steuerfahndung schon längst Alarm geschlagen, doch bei unserem damaligen Gesundheitsminister werden anscheinend beide Augen zugedrückt. Oder wie sehen Sie das?

Noch einige Punkte, die weitere Fragen aufwerfen:
Im Juni 2021 berichtete das Nachrichtenmagazin Spiegel, dass das Gesundheitsministerium nach Schätzung des Arbeitsministeriums mangelhafte Masken für eine Milliarde Euro gekauft hatte. Der Spiegel schrieb, dass diese mangelhaft eingekauften Schutzmasken nach Überlegungen des Gesundheitsministeriums an Menschen mit Behinderung, Obdachlose und Hartz-IV-Empfänger verteilt werden sollten. Diese Masken sind jetzt Teil der nationalen Gesundheitsreserve und sollen vernichtet werden, sobald das Verfallsdatum eintritt.[81]

Herrn Spahns Gesundheitsministerium kaufte überteuerte mangelhafte Masken auf, die dann unbemerkt Behinderten, Obdachlosen und Hartz IV Empfängern untergeschoben werden sollten. Unglaublich, aber selbstverständlich von seinem Ministerium in dieser Weise nicht bestätigt. Fakt ist, dass er für über eine Milliarde Euro unbrauchbare Masken gekauft hat und diese jetzt darauf warten, entsorgt zu werden.

„Er vergab für den Transport von Corona-Impfmitteln einen millionenschweren Auftrag – ohne die grundsätzlich öffentlich vorgeschriebene Ausschreibung – an das Unternehmen Fiege aus Greven, das, wie es der Zufall wollte, seinen Sitz in dem Landkreis in NRW hat, der zu Spahns CDU-Kreisverband gehört.
Die Fiege Logistik Holding Stiftung & Co. KG hat bislang für ihre bundesweiten Transportleistungen einen „niedrigen dreistelligen Millionenbetrag" erhalten. Das geht wörtlich aus einer Antwort des Ministeriums auf eine Kleine Anfrage des FDP-Bundestagsabgeordneten Karsten Klein hervor, die dem Berliner „Tagesspiegel" vorliegt. Eine gediegene Formulierung des Hauses Spahn: Seit wann ist ein „dreistelliger Millionenbetrag" für eine Logistikfirma ein niedriger Betrag?"[87]

Zu diesem Skandal möchte ich Ihnen an dieser Stelle einen tollen Bericht von Anonymus empfehlen[88]:

Bericht:

Titel	Dokumente geleakt: So läuft die Korruption von Jens Spahn im Gesundheitsministerium
Link	https://www.anonymousnews.org/2021/06/22/dokumente-geleakt-so-korrupt-ist-gesundheitsminister-jens-spahn/
Short-URL	https://bshort.one/vbcdgitb4

„Die Bundeskanzlerin und die Regierungschefs der Länder hatten am 16. November 2020 beschlossen, dass besonders vulnerable Personengruppen mit kostenlosen FFP2-Masken versorgt werden sollen. Das BGM hatte daraufhin eine Verordnung erlassen, nach der die Masken über Apotheken abgegeben werden. Die Apotheker erhielten dafür pro Maske zunächst sechs Euro, ab Februar 2021 dann 3,90 Euro.

Der Bundesrechnungshof kritisiert die Preise als völlig überteuert. Eine Preisanalyse des BMG im November habe ergeben, dass »Schutzmasken mit nachweislicher Zertifizierung zu einem durchschnittlichen Preis von 1,62 Euro erhältlich waren«. Warum das BMG den Apothekern dennoch sechs Euro zahlte, sei nicht nachvollziehbar. »Eine begründende Preisanalyse für die Festlegung dieses Erstattungsbetrags konnte das BMG nicht vorlegen«, schreibt der Rechnungshof.

Als das Ministerium im Februar schließlich den Erstattungspreis auf 3,90 Euro absenkte, war auch das nach Ansicht des Rechungshofes unverständlich, weil zu diesem Zeitpunkt Masken im Einzelhandel bereits unter einem Euro angeboten wurden. Kritik äußern die Prüfer auch daran, dass sich die Spitze des Gesundheitsministeriums »über die Bedenken der hauseigenen Fachleute hinweggesetzt« habe, die vor »unkalkulierten Folgekosten« warnten. Insgesamt flossen bei der Maskenaktion 2,1 Milliarden Euro an die Apotheker. Das heißt, jede Apotheke in Deutschland bekam im Schnitt mehr als 100.000 Euro...“[89]

Der Rechnungshof kritisiert weiterhin, dass Gesundheitsminister Spahn mehr Corona-Masken gekauft hat als nötig. Die unverhältnismäßige Beschaffung habe knapp sieben Milliarden Euro gekostet, heißt es im Bericht. Wir reden hier also inzwischen von fast 10 Milliarden Euro, die Herr Spahn und das Gesundheitsministerium verschwendet haben! Zusätzlich erhielten die Kliniken 10,2 Milliarden Euro aus Steuermitteln als Ausgleichszahlungen für verschobene oder ausgesetzte Eingriffe. Nicht mit einberechnet in dieser gewaltigen Verschwendung sind hier die Zahlungen, die die Kliniken für die Bereitstellung von Intensivbetten mit Beatmungsgerät überwiesen bekamen, obwohl die Krankenhauskapazitäten zu keinem Zeitpunkt der Fake-Pandemie überbelastet waren. Aber darauf werde ich in einem späteren Kapitel eingehen.

Über die verschwenderische Fülle, widersprüchliche Maßnahmen, die Lügen, die Unfähigkeit des Gesundheitsministeriums und von Herrn Spahn könnte man hier noch seitenweise berichten. Trotzdem werden in Bezug auf Herr Spahn und sein Team keinerlei Konsequenzen gefordert. Jeder Mittelstandsmanager wäre schon längst entlassen und zur Rechenschaft gezogen worden, doch Herr Spahn regiert anscheinend auf einem anderen Stern.

Auf einen weiteren und letzten Punkt in Herr Spahns Lebenslauf möchte ich hier doch noch eingehen: Im Jahr 2012 wurde er von »Friends of Europe« , einer europäischen »Denkfabrik, in der Lobbyisten und Vertreter der EU-Institutionen zusammenarbeiten«, unter die »40 under 40 – European Young Leaders« gewählt. Er hatte bis zu diesem Zeitpunkt nichts großartig in die Wege geleitet, außer dass er durch eine mit Steuergeld bezahlte Tätigkeit als Bundestagsabgeordneter seinen privaten Geschäften nachging. Dennoch wird er von einer internationalen Denkfabrik zu den »European Young Leaders« nominiert.

Zufällig sind die Mitglieder in dieser Denkfabrik unter anderem:

- Sanofil
- GlaxoSmithkline Pharmaceuticals
- Fertilizers Europe
- Novartis
- Bill & Melinda Gates Foundation
- Facebook
- und viele weitere internationale Institutionen...[90]

Spahn absolvierte somit das »Young Leaders-Programm« für aufstrebende Führungskräfte in Politik und Wirtschaft, einem Partnerprojekt der Atlantik-Brücke und des American Council on Germany. Zudem ist er ein Young Global Leader des Weltwirtschaftsforums, dem Klaus Schwab vorsitzt.

Im Juni 2017 war Spahn Teilnehmer der Bilderberger-Konferenz in Chantilly im US-Bundesstaat Virginia. Die Bilderberger-Konferenz ist eine Konferenz, bei der sich die mächtigsten Bankiers, Industriellen und die „besten" Politiker der Welt im Geheimen treffen, um über das Weltgeschehen zu konferieren. Über diese Meetings wurden unzählige Bücher geschrieben, die selbstverständlich als Verschwörungstheorien abgestempelt wurden und werden.[91]

Die Frage, die ich mir stelle, ist: Was macht ein relativ unbedeutender Politiker wie Herr Spahn bei dieser Konferenz und wer hat ihn zu welchem Zweck eingeladen?

Eines ist bei Herrn Spahn ganz klar ersichtlich: Er scheint das Musterbeispiel eines deutschen „Politikers" zu sein. Die jahrelange und kontinuierliche Vermischung zwischen Politik und käuflichem Pharma-Lobbyismus machen diesen Mann zu einem leichten Übernahmekandidaten für das Weltwirtschaftsforum und dessen Ziele. Sein unermüdlicher Ehrgeiz und sein Netzwerk, das er sich über die Jahrzehnte durch die Politik und das Weltwirtschaftsforum aufgebaut hat, aber vor allem das scheinbar fehlende Rückgrat, haben diesen deutschen Politiker zu einem der ausführenden Protagonisten der Covid-19-Pandemie gemacht. Wir werden in der Zukunft sicherlich noch sehr viel von unserem Jens Spahn zu hören bekommen, denn ich bin mir sicher, seine Reise hat hier gerade erst begonnen, wenn seine Machenschaften nicht vom deutschen Volk gestoppt werden sollten.

7.5 Panik und Crash-Prophet Prof. Dr. Karl Lauterbach

Karl Lauterbach ist mit Sicherheit der Talkshow-König der Covid-19-Pandemie. Die Pandemie-Jahre 2020 und 2021 waren für den erfolgreichen Entertainer die Jahre seines persönlichen Erfolges und Ruhmes, da er durch alle möglichen Talk-Shows der öffentlich-rechtlichen und privaten Sender in Deutschland pilgerte. In der Lauterbach-Tour 2020 wurde er 30 Mal zu verschiedenen Talk-Runden eingeladen, wobei er 17 Mal bei Markus Lanz zu Gast war, um dort seine Horrormeldungen zu verbreiten.[92]

Doch auch in allen anderen Trash-Talkshows ist er ein gern gesehener Gast, da er mit seinen Horrormeldungen, Prognosen und Warnungen die Einschaltquoten nach oben treibt. Wenn man »Lauterbach warnt« oder »Lauterbach fordert« googelt, erhält man hunderttausende Resultate. Seine »Popularität« in Deutschland ist durch und mit der Corona-Pandemie exorbitant in die Höhe geschossen. Obwohl Karl Lauterbach anscheinend keine Vergütung für seine Auftritte in den verschiedenen Talk-Shows erhält, opfert er sich unermüdlich für das deutsche Volk und nimmt im Jahr 2020 über dreißig Auftritte wahr. Ich bin mal gespannt, wie viele es in 2021 wohl gewesen sein werden.

Er wird als der Gesundheitsexperte unserer Zeit angepriesen, mit einem Doktor- und einem Professorentitel, die seine Expertise als Epidemiologe noch unterstreichen sollen. Doch wenn man hinter die Kulissen schaut, zeigt sich ein komplett anderes Bild.

Liebe Leserinnen und Leser, ich muss Ihnen ganz ehrlich gestehen, dass ich für dieses Buch unzählige Artikel und Nachforschungen betreiben musste, und ich kann Ihnen garantieren, dass ich wirklich Widerliches lesen konnte. An manchen Tagen war ich so dermaßen frustriert, dass ich darüber nachdachte, das Buch nicht fertig zu schreiben und mich einfach nicht mehr damit zu befassen. Beim Kapitel Karl Lauterbach bin ich dann an den Höhepunkt gelangt. Ich wusste schon vorher, dass sich bei diesem Herrn vieles nicht reimte, aber ich muss gestehen, soviel hatte ich wirklich nicht erwartet.

Karl Lauterbach absolvierte ein Medizinstudium in Human-medizin in Deutschland an der RWTH Aachen und an der Uni-versity of Texas at San Antonio, USA, das er mit seiner Promo-tion zum Dr. med. 1991 abschloss. Von 1989 bis 1992 studierte er an der Harvard School of Public Health, wo er 1990 einen Master of Public Health (MPH) mit dem Schwerpunkt of Epi-demiologie und 1992 einen Master of Science in Health Policy and Management abschloss.[93]

Somit basiert seine große und hochkarätige Kompetenz in Epidemiologie, mit der er so in der deutschen Presse und den verschiedenen Talks-Shows angepriesen wird, durch zwei Se-mester bei seinem Master-Studiengang in Public Health. Er wird als Wissenschaftler in Epidemiologie ausgewiesen, obwohl er gar kein Epidemiologe ist. Seine Ex-Frau, Dr. med. Angela Spelsberg, bestätigte in diversen Interviews diese Tatsache, da sie gemeinsam in Harvard studiert hatten, dass Karl Lauterbach kein Epidemiologe ist. Seine Äußerungen bei einer Markus-Lanz-Sendung, dass er Arzt und Epidemiologe wäre, grenzen somit schwer an Hochstapelei.

Frau Dr. Spelsberg hat öffentlich in der Servus.TV-Sendung bestätigt, dass zwar Karl Lauterbach mit ihr in Harvard stu-dierte, er aber er etwas anders studiert hätte als Epidemiologie. Zitat Spelsberg: »*Nein, er hat ja nicht das Gleiche studiert wie ich. Er war in Health Policy and Management, ich war in Epi-demiologie.*« Frau Dr. med. Spelsberg studierte an der Harvard University und hat nach vier Jahren mit dem Master of Science in Epidemiologie ihr Studium abgeschlossen.[94]

Seine Ausbildung und sein Studium qualifizieren Karl Lauter-bach somit nicht im Geringsten zum Epidemiologen und schon gar nicht als Experten. Es ist eine Schande, dass die Bürger von den Massenmedien und der Politik so hinters Licht geführt werden, wenn es sich um die fachliche Kompetenz von Karl Lauterbach handelt. Die Medien präsentieren ihn als Gesundheitsexperten und Epidemiologe, trotz seiner skandalträchtigen Vergangenheit und trotz der Aussagen tatsächlich hochkarätiger Wissenschaftler, welche kontinuierlich widersprüchlich zu seinen Aussagen bezüglich der Corona-Pandemie sind. Doch die Aussagen dieser echten Experten werden nicht berücksichtigt. Hier geht es nicht darum, die Allgemeinheit zu informieren, sondern darum, die Bevölkerung in Angst und Schrecken zu halten, damit diese Scharlatane sich die Taschen vollstopfen und in ihrem Ruhm sonnen können.

Lauterbach verhinderte 20 Jahre lang die Veröffentlichung seiner Doktorarbeit mit dem Titel »Justice and the function of Health care«, mit der er 1995 seinen Abschluss zum Doctor of Science machte.

„Die Einzigen, die auf deutschem Boden diese Arbeit einsehen konnten, waren die Mitglieder der Berufungskommission der Universität Köln. Sie beriefen Lauterbach 1998, ohne dass er dazu die üblichen Qualifikationen besaß, wie etwa eine Habilitation (die auf einer bestimmten Anzahl eigener wissenschaftlicher Publikationen fußt), zum Professor und übertrugen ihm die Leitung des neugegründeten Instituts für Gesundheitsökonomie. Begründet wurde diese ungewöhnliche Berufung, vorbei an besser Qualifizierten, mit der angeblich herausragenden wissenschaftlichen Qualität dieser Harvard-Arbeit, die einer Habilitationsschrift gleichkäme. Sehr eigenartig, denn damals, vier Jahre vor dem neuen Hochschulrahmengesetz von 2002, war die Habilitation die essenzielle Voraussetzung für die Vergabe eines Professorentitels an einer deutschen Universität.

Professor Karl Lauterbach verhinderte also selbst die Veröffentlichung seiner Arbeit. Nachdem 100 Kolleginnen und Kollegen daraufhin den damaligen Fraktionsführer Oppermann aufforderten, er möge doch im Sinne der Transparenz Lauterbach dazu veranlassen, seine Harvard-Arbeit endlich öffentlich zugänglich machen, holte dies Lauterbach nach 20 Jahren nach. Nun war es möglich, sich selbst ein Bild von dieser Arbeit zu machen, sie steht inzwischen auch gut zugänglich hier auf seiner Homepage.

Es handelt sich um eine etwa 100 Seiten lange Abhandlung über Moral- und Gerechtigkeitsaspekte innerhalb eines Gesundheitssystems.

Das ist nett. Aber in einer Arbeit, aufgrund dessen der akademische Grad eines Doctor of Science verliehen wird, sollte man einen eigenen wissenschaftlichen Gedanken (objektiv, nachprüfbar, verallgemeinerungsfähig) erwarten, den ich nicht gefunden habe. Rechtfertigt so eine Schrift wirklich die Berufung auf einen medizinischen Lehrstuhl bei gleichzeitigem Fehlen der ansonsten notwendigen Qualifikationen? Eher nicht, wie beispielsweise auch Historiker Prof. Michael Wolffsohn feststellte. Er sagte mir, dass er diese Harvard-Abschlussarbeit Lauterbachs nicht einmal als Seminararbeit akzeptieren würde, geschweige denn als Promotion, und genehmigte mir ausdrücklich, diese Aussage öffentlich zu verwenden."[95]

Dr. Gunter Frank, der Autor des oben zitierten Artikels, ist Fachbereichsleiter an der privaten Business School St. Gallen und Autor mehrerer Bücher zu den Themen Gesundheit und Ernährung. Er tritt öffentlich als Kritiker des deutschen Gesundheitssystems auf.

Mit der Funktion als Professor und Direktor des Institutes für Gesundheitsökonomie und klinische Epidemiologie, zu welcher er trotz fehlender Habilitation durch die Universität Köln ernannt wurde, nutzte Karl Lauterbach diese vor allem für Studien, die durch die Pharmaindustrie bezahlt wurden und aus denen er einen erheblichen finanziellen Nutzen ziehen konnte. Durch seine Wahl in den Deutschen Bundestag ist er seit 09/2005 bei diesem Institut beurlaubt. Ich möchte nicht mehr weiter auf diese Einrichtung eingehen, aber erlauben Sie mir zum Schluss noch folgende Bemerkung: Es ist schon mehr als erstaunlich, dass ein neu gegründetes Institut, das irgendwo in Köln in einer Nebenstraße über einem Supermarkt residiert, von der Universität Köln als sogenannte Zweigstelle oder Partner-Institut eröffnet wird und ein unbekannter Doktor ohne Habilitation und Erfahrung direkt zum Leiter ernannt wird, der sich in den Folgejahren mit zwielichtigen Studien der Pharmaindustrie befasst. Die Kollaboration der Universität Köln und dem oben genannten Institut, wo Lauterbach Direktor war, sind sehr umstritten, da die Uni Köln die Verträge der Zusammenarbeit nicht der Öffentlichkeit zugänglich macht.

Laut »Spiegel«-Recherchen führte Professor Lauterbach Medikamentenstudien durch und heimste über 800.000 Euro an Drittmittel für das Jahr 2000 ein!

> *„So war er auch an einer Studie über den Fettsenker Lipobay beteiligt – jenem Medikament, das die Herstellerfirma Bayer wegen tödlicher Zwischenfälle im Jahr 2001 vom Markt nahm. Die frühen Hinweise darauf, dass Lipobay möglicherweise gefährlich war, nahm Lauterbach damals ebenso wenig wahr, wie es seine Auftraggeber taten."*[96]

Da der damalige Spiegel-Bericht nicht genau auf die Zahl der Todesfälle einging, möchte ich das an dieser Stelle tun. Der Lipobay-Skandal kostete in Deutschland weit mehr als 100 und weltweit über 2.000 Menschen das Leben. Zusätzlich kamen mindestens 1.600 Patienten mit Muskelzerfall hinzu. Das Medikament Lipobay wurde daraufhin vom Markt genommen und Bayer zahlte für diesen Skandal Millionen von Euros Schmerzensgeld. Oder sollte man vielleicht besser Schweigegeld sagen?[97]

Wie Sie sehen können, handelt es sich hier nicht um ein Kavaliersdelikt, sondern um die Teilnahme an einem kompletten Fehlschlag durch eine dubiose Studie, die eine Vielzahl von Menschen das Leben kostete. Zwei Jahre zuvor erarbeitete Professor Lauterbach eine Adopitas-Leitlinie zu dem Arzneistoff Sibutramin mit dem Handelsnamen Reductil, welche dem Anwender eine Reduktion von schwerem Übergewicht bescheinigte. Hersteller war damals die Knoll AG, die die Leitlinie mit Geld und Personal gesponsert und unterstützt hat. 2002 forderte das Ärzteblatt, den Appetitzügler vom Markt zu nehmen, da nur in der USA durch die FDA 49 Verdachtsfälle mit Todes-folge aufgenommen wurden. Zusätzlich kamen hunderte von schwerwiegenden weiteren Nebenwirkungen hinzu. Selbstver-ständlich wurden die Todesfälle in Deutschland solange und so gut wie nur möglich vertuscht und gegenüber der Öffentlichkeit verharmlost.[98]

12 Jahre später setzte dann die Politik Sibutramin enthal-tende Medikamente aus, ohne nach den Leitlinien und Studien zu fragen oder zur Anzeige zu bringen. Nicht zu vergessen ist auch seine Mitwirkung an der Fake-Schweinegrippe-Pandemie von 2009, wo er als großer Verfechter der Impfung galt, selbst dann noch, als diese wegen schwerer Nebenwirkungen stark in der Kritik stand. Schon damals hatte Karl Lauterbach erkannt: Wenn man sich für eine fragwürdige Impfung stark macht, die keine oder nur unzureichende Prüfungen durchlaufen hat und deren Studienlage mehr als dürftig ist, man schnell zum Publi-kumsliebling werden kann. Auch wenn die eigenen Qualifikati-onen, der Expertenstatus und die vom Himmel geholten Prog-nosen mehr als zweifelhaft sind und eindeutige Pharma Ver-flechtungen nachgewiesen werden können. Aber was kann man erwarten? Selbst der Stern betitelte Lauterbach einmal als: »Der Anführer der Laberindustrie.«[99]

Trotz diesen Skandalen, die eigentlich der Öffentlichkeit zu-gänglich und bekannt sein müssten, ist Lauterbach der Talk-show-König der Nation. Klar ist, dass Lauterbachs Einsatz und seine Aussagen überwiegend der Pharmaindustrie dienen.
Im Februar 2016 stimmte der Genosse Lauterbach im Bun-destag gegen einen Antrag der Grünen, laut dem Glyphosat verboten werden sollte. In der TAZ vertrat er als Glyphosat-Ex-perte die Meinung, dass Übergewicht und Rauchen gefährlicher als dieses krebserregende Mittel wären. Zufällig kaufte Bayer kurz danach den größten Glyphosat-Hersteller der Welt auf – Monsanto. Merkwürdig ist, dass Bayer seinen Firmensitz in Le-verkusen hat, just da, wo Lauterbach seinen Wahlkreis innehat. Ebenfalls merkwürdig ist, dass Bayer immer bei Lauterbachs Skandalen mit im Boot sitzt. Und wieder passt der schöne Spruch: »Ein Schelm, der Böses dabei denkt!«[100]

Das Kapitel Lauterbach möchte ich mit seinem Posten in den Rhön-Kliniken schließen, wo er von 2001 bis 2013 im Aufsichtsrat tätig war. Durch diese Tätigkeit hat er angeblich mehr als 600.000 Euro zusätzlich zu seinem Abgeordneten-Gehalt verdient! 64.000 Euro hat der Genosse laut Geschäftsbericht der Rhön AG dort im Jahr 2012 als Aufsichtsrat kassiert, obwohl er diese und die restlichen Einnahmen dem Bundestag nicht regelkonform gemeldet hat. Aber in Deutschland handelt es sich ja um ein Kavaliersdelikt, wenn die Abgeordneten ihre weiteren Einkünfte nicht oder nur teilweise melden. Man kann das ja schließlich mal vergessen![101]

2011 fiel sogar der Politik auf, die im Normalfall ja nichts mitbekommt, dass man vor allem kleinere Krankenhäuser so benachteiligte, dass sie zur leichten Beute für Übernahmen wurden. Selbstverständlich hat von derartigen Maßnahmen unser verehrter Lauterbach im Aufsichtsrat der Rhön-Kliniken absolut nichts mitgekriegt.

Da die Zuverlässigkeit und das präzise Eintreffen von Karl Lauterbachs Ansagen jedem mittlerweile bekannt sein sollten, möchte ich diese zum Schluss noch mit einem Artikel der Bild-Zeitung untermauern.

Bericht:

Titel	Die 10 größten Corona-Irrtümer von Viren-Experte Lauterbach
Link	https://www.bild.de/ratgeber/2021/ratgeber/die-10-groessten-corona-irrtuemer-von-viren-experte-lauterbach-76578602.bild.html
Short-URL	https://bshort.one/vbcdgitb5

(102)

Liebe Leserinnen und Leser, ich denke, dass wir nun getrost das Kapitel Karl Lauterbach schließen können. Es ist mir unbegreiflich, wie die Bürger sich so hinters Licht führen lassen können. Aber wie Sie sehen, funktioniert die Propaganda-Maschinerie der Bundesregierung bestens.

7.6 Der Veterinärmediziner Prof. Dr. Lothar Wieler

2010 wurde der hochgepriesene Veterinärmediziner und Mikrobiologe Professor Dr. Dr. Wieler Mitglied der *Nationalen Akademie der Wissenschaften Leopoldina*, und seit 2015 ist er Direktor des Robert-Koch-Institutes (RKI) in Berlin. In der heutigen Zeit ist Herr Wieler einer der bekanntesten Professoren Deutschlands, nicht weil er etwas Besonderes erforscht oder vollbracht hätte, sondern weil er die Bundesregierung mit seinen »tierärztlichen Fachkenntnissen« in der Covid-19-Pandemie berät.

Wie wir schon in einem vorherigen Kapitel lesen konnten, ist das RKI das zentrale Institut der Bundesregierung zur Krankheitsüberwachung und Prävention. Wieler und das RKI sind dem Bundesgesundheitsministerium, somit Herrn Spahn, unterstellt und dadurch ganz klar Weisungsempfänger der Regierung. Die Aufgabe des RKI und des Prof. Wielers sind unter anderem, wissenschaftliche Arbeiten für politische Entscheidungen zu erarbeiten. Im Namen der Pseudowissenschaft wurde er als Direktor des RKI an die Pandemie-Front gestellt und gibt der Bundesregierung die notwendige »wissenschaftliche« Rückendeckung, damit diese durch in Auftrag gegebene und von weisungsabhängigen Wissenschaftlern gemachten Studien ihre politische Agenda vorantreiben kann.

Wie kann man von einem Wissenschaftler Unbefangenheit erwarten, der weisungsgebunden ist? Liebe Leserinnen und Leser, hier geht es nicht um Unbefangenheit, sondern darum, den ahnungslosen und verängstigten Bürgern einen nach Titeln hochgradigen Wissenschaftler zu präsentieren, der selbstständig absolut nichts zu entscheiden hat, der aber medienwirksam in den Vordergrund gestellt wurde, um seiner Funktion und seinen Erkenntnissen Gewicht zu verleihen. Ins einfache Deutsch übersetzt heißt das, dass ein Veterinärmediziner medienwirksam wie ein Pop-Star verkauft wird, damit dieser die Fake-Pandemie und die verrückten Entscheidungen der Bundesregierung in der Öffentlichkeit wissenschaftlich rechtfertigt.

In Wielers Lebenslauf kann man bis zu seiner Nominierung im Jahre 2010 in die Leopoldina nichts Sonderliches erkennen, außer der ganz normalen Laufbahn eines Universitätsprofessors. Ab diesem Zeitpunkt ist in Wielers Lebenslauf klar ersichtlich, dass sich seine Nominierungen, Auszeichnungen und Verflechtungen in die unterschiedlichsten Pandemie-Treiber-Institute von Jahr zu Jahr ausweiteten[103] [104]:

seit November 2020	Mitglied der One Health Global Leaders Group on Antimicrobial Resistance der Weltgesundheitsorganisation (WHO), der Ernährungs- und Landwirtschaftsorganisation der Vereinten Nationen (FAC) und der Weltorganisation für Tiergesundheit (OIE)
seit September 2020	Vorsitzender des International Health Regulation Review Committee (IHR-RC)
seit Juni 2019	Co-Vorsitzender der Working Group on Influenza Preparedness and Response der Weltgesundheitsorganisation (WHO)
seit Mai 2018	Mitglied der Strategic and Technical Advisory Group for Infectious Hazards (STAG-IH) der Weltgesundheitsorganisation (WHO)
seit Februar 2018	Mitglied im Europäischen Beirat für Gesundheitsforschung (European Advisory Committee on Health Research, EACHR) des WHO Regionalbüros für Europa
seit Oktober 2017	Mitglied im IANPHI (International Association of National Public Health Institutes) Executive Board

Seine Verstrickungen zur WHO, die, wie wir schon wissen, schwer von den »Spenden« der Bill & Melinda Gates Stiftung abhängig ist, sind mehr als ersichtlich und seine Funktionen in diesem Netzwerk sind klar erkennbar. Somit müsste jedem Bürger klar sein, dass man auf seine wissenschaftlichen Erkenntnisse absolut keinen Wert legen kann, da sie der Pharmalobby dienen und nicht der Wissenschaft. Das ist auch klar ersichtlich bei einem Gutachten, das von der Bundesregierung der Leopoldina im Dezember 2020 in Auftrag gegeben wurde, bei dem Herr Prof. Wieler als Direktor des RKI mitwirkte. Diese, wie schon gesagt von der Bundesregierung in Auftrag gegebene Studie, verlangte ohne fundierte und tragbare wissenschaftliche Erkenntnisse einen harten Lockdown der Bundesregierung, welcher von der Regierung Merkel am 13.12.2020 dann auch beschlossen wurde.

Können Wissenschaftler, die mit solchen Methoden arbeiten, überhaupt ernst genommen werden? Anscheinend ja, denn heutzutage kann man dem Bürger, wie es aussieht, alles verkaufen. Die Bundesregierung gibt bei weisungsabhängigen Wissenschaftlern eine Studie in Auftrag, bei der das Resultat von vornherein klar definiert ist, um mit dieser Arbeit ihre drakonischen und unwissenschaftlichen Handlungen rechtfertigen zu können.

Während ich das gerade schreibe, kann ich nicht aufhören, an irgendwelche afrikanischen Länder zu denken, wo solche Maßnahmen gang und gäbe sind, aber dass dieses Vorgehen auch ohne Weiteres in der Bundesrepublik Deutschland im Jahre 2021 funktioniert, ist für mich unbegreiflich.

In seinem Lebenslauf ist deutlich ersichtlich, dass 2021 *sein* Jahr war und ist.

2021	AVES Honorary Diplomate der American Veterinary Epidemiology Society
2021	Ehrendoktorwürde (Dr. med. vet. h.c.) der Vetsuisse-Fakultät der Universität Zürich
2021	Albrecht-von-Graefe-Medaille der Berliner Medizinischen Gesellschaft

(104)

Professor Dr. Wieler ist kurzfristig gesehen mit Sicherheit einer der Gewinner dieser Fake-Pandemie. Wie dies in der Zukunft aussehen wird, wenn seine Märchen sogar den Leichtgläubigsten unter uns ersichtlich sein werden, wird sich herausstellen.

Zwischenfazit:
Mit allen Tricks und Lügengeschichten treibt Herr Prof. Wieler durch seine Funktion als Direktor des RKI die statistischen Angaben zur Corona-Pandemie in die Höhe und verbreitet mit der Veröffentlichung von unwissenschaftlichen Zahlen, wie tägliche Neuinfektionen und Tote, Angst und Schrecken in der Bevölke-

rung. Zusätzlich ruft er offenkundig für eine nicht ausreichend getestete mRNA-Impfung auf, damit die Menschen sich impfen lassen. Schon sein bekanntester Spruch über den Impfstoff und dessen Funktionsweise lässt keine Zweifel über seine Fachkenntnisse zu:

PROF. DR. LOTHAR WIELER

„Wir gehen alle davon aus, dass im nächsten Jahr Impfstoffe zugelassen werden. **Wir wissen nicht genau, wie die wirken, wie gut die wirken, was die bewirken,** aber ich bin sehr optimistisch, dass es Impfstoffe gibt."

42

Schon während des Schweinegrippe-Pandemie-Skandals hatte das RKI mit seinem damaligen Direktor Jörg Hacker, der von 2008 bis 2010 Leiter des RKI war, und wer hätte es gedacht, bis 2020 Präsident der Leopoldina, einen maßgebenden Anteil an der Fake-Pandemie von 2009/2010. Was für ein Zufall! Dies sollte man bei der scheinbaren Seriosität und bei allem, was man von und/oder über das RKI hört, nicht vergessen. Das RKI hatte mit seinen Funktionären einen erheblichen Anteil an den damaligen Todesfällen, da sie durch und mit ihrer pseudowissenschaftlichen Beratung die Bundesregierung in ihren todbringenden Maßnahmen die wissenschaftliche Rückendeckung gab. Auch damals war das RKI im Zusammenspiel mit den Medien täglich im Fernsehen und in der Presse, um Horrormeldungen und Zahlen zu präsentieren, die nicht der Wahrheit entsprachen, sondern nur zur Verängstigung der Bevölkerung benutzt wurden.

Um aber die Funktion des Prof. Wieler in dieser Pandemie besser verstehen zu können, müssen wir in die Skandale der heutigen Covid-19-Pandemie tiefer eingehen und drei Angsttreibende Trigger näher beleuchten, mit denen die Bevölkerung täglich durch das RKI und seinen Direktor in Angst und Schrecken gehalten wird, die drakonischen anti-demokratischen Maßnahmen der Bundesregierung gerechtfertigt werden und für eine todbringende Impfung geworben wird:

- tägliche nachgewiesene Infektionen, der Inzidenzwert

- die täglichen Toten durch und mit Corona

- der Goldstandard der Wissenschaft: der PCR-Test

Das Thema Impfung werden wir dann in einem späteren Kapitel separat angehen. Zu diesem Punkt können wir aber festhalten, dass das RKI mit seinem Direktor Wieler für die Veröffentlichung des täglichen Inzidenzwertes und den täglich nachgewiesenen Infektionen verantwortlich ist, mit denen die Bundesregierung ihre politischen Entscheidungen und Einschränkungen rechtfertigt. Die Maßnahmen, die aufgrund der Neuinfektionen und der Todesfälle entschieden werden – auf Empfehlung eines Tierarztes –, sind mehr als fragwürdig. Um es an dieser Stelle klar auszudrücken: eine Verdummung der Bevölkerung. Aber die Propaganda-Maschinerie funktioniert!

7.6.1 Der Inzidenzwert und die tägliche Toten mit und durch Corona

Der Inzidenzwert beschreibt die Anzahl an neu auftretenden Erkrankungen innerhalb einer zahlenmäßig festgelegten Personengruppe während eines bestimmten Zeitraums. Berechnet wird die Inzidenz nach einer einfachen Formel: Man nimmt die Anzahl der innerhalb der letzten sieben Tage gemeldeten Fälle und bestimmt daraus die Anzahl der Fälle pro 100.000 Einwohner nach der Formel:

Fallzahl / Einwohnerzahl * 100.000

Die Einwohnerzahl ist dabei die Anzahl zum heutigen Tag vorhandener Einwohner, für die Bundesrepublik Deutschland also zirka 83.100.000 (abgerundet). Laut Lagebericht des RKI vom 10. Dezember 2021 lagen in den letzten sieben Tagen (KW 48/2021) 395.714 positiv getestete Fälle vor.[105]

Inzidenzwert = 395.714/ 83.100.000 * 100.000 = 476,19

was zu einer Inzidenz von 476 führt.

In Prozent könnte man auch dazu sagen, dass 0,476 Prozent der Bevölkerung in den letzten sieben Tagen mit einem fraglichen PCR-Test positiv befunden wurden. Prozentual ausgedrückt sieht der Inzidenzwert auf einmal nicht mehr so bedrohlich aus. Mit und ohne Symptome spielt hier zudem keine Rolle. Bei der Erfassung des RKI zählt nur der positive PCR-Test. Die Fehlerquote, die ein solcher Test aufweisen kann, und die symptomfrei positiv getesteten Menschen haben in der Berechnung dieses Wertes keinerlei Bedeutung. Wenn Sie positiv getestet werden, sich aber top fit fühlen und keinerlei Symptome oder Beschwerden haben, spielt dies bei der Erfassung keine Rolle.

Somit hat es in den letzten sieben Tagen 476 Fälle pro 100.000 Einwohner gegeben.[105] Die nachfolgende Tabelle wird vom RKI wöchentlich veröffentlicht, aus der Sie die Testungen und die daraus positiv Getesteten ersehen können.

Kalenderwoche	Anzahl Testungen	Positiv getestet	Positivenanteil (%)	Anzahl übermittelnder Labore
Bis einschließlich KW38/2021	74.458.782	4.782.714		
39/2021	968.394	61.768	6,38	212
40/2021	962.234	62.221	6,47	211
41/2021	862.348	69.723	8,09	209
42/2021	909.936	98.656	10,84	205
43/2021	1.166.376	141.291	12,11	213
44/2021	1.194.338	188.873	15,81	211
45/2021	1.629.000	278.982	17,13	211
46/2021	1.861.289	365.882	19,66	210
47/2021	1.942.196	408.566	21,04	206
48/2021	1.897.505	395.714	20,85	200
Summe	**87.852.398**	**6.854.390**		

43

Der Inzidenzwert sagt im Grunde eigentlich nur aus, wie viele Menschen in einem bestimmten Zeitraum von einer bestimmten Gruppe (100.000) positiv getestet wurden. Ich habe die oben aufgeführte Tabelle absichtlich noch auf den letzten Stand gebracht, da es sich hier nicht um den Zahlenwert handelt, sondern darum, wie man auf diesen absurden und nichtssagenden Wert überhaupt kommt, mit dem die Bevölkerung tagtäglich in Angst und Schrecken gehalten wird.

Wollte man einen reellen Wert errechnen, so müsste man die positiv getesteten Menschen in Relation zur Bevölkerung und zu der Zahl der ausgeführten Tests stellen, was aber nicht gemacht wird, da mit einem nichtssagenden Inzidenzwert keine Panik aufrecht erhalten werden kann.

Schauen wir uns aber einmal die oben aufgeführte Tabelle, die wie schon gesagt auf der Web-Seite des RKI ersichtlich ist, genauer an:

Die Gesamtzahl aller durchgeführten Tests seit Anbeginn der Pandemie = 87.852.378 (Stand 10.12.2021)

Davon positiv getestete = 6.854.390

Das entspricht in Prozent = 7,80 %

(das heißt: 7,80 % der Getesteten zeigten einen positiven PCR-Test an. Es heißt nicht, dass sie tatsächlich krank sind!)

Das entspricht auf die Gesamtbevölkerung der BRD = 8,25%

(d.h.: in 21 Monaten wurden 8,25% der Bevölkerung positiv getestet!)

Wir haben somit 8,25% der Population, die eine nachgewiesene Infektion erlitten hat, was von einem positiven PCR-Test bestätigt wurde. Nichts weiter. Von diesen 8,25%, bei denen eine Infektion durch einen PCR-Test nachgewiesen wurde, haben 8,12% der Menschen diese Infektion überlebt!!! Ist das nicht irre?

Die Todesfälle, die laut unserer Regierung mit und an Corona gestorben sind, betragen 104.996. (Stand 10.12.2021)[106] Somit entsprechen 104.996 Tote 0,13% der Gesamtbevölkerung der BRD!!!

Ich weiß, dass man sich über diese Zahl streiten könnte und dass die reelle Zahl der tatsächlich an Covid-19 Verstorbenen viel geringer ist, da in die Statistik der Todesfälle, die vom RKI veröffentlicht wird, alle Todesfälle, die mit einem positiven PCR-Test verstorben sind, als Corona-Todesfall gerechnet werden. Wie ich in einem vorherigen Kapitel bereits erwähnte, wird zum Beispiel jemand, der durch einen Autounfall verstorben ist, als Corona-Toter gezählt, wenn er positiv getestet war.
   Aber lassen sie uns trotzdem einfach von dieser Zahl ausgehen, denn das Verrückte an dieser Massen-Panik und dieser Pandemie ist nämlich auch die Tatsache, dass, würden die gemeldeten positiven PCR-Tests (6.854.390) alle zu 100% stimmen und wir über die Tatsache hinweg schauen, dass in die Corona-Todeszahlen (104.996) alle Menschen einfließen, die mit positivem Test und nicht an Corona versterben, hat der positiv getestete »Corona-Kranke« trotzdem eine Überlebenschance von mindestens 98,47%.

Dem Bürger wurde auch als Tatsache verkauft, dass die Intensivstationen mit Covid-19-Patienten überlaufen würden. Nach Angaben des RKI sind jedoch fast 60.000 Menschen, die in die Sterbe-Statistik des RKI einflossen, nicht auf einer Intensivstation verstorben. Das heißt, dass fast 60% der Verstorbenen nicht auf einer Intensivstation gestorben sind.[107]

Aktuelle Anzahl der COVID-19 Fälle, die
nicht auf einer Intensivstation gestorben sind:

59.250

(64% starben mit Corona nicht auf einer Intensivstation.)

Datenquellen: Datenhub des Robert-Koch Institut | DIVI Intensivregister.de
Datenstand: 02.09.2021 22:28:01 Uhr

44

Lothar Wieler bestätigt dies in seinem aktuellen Corona-Lage-bericht: »*Bei uns gilt jemand als Corona-Todesfall, bei dem eine Corona-Infektion nachgewiesen wurde.*« Wenn somit ein achtzigjähriger Mann durch einen PCR-Test positiv befunden wird, keine großartigen Symptome aufweist, aber vier Wochen später an einen Herzinfarkt stirbt, dann gilt dieser als Corona-Toter!

45

Schon die Tatsache, dass auch bei Verstorbenen ein PCR-Test durchgeführt wird, und falls dieser positiv sein sollte, dies in die Statistik eingeht, ist eine Unverschämtheit. Aber die Tatsache, dass wenn der Tote vor Wochen positiv getestet wurde, er ebenfalls in diese Covid-Todes-Statistik eingerechnet wird, ist der Hammer.

Lassen Sie es uns auf den Punkt bringen: Wenn jemand, egal aus welchen Gründen, verstirbt, dieser aber Tage oder Wochen vor seinem Todestag positiv getestet wurde, dann gilt dieser als Corona Toter.

Es ist kaum zu glauben, aber Sie können sich auf der Web-Seite unter www.iges.com/corona/#sect_e735 davon überzeugen. Unter dem oben aufgeführten Link hat das IGES-Institut (für den Zeitraum ab Juli 2021) eine hausinterne Analyse veröffentlicht, die darstellt, dass bis zu 80 Prozent der Corona-Todesfälle, nicht Corona als hauptsächliche Todesursache aufweist.[108]

Im Ergebnis zeigt sich laut Bertram Häussler, Mediziner und Leiter des unabhängigen Gesundheitsforschungsinstituts IGES in Berlin, *»dass bei gut 80 Prozent der offiziellen COVID-Toten, die seit Anfang Juli gemeldet wurden, die zugrunde liegende Infektion schon länger als fünf Wochen zurückliegt und man daher eher davon ausgehen muss, dass Corona nicht die wirkliche Todesursache war«*. Dr. Häussler hat in seiner Analyse das Infektionsdatum (durch positiven PCR-Test) mit dem Todestag der offiziellen Covid-Toten verglichen und konnte somit in seiner verblüffenden Analyse feststellen, dass bei gut 80% der offiziellen Covid-Toten das Infektionsdatum länger als 5 Wochen zurücklag!

Das ist doch ungeheuerlich und eigentlich müsste schon durch diese Tatsache das Volk auf die Barrikaden gehen. Doch es wird einfach unter den Tisch gekehrt, obwohl auch die »Welt« davon berichtet hat.[109]

Wie kann man solche Fakten nicht berücksichtigen? Schon aufgrund einer solchen Tatsache müsste die epidemische Lage beendet werden. Aber der gutgläubige Bürger macht die Augen zu, denn was nicht sein darf, darf eben einfach nicht sein. Ich habe den Eindruck, dass die Menschen sich einfach pudelwohl fühlen in ihrem Panikmodus und dass sie für andere Ansichten einfach nicht offen sind. Zu den Medien und ihrer Rolle in diesem Spiel brauche ich mich an dieser Stelle nicht schon wieder zu äußern.

Die Fragen, die wir uns zur statistischen Aufnahme der angeblichen Corona Todesfälle stellen sollten, sind:

- Warum gibt es keine Statistiken, die klar und deutlich unterscheiden, ob Corona die Todesursache war oder nicht?

- Warum werden keine Autopsien durchgeführt?

- Warum gibt es keine Statistik, die wie bei Dr. Häussler vom IGES Berlin darstellt, wann der Covid-Tote sich infiziert hat und wann er verstorben ist?

Es müsste doch für das RKI und die Bundesregierung der Standard sein, wenn ihnen das Wohl der Bevölkerung so wichtig wäre. Jedoch bevorzugt man lieber, statistisch gesehen die Covid-Todesrate aufzupumpen, die Bevölkerung mit einer nicht erforschten Genspritze zu impfen und ihre Grundrechte einzuschränken.

Bereits diese Tatsache zeigt uns, dass wir uns auf die Zahlen des RKI und unserer Bundesregierung nicht verlassen können. Können wir uns in Bezug auf diese angebliche Pandemie überhaupt auf irgendetwas, was uns das RKI und die Bundesregierung mitteilt, verlassen? Das ist hier die entscheidende Frage!

Zum Thema Vertrauen und RKI dürfen wir den E-Mail-Skandal um Horst Seehofer (Innenminister) nicht vergessen. Das Innenministerium spannte Wissenschaftler des RKI ein, welche die harten Coronamaßnahmen der Regierung rechtfertigen sollten. Selbst die Welt berichtete über den E-Mail-Skandal, bei dem RKI-Forscher auf Druck des Innenministeriums ein Rechenmodell vorlegten, auf dessen Basis die strikten Maßnahmen gerechtfertigt werden sollten. Das Papier sagte aus, dass die drakonischen und harten Maßnahmen der Bundesregierung angemessen seien, da bis zu 1 Million Menschen an Covid-19 sterben könnten. Des Weiteren wurden Horror-Szenarien beschrieben, bei denen Menschen qualvoll alleine zu Hause starben, da sie durch Überbelastung der Intensivstationen von den Krankenhäusern abgewiesen wurden – alles nur zurechtgemachte Szenarien, damit die Politiker ihre Grundrechtseinschränkungen durch die Covid-19-Fake-Pandemie aufrecht erhalten konnten. Es ist sehr verwunderlich, dass sich die letzte Bastion Bayerns, Horst Seehofer, in seinem Alter für so eine Untat gewinnen ließ. Traurig aber wahr, mit dieser Pandemie sind sogar die letzten Bastionen und Hoffnungsträger dieser Republik gefallen.

Es kann doch nicht wahr sein, dass es nach 20 Monaten der angeblichen Coronapandemie immer noch »mit und an Corona« verstorben heißt. Hätte es eine differenzierte Aufnahme der Verstorbenen in die Statistik des RKI gegeben, könnte man davon ausgehen, dass es nicht mehr als 15.000 Tote pro Jahr waren und somit in keiner Weise erschreckender als in jeder anderen Grippesaison. Da es jedoch ohne Angst und Schrecken keine Grundlage für ein Pandemiegeschehen gibt, muss die Statistik des RKI dementsprechend mit Toten, die mit und an Corona verstorben sind, aufgepumpt werden.

Genesene Covid-19-Infizierte sind wie alle Menschen einem Sterberisiko ausgesetzt. Bei einem Prozentanteil von zirka 5% (Wert siehe oben!) Infizierten laut PCR-Test, bezogen auf die Gesamtbevölkerung der BRD, und bei zirka 2.700 bis 3.000 Todesfällen, die täglich in der Bundesrepublik versterben, sind es mindestens 100 bis 150 Tote, die nach diesem Schema der Corona-Statistik hinzugerechnet werden, ohne dass die tatsächliche Todesursache überhaupt Corona ist. Durch diese zusätzliche Verdrehung der Fakten kann eine Pandemie ewig aufrecht gehalten werden. Trotz der Tatsache, dass alle Menschen als Corona-Todesfall gezählt werden, die mit einer Covid-19-Erkrankung in Verbindung stehen, haben wir eine Sterblichkeit von 0,13 Prozent auf die Gesamtbevölkerung. Und das ist schon sehr hoch gegriffen! Anders dargestellt bedeutet es eine Überlebenschance von 98,7% bei positivem PCR-Test. Trotzdem befinden wir uns laut Bundesregierung in einer „epidemischen Lage".

Dazu hat der griechisch-amerikanische Mediziner und Epidemiologe John Ioannidis, Professor an der renommierten Stanford University School of Medicine, eine neue Studie am 26. März 2021 veröffentlicht. Fazit von Ioannidis' Auswertung ist, dass die Infektionssterblichkeit von Corona global bei rund 0,15 % liegt. Überträgt man diese Zahl auf Deutschland, was insofern möglich erscheint, da Ioannidis' Datenmaterial zum überwiegenden Teil aus Europa und Amerika stammt, ergibt sich

Folgendes: In Deutschland stirbt jede 667. Person, die sich mit SARS-CoV-2 infiziert. Bei einem Up-Grade der oben genannten Studie kamen folgende Zahlen heraus:

Alter – Überlebensrate nach Infekt:

0-19	99.9973%
20-29	99.986%
30-39	99.969%
40-49	99.918%
50-59	99.73%
60-69	99.41%
70+	97.6% (ohne Altenheim)
70+	94.5% (alle)

(110)

Lassen Sie uns noch einen Blick auf das Argument der Übersterblichkeit, mit der diese tödliche Pandemie zusätzlich angeheizt wird, werfen: 2019 sind 939.520, 2020 sind 986.000 Menschen laut dem Statistischen Bundesamt in Deutschland verstorben. Somit sind 2020 zirka 50.000 mehr Todesfälle registriert worden. Kann man jetzt von der Tatsache ausgehen, dass wir uns durch die Pandemie in einer Übersterblichkeit in 2020 befanden?

Zunächst sollte man einmal den Begriff der Übersterblichkeit definieren:

„Grundsätzlich wird »Übersterblichkeit« dazu genutzt, über einen bestimmten Zeitverlauf eine erhöhte Sterblichkeit in einem Gebiet zu identifizieren – so definiert auch das Robert-Koch-Institut (RKI) den Begriff. Die Übersterblichkeit ist ein wichtiges Konzept, um etwa während einer Epidemie oder Pandemie den Überblick über das Ausmaß zu behalten.
Damit das möglich ist, wird eine sogenannte Basismortalität ermittelt, also die erwartete Anzahl an Toten in Deutschland in einem Jahr. Beim Statistischen Bundesamt wird sie anhand der Sterbefallzahlen der letzten Jahre be-

rechnet ... Weichen die Todeszahlen etwa während einer Grippewelle stark von der Basismortalität, also der vorher ermittelten Norm ab, bezeichnet man das als Übersterblichkeit. ... Laut Statistischem Bundesamt muss man bei der Einordnung der Sterbefallzahlen berücksichtigen, dass sie von der Größe und der Altersstruktur der Bevölkerung beeinflusst werden. Konkret heißt das: Gibt es mehr Ältere, muss man auch mit mehr Sterbefällen rechnen. 2020 waren laut Max-Planck-Institut für demografische Forschung 6,83 Prozent der Bevölkerung über 80. 2016 waren es noch 5,75 Prozent. Das ist ein Wachstum von 20 Prozent. Zum Vergleich: Die Altersgruppe der 35-59-Jährigen ist seit 2016 um rund 2 Prozent geschrumpft. »Auch ohne Covid-19 würde es höhere Todeszahlen geben«, sagt Göran Kauermann. Er ist Statistiker an der Ludwig-Maximilians-Universität München (LMU)."[11]

Als Fazit zum Thema Sterbefälle können wir Folgendes sagen:

- Die höhere Sterblichkeit im Jahre 2020 kann nicht auf die Covid-19-Pandemie zurückgeführt werden, da im Jahre 2020 nach Angaben des RKI weit weniger Menschen an Covid-19 (34.000) verstorben sind, als die angebliche Übersterblichkeit von zirka 46.000 Toten. Obwohl, wie oben beschrieben, jeder, der positiv getestet wurde, vor und/oder nach seinem Tod als Corona-Toter in die Statistik einfloss.

- Der demographische Wandel (die Altersstruktur) wurde in der sogenannten Übersterblichkeit nicht einkalkuliert und nicht mit einberechnet, somit ist die Aussage der Übersterblichkeit unseriös.

- Es kann keine Übersterblichkeit durch Corona geben, da die globale Sterblichkeit nach Ionnadis weltweit »nur« 0,15% beträgt und somit nicht der ausschlaggebende Punkt einer Übersterblichkeit sein kann.

- Nicht einmal bei den über 60-Jährigen gab es eine Übersterblichkeit, wenn man die verschiedenen Bezugsgrößen in Relation stellt.

Eine von der Universität Duisburg-Essen veröffentlichte Studie hat die demographische Entwicklung bei der Übersterblichkeit in Betracht gezogen und ist durch ihr Studienergebnisse zu dem Fazit gekommen, dass es trotz der Corona-Pandemie in Deutschland 2020 nur zu einer leichten Untersterblichkeit von 2,4% gekommen ist. Der Ansatz dieser Studie betrachtet Todesfälle jeglicher Ursache bei der Berechnung, seien es Unfalltote, Herzinfarkte oder eben Menschen, die mit oder an Covid-19 gestorben waren. So konnte das Problem umgangen werden, dass sich zum Beispiel in der Definition von Covid-19-Todesfällen in verschiedenen Ländern beträchtliche Unterschiede ergeben. Trotz angeblichen 34.000 Corona-Todesfällen 2020 ist es also in Deutschland statistisch nicht zu einer Übersterblichkeit gekommen![(112)]

Aber selbstverständlich handelt es sich auch hier wieder einmal nur um Aluhutträger!

In der nachfolgenden Tabelle können Sie die Fälle der an Krebs verstorbenen Menschen zwischen 2000 und 2019 sehen. 2019 zählte das Statistische Bundesamt bundesweit 239.591 Tote aufgrund von Krebs und anderen Neubildungen. 239.591 entspricht 0,29% der Gesamtbevölkerung der BRD!!!

Jährliche Todesfälle aufgrund von Krebs und anderen Neubildungen in Deutschland in den Jahren 2000 bis 2019

Würden wir zu dieser Zahl die Krebstoten von 2020 dazurechnen (da sich ja die Covid-19-Toten auch auf fast zwei Jahre beziehen), dann hätten wir fast 500.000 Krebstote. Das wäre das 5,5-fache der Covid-19-Todesfälle. Doch das interessiert in der deutschen Regierung und unter den Covid-Panik-Verbreitern niemand. Oder realistischer ausgedrückt: Die Todesursache Krebs wäre um das 10- bis 20-fache höher als die Todesursache Covid-19, wenn die Statistik der Covid-Toten bereinigt wäre und nur die tatsächliche Ursache Covid-19-Sterbefälle gezählt würde.

Trotz aufgepumpter Covid-19-Todesrate hat diese Fake-Pandemie keinerlei Daseinsberechtigung, außer dass sie der Elite für ihren »Great Reset« dienlich ist.

Diese Pandemie wird durch und mit dieser »gefakten« Zahl am Leben erhalten, die im Vergleich zu den Krebstoten in keinem Verhältnis steht. Der Inzidenzwert sagt in Relation zu einer tatsächlichen Pandemie gar nichts aus. Der Bevölkerung wurde dieser Wert zusätzlich verkauft, damit man diese täglich lenken und die drakonischen Maßnahmen dieser Bundesregierung rechtfertigen kann. Eines muss man anerkennen: Im Vergleich zur Schweinegrippe-Pandemie haben sie ganz schön dazu gelernt und Werte und Tricks aus dem Hut gezaubert, mit denen sie alles prima rechtfertigen können.

Einen Inzidenzwert unter 10 kann man in Deutschland so gut wie nicht erreichen, denn auf 100.000 Einwohner wären das in einem Zeitraum von sieben Tagen zehn Positive. Wenn man jedoch von einer Fehlerquote von nur 2% bei den heutigen PCR-Tests ausgeht, dann wäre dieser Wert nach nur 500 Tests erreicht. Bei einer Fehlerquote von 0,5 Prozent wäre er bei 2.000 Tests in einem Zeitraum von 7 Tage erreicht. Das ist ein Zahlenspiel, das sie drehen können, wie sie möchten.

Hat eine Gemeinde 1.000 Einwohner, braucht man nur ein einziges positives Testergebnis pro Woche und man hat einen Inzidenzwert von 100, sind es zwei, ist die Gemeinde ein Hotspot!

Trotz allem reden wir hier nicht von Erkrankten, sondern nur von **positiv getesteten** Personen! Selbst die WHO hat bestätigt, dass die Tests weitestgehend nutzlos sind, wenn die Getesteten keine Symptome aufweisen. Somit wird durch und mit diesem nichtssagenden Wert dem Bürger eine völlig falsche Infektionslage vorgetäuscht.

Liebe Leserinnen und Leser, Sie haben sicher schon einmal etwas von der Infektionskrankheit Tuberkulose gehört.

„Die Tuberkulose ist weltweit verbreitet und gehört neben HIV/AIDS und Malaria zu den häufigsten Infektionskrankheiten. Rund ein Drittel der Weltbevölkerung soll mit Tuberkulose-Erregern infiziert sein, wobei ca. 5–10% der infizierten Erwachsenen im Laufe ihres Lebens – sofern sie immunkompetent sind – eine behandlungsbedürftige Tuberkulose entwickeln. Bei Infizierten mit einer eingeschränkten Immunabwehr (z.B. bei HIV-Infektion) liegt das Erkrankungsrisiko jedoch deutlich höher. Nach Angaben der Weltgesundheitsorganisation (WHO) erkranken jährlich fast 9 Millionen Menschen an einer Tuberkulose und etwa 1,4 Millionen Menschen sterben jedes Jahr an den Folgen dieser Krankheit, oftmals aufgrund einer unzureichenden Behandlung. Damit ist die Tuberkulose auch heute noch weltweit die häufigste zum Tode führende behandelbare bakterielle Infektionskrankheit bei Jugendlichen und Erwachsenen sowie die führende Todesursache bei HIV-Infizierten."[113]

1,4 Millionen Menschen sterben jährlich an dieser Infektionskrankheit weltweit. **Warum ruft die WHO keine Pandemie aus?** Bei der Tuberkulose handelt es sich um eine hoch ansteckende Infektionskrankheit, die auch in Deutschland verbreitet ist, aber das juckt keinen Menschen. Wo sind die Panik-Verbreiter? Warum sperrt man aufgrund dieser Krankheit nicht die gesamte Erdbevölkerung ein?

Die oben aufgeführten Informationen habe ich bequem auf der Web-Seite des RKI herunterladen können. Es ist doch erschreckend, dass sich offiziell in Deutschland über 5.000 Menschen mit dieser hoch gefährlichen Krankheit anstecken, es aber keinen Menschen interessiert. Mit Tuberkulose kann sich grundsätzlich jeder infizieren, der mit dem hoch ansteckenden Erreger Mycobacterium tuberculosis in Kontakt kommt. Im Jahr 2019 wurden in Deutschland 4.791 Tuberkulosen registriert, was einer Inzidenz von 5,8 Neuerkrankungen pro 100.000 Einwohner entspricht!

Ein weiterer Punkt: **Todesfälle durch Intubation**

„In der ersten Corona-Welle wurden sogar 75% der schwer Erkrankten auf Intensivstationen intubiert. Dafür machte sich auch der damalige Vorsitzende der Deutschen Gesellschaft für Anästhesiologie und Intensivmedizin stark. Er sagte im April 2020, zunächst könne man zwar anders beatmen...

Prof. Rolf Rossaint, Deutsche Gesellschaft für Anästhesiologie und Intensivmedizin, 27. April 2020: »Wenn aber dann die Erkrankung noch schwerer ist – und das ist eben bei 75 Prozent der Intensivpatienten – dann muss man aber auch zum richtigen Zeitpunkt die Intubation durchführen.«

Merkwürdig, danach wurden die strikten Handlungs-Leitlinien für Ärzte etwas gelockert, und die Rate an Intubationen in Deutschland sank plötzlich von 75% auf 57%...“[114]

»Fakt ist, dass wir in Deutschland Covid-19-Patienten viel zu früh künstlich beatmen«, so Voshaar im Interview mit dem »Focus«. Zwar sei es nach wie vor eine wichtige Maßnahme für Schwerstkranke und diejenigen, die nicht mehr zu einem selbstständigen Atmen in der Lage sind. Bei einem großen Teil bestehe jedoch kein Grund für dieses Vorgehen. Vielmehr warnt Voshaar vor den Risiken, die eine Intubation mit sich bringt. Mit Druck pumpt ein Gerät Luft durch einen Schlauch, der durch die Luftröhre führt. Das Gewebe der Lunge, das durch Covid-19 bereits angeschlagen ist, wird durch zu viel Druck und Sauerstoff zu-

sätzlich geschädigt, benötigt diese aber zunehmend, wenn sie den Körper nur schlechter mit Sauerstoff versorgen kann: »Das ist ein Teufelskreis – bereits nach drei Tagen steigt die Gefahr für Komplikationen exponentiell an.«" [115]

Zirka die Hälfte der invasiv beatmeten Covid-19-Erkrankten stirbt!

„Für eine Intubation müssen Patient:innen zudem über einen längeren Zeitraum sediert werden. Ein Schlauch in der Luftröhre im Wachzustand wäre nicht tolerierbar. Für ältere Menschen sei eine wochenlange Sedierung beson- ders gefährlich. Etwa 50 Prozent der invasiv beatmeten Covid-19-Patient:innen erliegen der Krankheit. Für den Pneumologen »ein klares Zeichen, dass wir in der Medizin einen anderen Weg gehen müssen«. Diese Risiken seien bereits »seit zehn Jahren« bekannt.
Wird zu früh eine invasive Beatmung angeordnet, könne dies die Behandlungszeit auf der Intensivstation zudem deutlich verlängern und die Kapazitäten einer Klinik aus- reizen. Die Intubation dauere in der Regel zwei bis drei Wochen. Patient:innen, die den Vorgang überleben, bleiben normalerweise noch weitere Wochen im Krankenhaus." [115]

Es wäre an dieser Stelle interessant zu wissen, wie viele Men- schen insgesamt durch eine zu frühe oder falsche Anwendung der Intubation in Deutschland gestorben sind. Ich möchte an dieser Stelle wirklich keine unnötigen Anmaßungen treffen, aber das Problem der Intubation ist in diesem Land seit Jahren bekannt.

• Warum wurde dann in Deutschland bei über 75 Prozent der Covid-19-Intensiv-Patienten diese Maßnahme angewendet?

• Gab es wirklich keine anderen Möglichkeiten?

• Woran sind die Patienten in diesem Fall verstorben – an Co- vid-19 oder an einer Falschbehandlung? (In der Statistik wurden sie auf jeden Fall als Covid-19-Tote registriert).

- Welche finanziellen Anreize gab es für Krankenhäuser, Covid-19-Patienten in die Intensivstation zu verlegen und bei 75 Prozent der Fälle zu intubieren?
- Warum gibt es hierzu keine offizielle und unabhängige Aufarbeitung der Todesfälle?

Fakt ist, dass wir wahrscheinlich zu keinen der oben gelisteten Fragen jemals eine Antwort bekommen werden. Es tut mir wahnsinnig leid für die Menschen, die aufgrund der beschriebenen Ereignisse einen Angehörigen oder Freund verloren haben, der unter anderen Voraussetzungen vielleicht nicht hätte sterben müssen.

Doch in der Corona-Pandemie ist alles erlaubt – Hauptsache die Zahlen stimmen.

7.6.2 Der Corona-Goldstandard: der PCR-Test

Die WHO verkündete Anfang 2020 eine weltweite Pandemie, die, wie wir alle wissen, aber nur dargestellt und aufrecht erhalten werden konnte und kann, wenn sich gesunde und fitte Menschen einem fragwürdigen PCR-Test unterziehen. Die Frage, die wir uns hier alle stellen sollten, ist: Um was für eine Pandemie kann es sich handeln, wenn sich gesunde Menschen testen lassen müssen, damit eine hochansteckende und tödliche Krankheit nachgewiesen werden kann?

Was hat es mit diesem fragwürdigen PCR-Test auf sich? Das RKI und dessen Direktor Prof. Lothar Wieler sind der Meinung, dass der PCR-Test der Goldstandard der Primärdiagnostik ist. Doch ist das wirklich so?

KARY MULLIS

„Mit PCR kann man - wenn man es gut macht - fast alles in jedem finden [...] Der Test sagt NICHT aus, ob man krank ist, oder ob das, was gefunden wurde, dir wirklich Schaden zufügt."

47

Kary Mullis ist da komplett anderer Meinung. Er erlangte nach seiner aufsehenerregenden Entwicklung der Polymerase-Kettenreaktion (PCR) im Jahre 1983 weltweite Anerkennung und erhielt dafür 1993 den Nobelpreis in Chemie.

Zitat von Nobelpreisträger Kary Mullis, Erfinder des PCR-Tests:

> „»Mit PCR, wenn man es gut macht, kann man ziemlich alles in jedem finden.« ... »Die Messung ist nicht exakt.« ... »PCR ist ein Prozess, der aus allem Möglichen eine ganze Menge macht. Es sagt Ihnen nicht, dass Sie krank sind.

Und er sagt nicht, dass das Ding, das man findet, Ihnen Schaden zufügen würde."[116] [117] [118]

Weiterhin sagt Mullis, dass man den PCR-Test zwar nicht missbrauchen kann, die Interpretation dessen hingegen schon.

Kary Mullis wird in den Massenmedien für seine Aussagen in Bezug des PCR-Tests als »Verschwörungstheoretiker« dargestellt. Jedoch vergessen diese Medien anscheinend, dass er der Erfinder des PCR-Tests ist und es im Grunde doch am besten wissen muss. Trotzdem wird seine Kompetenz, obwohl er, wie gesagt, der Entwickler des Tests ist und dafür sogar einen Nobelpreis und zahlreiche Internationale Preise, Doktoren-Titel und Ehrungen erhalten hat, von sogenannten „Experten" und den korrupten Medien durch den Dreck gezogen.

Das System ist heutzutage immer das Gleiche, wenn man gegen das Bundesregime mit Fachkenntnissen argumentiert, dann wird eben die Reputation desjenigen zerstört. Sogar unser Professor Drosten, der in Deutschland als Koryphäe gehandelt wird, hat sich in der Vergangenheit zur PCR-Test-Methode geäußert, dies wird jedoch jetzt in der Pandemie säuberlich unter den Teppich gekehrt. In einem Interview mit der »Wirtschaftswoche« aus dem Jahr 2014, meinte Prof. Drosten, dass die Testmethode für eine Übertreibung der Ausmaße der Mers-Epidemie verantwortlich gemacht wurde:

„Ja, aber die Methode ist so empfindlich, dass sie ein einzelnes Erbmolekül dieses Virus nachweisen kann. Wenn ein solcher Erreger zum Beispiel bei einer Krankenschwester mal eben einen Tag lang über die Nasenschleimhaut huscht, ohne dass sie erkrankt oder sonst irgendetwas davon bemerkt, dann ist sie plötzlich ein Mers-Fall. Wo zuvor Todkranke gemeldet wurden, sind nun plötzlich milde Fälle und Menschen, die eigentlich kerngesund sind, in der Meldestatistik enthalten. Auch so ließe sich die Explosion der Fallzahlen in Saudi-Arabien erklären. Dazu kommt, dass die Medien vor Ort die Sache unglaublich hochgekocht haben."[119] [120]

Wir werden auf Prof. Drosten im nächsten Kapitel näher eingehen, deswegen möchte ich es bei diesem Zitat von ihm an dieser Stelle belassen.

Um die Aussage von Professor Mullis zu verstehen, muss man begreifen, wie der PCR-Test funktioniert: Um einen PCR-Test durchzuführen, braucht es eine Probe. Bei Sars-CoV-2 nimmt man dafür einen Abstrich aus dem Rachenraum, zu dem man über den Mund oder die Nase gelangt. Befinden sich auf dem Abstrich ganze Viren oder Bruchstücke davon, kann man daraus das Erbgut isolieren, das bei dem Sars-CoV-2-Virus aus RNA besteht. In einem ersten Schritt übersetzt nun ein Enzym diese RNA in DNA. Als Nächstes muss die DNA vervielfältigt werden, um eine genügend große Menge davon zu erhalten, die einen Nachweis möglich macht. Für diese Vervielfältigung braucht es kleine DNA-Stücke, sogenannte Primer, die an das Virus-Genom anlagern und es abschreiben, also kopieren. So entstehen in mehreren Durchläufen immer mehr DNA-Ketten. Davon leitet sich auch der Name des Tests ab: PCR steht übersetzt für Polymerase-Ketten-Reaktion. Enthält der Abstrich keine Viren, sind keine Kopien möglich. Ist das gesuchte virale Erbgut in der Probe enthalten, steigt die Anzahl der Ausfertigungen mit jedem Durchlauf dieses Prozederes kontinuierlich an.[121]

„Es gibt nicht nur einen, sondern unzählig viele unterschiedliche PCR-Tests von verschiedenen Herstellern. Das erste PCR-Testprotokoll entwickelte ein Team um den Virologen Christian Drosten am deutschen Zentrum für Infektionsforschung der Charité Berlin im Januar 2020."[122]

Wer hätte das gedacht!

„Bald darauf kamen kommerzielle Tests aus China auf den Markt. Diese hatten jedoch vereinzelt Probleme mit Verunreinigungen und waren auch nicht für diagnostische Zwecke in der Europäischen Union freigegeben."[122]

Trotzdem wurden diese Tests verwendet und die daraus resultierenden Fälle gingen in die Statistik ein.

„Mittlerweile existiert eine Vielzahl verschiedener PCR-Tests, die für Sars-CoV-2, geprüft und CE-markiert sind."[122]

Sehr viele Labore haben inzwischen von hausgemachten auf kommerzielle Tests gewechselt.

Die CE-Kennzeichnung wird zur Registrierung in Deutschland beim Bundesinstitut für Arzneimittel und Medizinprodukte vorgelegt. Stand 3.12.2021 sind dort mehr als 700 verschiedene Corona-Tests – darunter PCR-Tests, aber auch Antigen- und Antikörpertests – für den deutschen Markt freigegeben mit 1.279 Ergebnissen.[123] Sie alle haben das CE-Kennzeichen. Zusätzlich können weitere in europäischen Mitgliedstaaten registrierte Tests in Deutschland eingesetzt werden. Alle diese Tests sind für die Diagnostik zugelassen.

Schon die Tatsache, dass es so viele unterschiedliche Tests für die Diagnostik des Sars-CoV-2-Virus und keinen nationalen und internationalen Standard gibt, müsste doch dazu führen, dass bei einem normal denkenden Menschen alle Alarmglocken anspringen. In Deutschland sind laut RKI über 200 verschiedene Labore für die Tests zuständig, und jedem Labor steht es frei, welches Test-Kit und welche Methode sie verwenden und aus welchem Land diese Kits kommen. Es gibt keine Standardisierung, aber am Schluss werden alle angeblich nachgewiesenen Infektionen in denselben Topf geworfen und der Öffentlichkeit bekannt gegeben. Nach fast 2 Jahren Pandemie gibt es in Deutschland immer noch kein standardisiertes Vorgehen, vermutlich weil dieses Chaos dem RKI und der Bundesregierung für die Fortführung dieser Pandemie in die Karten spielt. Der Öffentlichkeit werden Zahlen von nachgewiesenen Infektionen bekannt gegeben, obwohl es richtiger wäre, von positiven PCR-Tests zu sprechen.

Eine Infektion wird im Medizinlexikon folgendermaßen definiert:

„Eindringen von pathogenen Mikroorganismen, wie Bakterien oder Viren, in einen Organismus mit anschließender Besiedelung und Vermehrung."[124]

Eine Infektion bedeutet zunächst einmal nur, dass der Erreger im Körper vorhanden und in der Lage ist, sich zu vermehren. Der Begriff sagt jedoch nichts darüber aus, in welchem Stadium der Infektion ein Mensch sich befindet, ob er krank oder ansteckend ist. Die Tatsache, dass in Deutschland und Europa tausende verschiedene Tests zur Anwendung kommen und jeder Test eine prozentuale Fehlerquote aufweisen kann, entnimmt dieser Pandemie jegliche Grundlage.

In einem Urteil des Berufungsgerichtes von Lissabon, Portugal, ergibt sich aus der Urteilserklärung folgendes Gerichtsurteil. In dem 34 Seiten langen Dokument schreibt das Gericht:

„Auf der Grundlage der derzeit verfügbaren wissenschaftlichen Beweise ist dieser Test [der RT-PCR-Test] an und für sich nicht in der Lage, zweifelsfrei festzustellen, ob die Positivität tatsächlich einer Infektion mit dem SARS-CoV-2-Virus entspricht, und zwar aus mehreren Gründen, von denen zwei von vorrangiger Bedeutung sind: Die Zuverlässigkeit des Tests hängt von der Anzahl der verwendeten Zyklen ab; die Makellosigkeit des Tests hängt von der vorhandenen Viruslast ab.

Mit der Anzahl der verwendeten Zyklen, welche das Gericht anspricht, ist der sogenannte CT-Wert gemeint. Beim PCR-Test wird das Erbgut so lange vervielfältigt – spricht in Zyklen verdoppelt, bis ein Messsignal erkannt wird – oder eben auch nicht. Der CT-Wert gibt also an, wie viele Zyklen notwendig waren, ehe ein Test angeschlagen hat.

Zum besseren Verständnis: Sind in einer anfänglichen Probe aus einem Nasen-Rachen-Abstrich für den PCR-Test 10 Viren, so werden daraus

nach 30 Zyklen	10.737.418.240
nach 35 Zyklen	343.597.383.680
nach 40 Zyklen	10.995.116.227.760

Untersuchungen des Robert-Koch-Instituts (RKI) haben ergeben, dass sich ab 30 Zyklen (CT > 30) kein Virus mehr findet, das vermehrungsfähig wäre.

Für die Begründung seiner Entscheidung beruft sich das portugiesische Gericht jedoch nicht auf das RKI. Das Gericht schreibt: »Die Anzahl der Zyklen einer solchen Amplifikation führt zu einer mehr oder weniger großen Zuverlässigkeit solcher Tests. Das Problem ist, dass diese Verlässlichkeit in Bezug auf die wissenschaftlichen Beweise mehr als fragwürdig ist.«

Deshalb greift das Gericht, wie es ausdrücklich sagt, auf das Wissen von Experten auf diesem Gebiet zurück. Und beruft sich unter anderem auf die Ergebnisse der Studie von Jaafar et al. (https://doi.org/10.1093/cid/ciaa1491), welche Ende September 2020 im Oxford Academic Journal veröffentlicht wurde und von einer Gruppe durchgeführt wurde, die einige der größten europäischen und weltweiten Spezialisten auf diesem Gebiet zusammenbringt, so das Gericht.

Das Gericht schreibt in seiner Urteilsverkündung:
»Was sich aus diesen Studien ergibt, ist einfach – die mögliche Zuverlässigkeit der durchgeführten PCR-Tests hängt von Anfang an von der Schwelle der Amplifikationszyklen ab, die sie beinhalten, sodass bis zu einer Grenze von 25 Zyklen die Zuverlässigkeit des Tests bei etwa 70% liegt; wenn 30 Zyklen durchgeführt werden, sinkt der Zuverlässigkeitsgrad auf 20%; wenn 35 Zyklen erreicht werden, liegt der Zuverlässigkeitsgrad bei 3%.«

Und:
»Das bedeutet, dass bei einem positiven PCR-Test bei einer Zyklusschwelle von 35 oder höher (wie es in den meisten US-amerikanischen und europäischen Labors der Fall ist)

*die Wahrscheinlichkeit einer Infektion weniger als 3% be-
trägt. Die Wahrscheinlichkeit, dass eine Person ein falsches
Positiv erhält, liegt bei 97% oder höher«.*

*Klarheit bringt jedoch ein Blick auf die Seiten von Find
(Foundation for Innovative New Diagnostics), einem internationalen Diagnose-Labor mit Sitz in Genf, das mit der
WHO zusammenarbeitet. Dort findet man die Auswertung
der durchschnittlichen CT-Werte und der Zyklen-Schwel-
lenwerte von 22 PCR-Präparaten, welche an den Universi-
tätskliniken Genf (HUG) ausgewertet wurden.*

*Bei allen Präparaten liegt der Zyklen-Schwellenwert zwi-
schen 38 und 40. Einige Präparate haben sogar gar keinen
Schwellenwert, sprich jedes Signal kann als positives
Signal gewertet werden. Der durchschnittliche effektive
CT-Wert liegt laut dieser Auswertung bei 35,33 – also
genau in dem Bereich, in der bei einem positiven Testergebnis die Wahrscheinlichkeit einer effektiven Infektion
gerade mal 3 Prozent beträgt."*[125] [126] [127]

Nochmals zur Erinnerung: Seit Anfang der Pandemie wurden
fast 88 Millionen PCR-Tests alleine in Deutschland durchgeführt, die zirka 6,8 Millionen positiv Getestete mit einem CT-
Wert von über 35 »gefunden« haben (Stand Kalenderwoche
10.12.2021, 87.852.378 davon 6.854.390 Positive). Somit handelte es sich hier nicht um einen Goldstandard, sondern eher
um ein zufälliges Würfeln. Das Gerichtsurteil, das in den deutschen Massenmedien so gut wie keine Beachtung bekommen
hat, spricht eindeutige und unmissverständliche Worte. Dem
Richter müsste man eigentlich für seinen Mut ein Denkmal
bauen. Sollten Sie dem portugiesischen Gericht nicht trauen, da
es doch so weit von uns entfernt ist, dann kann ich Sie diesbezüglich beruhigen. Das Wiener Verwaltungsgericht verweist
in seinem Urteil vom 24.03.2021 ebenfalls auf die Aussage der
WHO[128]:

*„...dass ein PCR-Test nicht zur Diagnostik geeignet ist und
daher für sich alleine nichts zur Krankheit oder einer
Infektion eines Menschen aussagt."*[129]

Eigentlich sind schon durch diese beiden Gerichtsurteile die Maßnahmen für eine Einstellung der Pandemie gegeben. Da aber mit allen Mitteln diese vorangetrieben werden muss, damit dem Bürger eine mRNA-Impfung aufgezwungen werden kann, haben diese und weitere Gerichtsurteile in unserer angeblichen Demokratie jegliche Bedeutung verloren.

Zu den oben aufgeführten Punkt ist der Kostenfaktor und der Gesundheitsaspekt des kontinuierlichen Testens, auf den ich in diesem Buch bewusst nicht weiter eingehe, nicht zu vergessen. Die Bundesregierung hat Milliarden von Euros für diese Massentestungen verschwendet und wird in Zukunft aller Voraussicht nach noch weitere Milliarden aus dem Fenster werfen.

Gehen wir einfach mal von einem Kostenfaktor von 100 Euro (was in der Realität höher liegt!) pro PCR-Test aus und multiplizieren diesen Kostenfaktor mit den durchgeführten Tests seit Anbeginn der Pandemie, dann erhalten wir eine Summe von:

100 x 87.000.000 = 8.700.000.000 Euro[130]

Nicht einberechnet in dieser Summe sind die Schnelltests und die Maskenverschwendung von annähernd 3.000.000.000 Euro!

Es werden Gelder mit der Schaufel aus dem Fenster geworfen, wohingegen bei notwendigen Angelegenheiten in allen Ecken und Enden gespart wird. Bis zum heutigen Zeitpunkt (10/2021) wurden über 400 Milliarden Euro durch und mit der Corona-Pandemie alleine in Deutschland verschwendet und verschleudert![131]

Da kann schon die Vermutung aufkommen, dass es sich bei diesem Massentesten nicht um eine Pandemie-Bekämpfung handelt, sondern eher um eine Identifizierung der Bevölkerung. Selbst Prof. Wieler hat sich diesbezüglich geäußert und somit steht einer Datensammlung der DNA aller in Deutschland ansässigen Bürger durch diese Pandemie und den Massentests nichts mehr im Wege. Doch im Namen der „Religion Covid-19" ist in Deutschland im Jahre 2021 alles erlaubt.[116]

Immer nach dem Motto des Lothar Wielers zu den Maßnahmen: *»Diese dürfen nie infrage gestellt werden.«*

Der PCR-Test, der für die anhaltenden Maßnahmen der Regierungen als der Goldstandard der Diagnostik angepriesen wird,
ist nur ein Instrument, welches diesen Wissenschaftlern und
Politikern dazu dient, Angst und Schrecken innerhalb der Bevölkerung aufrecht zu erhalten, damit sie alle gewünschten
Maßnahmen, die zu einem »Great Reset« führen, umsetzen
können. Denken Sie daran, wenn Sie sich das nächste Mal
testen lassen!

7.7   Prof. Dr. Christian Drosten, zu Diensten der Pharmaindustrie?

Prof. Dr. Christian Maria Drosten ist meines Erachtens nach einer der aufstrebenden Stars der Covid-19-Pandemie und einer der Profiteure im Hintergrund. Als Instituts-Direktor der Charité und Berater der Bundesregierung ist Professor Drostens Ansehen als Wissenschaftler in den heutigen Tagen regelrecht durch die Decke gegangen. 2020 wurde ihm für seine außergewöhnlichen Leistungen der Verdienstorden der Bundesrepublik Deutschland durch den Bundespräsidenten Frank-Walter Steinmeier verliehen. Sicherlich meint man in der heutigen Zeit in Deutschland mit außergewöhnlichen Leistungen, dass man durch Steuergelder finanzierte Forschungen an Privatunternehmen weitergibt, damit diese Millionen von Euros verdienen können.

Ich möchte an dieser Stelle nicht behaupten, dass Professor Drosten durch die Weitergabe seiner, von der Bundesregierung finanzierten Forschung an seinen Kollegen Olfert Landt irgendwelche finanziellen Zuschüsse erhalten hätte, aber es ist schon merkwürdig, wenn ein Instituts-Professor aufgrund der erhaltenen staatlichen Forschungsgelder seine Forschung finanzieren kann und dann die Forschungsergebnisse an einen seiner Kollegen weitergibt, damit dieser mit einer GmbH kräftig Kasse macht.

Olfert Landt, der bei Prof. Drosten Mitautor einer Vielzahl von publizierten Studien ist, ist Geschäftsführer der Berliner Biotech-Firma *TIB Molbiol Syntheselabor GmbH*. In den Massenmedien wird diese Biotech-Firma als kleines Unternehmen bezeichnet, das momentan an die 40 Angestellte hat. Sicherlich ist es nur ein Zufall, dass – genau so wie 2009/2010 bei der Schweinegrippe-Pandemie – die Umsatzzahlen dieses Unternehmens seit Januar 2020 durch die Decke gehen. Laut »Deutschlandfunk« setzte das Unternehmen im Jahre 2019 an die 18 Millionen Euro jährlich um. Dass die Umsätze sich durch den Corona-Test-Kit in den Jahren 2020/2021 um ein Vielfaches erhöhen, ist sicherlich nur dem unternehmerischen Gespür des Geschäftsführers zu verdanken. Aber wie schon gesagt, ich möchte Herrn Drosten keine finanziellen Interessen unterstellen.

Die Biotech-Firma *TIB Molbiol* entwickelt seit Jahren Test-Kits für alle möglichen bakteriellen und viralen Krankheitserreger. Unter anderem für:

2002/2003	SARS
2009	Schweinegrippe
2011	EHEC
2012	Mers
2016	Zika-Virus
2017	Gelbfieber

Ich möchte es an dieser Stelle bei den Informationen, die ich Ihnen gegeben habe, belassen. Wer sich zu den Firmenverflechtungen von Olfert Landt tiefergehend informieren möchte, dem empfehle ich das Video von Samuel Eckert:

Video 14:

Titel	Geldregen für Geschäftspartner von #Drosten - das #Netzwerk um Olfert Landt
Link	https://www.youtube.com/watch?v=z_VSo9-2d1c
Short-URL	https://bshort.one/vbcdgitv14

Christian Drosten promovierte 2003 an der Frankfurter Goethe Universität. 2005 wurde ihm das Bundesverdienstkreuz am Bande verliehen, da er mit Stephan Günther als einer der ersten einen diagnostischen Test für das Coronavirus SARS-CoV entwickelte. Das Highlight in Drostens Wissenschaftskarriere ist sicherlich die Aufnahme in die *Nationale Akademie der Wissenschaft Leopoldina* 2021, für sein Engagement in der Corona-Pandemie.

Ein Schelm, wer Böses dabei denkt!

Durch den Aufstieg zum Virus-Rockstar müsste man doch von Professor Drosten präzise Vorhersagen, absolute Neutralität, Unbefangenheit und makellose Beratungen der Bundesregierung gegenüber erwarten. Oder etwa nicht? Von Unbefangenheit kann man allerdings kaum sprechen, wenn man von der Pharmalobby irgendwelche Ehrungen und Förderpreise verliehen bekommt, aber darüber könnte man noch hinwegschauen. Merkwürdig ist, dass die Bill & Melinda Gates Stiftung die Charité im Dezember 2019 und März 2020 mit 335.000 US-Dollar unterstützt hat. Wenn es einige Jahre von einer Pandemie entfernt gewesen wäre, hätte man noch glauben können, dass es sich um wissenschaftliche »Fördergelder« handelt, aber kurz vor und am Anfang dieser weltweiten Fake-Pandemie ist es schon mehr als verdächtig, von der Bill & Melinda Gates Stiftung Gelder zu erhalten.

In Professor Drostens Beratertätigkeit ist ersichtlich, dass er sich sowohl in der Covid-19-Pandemie, in der SARS-Epidemie, als auch der Schweinegrippe-Pandemie immer für eine Impfung ausgesprochen hat. Er ist ein sehr großer Fan von Impfungen, auch wenn sich wie bei der SARS-Epidemie und Schweinegrippe-Pandemie herausstellte, dass keine Impfung von Nöten war, sie sogar weitreichende Nebenwirkungen für die Geimpften mit sich brachte. Die Ähnlichkeit ist absolut nicht zu übersehen und wahrscheinlich durch die Nähe zur Pharmalobby gegeben: Nach Angaben der WHO gab es seit Beginn der sogenannten SARS-Epidemie im Jahr 2003 weltweit nicht einmal 10.000 SARS-Fälle mit 774 Toten. In Deutschland gab es keinen einzigen Todesfall, aber nach Empfehlung von Prof. Drosten war eine Impfung die einzige Möglichkeit, diese Seuche zu bekämpfen. Ähnlich wie in der SARS-Epidemie verlief Prof. Drostens Beratung während der Schweinegrippe-Pandemie. Auch damals war er der Überzeugung, dass es sich bei der Erkrankung um eine schwerwiegende Virusinfektion handeln würde, die schlimmer als jegliche Nebenwirkungen eines Impfstoffes wäre. Somit wurde medial stark eine Impfung empfohlen. Wie die Schweinegrippe-Pandemie dann tatsächlich verlaufen ist, haben wir in diesem Buch schon des Öfteren lesen können. Sie wurde als eine Fake-Pandemie abgestempelt, und die dazugehörige Impfung verursachte Tote und Tausende von schweren Nebenwirkungen. Dass Prof. Drosten aber bei diesem Hype mitverantwortlich war, wird heute in der Covid-19-Pandemie ganz einfach verschwiegen oder unter den Teppich gekehrt, nach dem Motto – was interessiert mich mein Geschwätz von gestern.

Besonders brisant: Christian Drosten, der im Mai 2010 in der *Süddeutschen Zeitung* eine solche Impfung von GlaxoSmithKline empfahl, hatte 2004 den GlaxoSmithKline-Förderpreis für klinische Infektiologie bekommen. Bestimmt nur ein Zufall!

Zusammenfassend kann man zu den Prognosen von Prof. Drosten sagen, dass sie in der Vergangenheit keinerlei Richtigkeit besaßen und seine Empfehlungen immer nur auf Impfungen aufgebaut waren. Seine angsteinflößenden Prognosen, die stets auf die Standardlösung impfen abzielen, erwiesen sich in der Vergangenheit stets als fatale Fehleinschätzungen, die schwere gesundheitliche und volkswirtschaftliche Folgen nach sich zogen.

Am 19.8.2021 hatte die *Tagesschau* berichtet, dass Professor Drosten davon ausgeht, dass die meisten Menschen im Herbst keine Auffrischungsimpfung brauchen werden, ausgenommen ältere Personen und bestimmte Risikopatienten. Somit können Sie sich darauf einstellen, falls Sie geimpft sein sollten, dass man Ihnen weitere Auffrischungsimpfungen im Namen der Wissenschaft verkaufen wird.

Abschließend kann man sagen, dass Prof. Drosten zu den begabtesten dieser *meiner Ansicht nach* fragwürdigen Wissenschaftler gehört, der aber im Hintergrund von der Covid-19-Pandemie profitiert hat. Als Entwickler des PCR-Test-Kits kann man ihn nicht für die Pandemie verantwortlich machen, denn wenn er den Test-Kit nicht entwickelt hätte, dann hätte es sicherlich jemand anderes getan. Was man ihm allerdings vorhalten kann, ist, dass er aus der Vergangenheit wusste, dass der PCR-Test nicht für den Nachweis einer Erkrankung geeignet ist und er trotzdem einen solchen Kit entwickelt hat, der zur Steuerung der Covid-19-Pandemie verwendet wird.

In meinen Augen ist seine Verstrickung in diesen weltweiten Komplott mehr als ersichtlich und somit wird klar, dass er wohl, wie viele andere auch, für einen »Great Reset« arbeitet.

7.8 Bundesmutti Dr. Angela Merkel

Die ehemalige Bundeskanzlerin Merkel hatte in der Covid-19-Pandemie mit Sicherheit eine der führenden Rollen inne. Sie hat es geschafft, als eine der wenigen Bundeskanzler in der Geschichte der Bundesrepublik Deutschland, ein Land zu hinterlassen, das einer Wirtschaftsnation wie Deutschland nicht würdig ist.

Das Grundgesetz ist unter dem Anschein einer fragwürdigen Pandemie teilweise ausgehebelt worden und die Grundrechte der Bürger gelten, wenn überhaupt noch, nur noch für Unterstützer des Regimes. Ich verwende an dieser Stelle bewusst das Wort „Regime", da unsere Bundesrepublik nach 16 Jahre Merkel einem sozialistischen Staat ähnelt. Ich bin mir sicher, dass ihre Genossen und Auftraggeber sehr stolz auf die Errungenschaften der Jungkommunistin Merkel wären und sind. Es ist kein Geheimnis, dass unsere Ex-Bundeskanzlerin Mitglied der »Freien Deutschen Jugend (FDJ)« in der Deutschen Demokratischen Republik (DDR) war und nach den Prinzipien des Sozialismus, oder vielmehr dem Kommunismus, erzogen und indoktriniert wurde. Die Kinder und Jugendlichen wurden durch das DDR-Regime zu braven Kommunisten in der FDJ erzogen und, egal wie sehr man diese Tatsache in der Politik und durch die gleichgeschalteten Medien herunterzuspielen versucht, die Wurzeln der Kanzlerin sind nicht zu verleugnen. Sicherlich diente auch ihre Funktion als ehrenamtliche Sekretärin für »Agitation und Propaganda« in der FDJ nur persönlichen Interessen und nicht der Sache des Kommunismus. So oder so ähnlich wird es medial dargestellt. Obwohl dies und viele weitere Punkte der Öffentlichkeit und der Politik bekannt waren, wurde sie zur Bundeskanzlerin »gewählt« und man wundert sich dann, dass diese Frau nach fast zwei Jahrzehnten in der deutschen Politik ein Trümmerfeld hinterlassen hat und dieses Land immer mehr einem sozialistischen Staat ähnelt. Es fehlten nur noch »GOTT SCHÜTZE UNSERE KANZLERIN« und bronzene Statuen![132]

Stellen Sie sich doch bitte folgendes erfundene Szenarium vor: Ein Kind wird jahrelang durch und mit den Erziehungsmaßnahmen der Hitler-Jugend aufgezogen. Seine ganze Kindheit und Jugend nimmt es an Lehrveranstaltungen und Jugendcamps teil und wird nach den Leitlinien des Nationalsozialismus erzogen oder vielmehr aufgezogen. Da dieses Kind kein anderes System kennt, empfindet es dies als die ultimative Lösung für sein Vaterland, so wird es ihm zumindest vermittelt. Nach jahrelanger Teilnahme und außerordentlichen Leistungen wird es zum ehrenamtlichen Sekretär der Hitler-Jugend ernannt, damit es sich für Agitation und Propaganda im Deutschen Reich kümmern kann. Die jahrelangen Entbehrungen und der unermüdliche Einsatz zahlen sich am Ende doch noch für den mittlerweile Erwachsenen aus. Sicherlich eine Bilderbuchkarriere für einen aufstrebenden Nazi, der mit Sicherheit nur durch sein Engagement und seine Zielstrebigkeit in den Augen der Vorgesetzten punkten konnte. Durch seinen unermüdlichen Einsatz wird auch die Geheimpolizei der Nazis, die Gestapo, auf diesen Jungen aufmerksam und erstellt eine Akte über ihn, um seinen weiteren Lebenslauf mit ihm zu planen.

Das gleiche erfundene Beispiel könnte mit der IS-Jugend gemacht werden. Hierzu einfach „Nazis" durch „Terroristen" ersetzen. Oder vielleicht mit einem Jung-Kommunisten aus China oder Nord-Korea, es kommt immer zum gleichen Ergebnis.

Liebe Leserinnen und Leser, und nun stellen Sie sich bitte noch ein weiteres Szenarium vor: Dieser Jugendliche, egal ob aus der Hitler-Jugend, IS-Terrorist, Kommunist aus Nord-Korea oder aus China, wird bei einer Wiedervereinigung Deutschlands Mitglied der Christlich Demokratischen Union (CDU), übernimmt wenige Jahre später irgendeinen Minister-Posten und wird später auch noch zum Bundeskanzler ernannt. Wie groß wäre hier, nüchtern betrachtet, der Aufschrei? Und genau ein solches Szenarium ist uns bei und durch unsere ehemalige Bundeskanzlerin passiert, egal ob die Medien und Wissenschaftler diese Tatsache herunterreden, es ändert nichts an der Tatsache, dass eine Jung-Kommunistin die Bundesrepublik 16 Jahre lang Richtung Sozialismus geführt hat. Die Tatsache, dass Frau Merkel aktiv Teil des kommunistischen Systems und jahrelang dort Mitglied war, spielte und spielt für den Großteil der Menschen keine Rolle, obwohl genau dieses Regime und ihre politische Ausrichtung für jahrzehntelanges Leid von Millionen von Menschen verantwortlich war.

Sie ignorieren es einfach. Genau so, wie sie es mit der Fake-Pandemie machen, und wundern sich dann, wenn sie sich in einem Albtraum wiederfinden. Eine überzeugte Kommunistin, die in eine christliche Partie eintritt, kann eigentlich nur ein Witz sein. Trotzdem wird sie wiedergewählt! Ich weiß, dass die Kritiker und Fakten-Checker sich nun an dieser Stelle überschlagen werden und mit absurden Beweisen gegen das oben genannte Beispiel vorgehen, um die doch so demokratische Bundeskanzlerin ins rechte Licht zu rücken. Obwohl sich genau diese mit etlichen Vertragsbrüchen und einem fortlaufenden Hinwegsetzen über Demokratie und Grundgesetz kontinuierlich ins sozialistische Licht setzte. Dass man doch den so tollen todbringend DDR-Kommunismus nicht mit anderen Ländern vergleichen könnte. Dass die Menschen dort doch glücklich waren und eigentlich alles hatten. Und viele weitere absurde und scheinheilige Argumente. Doch genau diese Möchtegernjournalisten sollten sich im Klaren sein, dass auch sie mit ihren Kindern in diesem neuen sozialistischen System leben werden.

Zurück zum Thema – wie war es überhaupt möglich, dass Frau Merkel zur Bundeskanzlerin ernannt wurde, ohne einen Einblick in ihre Stasi-Akte zu gewähren? Was hatte und was hat sie zu verbergen? Wenn sie nichts zu verbergen hätte, wäre ihre Akte doch für die Öffentlichkeit freigegeben worden, doch wenn sie und ihre Sponsoren einem sinistren Plan folgen, dürfen dem Bürger ihre wahre Identität in der Stasi-DDR nicht bekannt werden.

Es ist eine Schande, was aus Deutschland innerhalb 16 Jahren geworden ist. Deutschland ist in allen Bereichen gespalten. Eine Spaltung in dieser Form hat es seit fast hundert Jahren nicht mehr gegeben, doch sie wird in sämtlichen Bereichen immer ersichtlicher. Es gibt tiefe Gräben, die schwerste Probleme in der Zukunft mit sich bringen werden. Kein Nachkriegskanzler hat es geschafft, das deutsche Volk so dermaßen zu spalten, auch wenn man gerne vom »besten Deutschland aller Zeiten« spricht. Die Bundeskanzlerin und ihr Bundestag, der einer Einheitspartei ähnelt, haben es fertig gebracht, dass unser über alles geliebte Land in allen Bereichen entzweit ist. Diese Spaltung sehen wir bei:

- Corona-Leugnern und Corona-Befürwortern
- Impf-Gegnern und Impf-Befürwortern
- linken und rechten Lagern
- Klima-Leugnern und Klima-Rettern
- Asyl-Befürwortern und Asyl-Gegnern
- Kriegs-Treibern und Kriegs-Leugnern
- und in vielen weiteren Bereichen!

Sie ist für so viel Inkompetenz und Leid verantwortlich, es ist unglaublich. Nicht nur, dass sie Deutschland in einen Trümmerhaufen verwandelt hat, sie ist auch am zukünftigen Scheitern des Traumes eines vereinten Europas mitverantwortlich. Auch wenn die deutschen Medien anderes vermitteln, Europa ist so gespalten wie noch nie in seiner Geschichte und wird aller Voraussicht nach diesen Umstrukturierungs-Akt, bei dem Mutti Merkel eine führende Rolle einnahm, nicht überstehen können.

Bei allen großen Krisen der letzten 16 Jahre war sie maßgeblich beteiligt, auch wenn es der Öffentlichkeit anders vorgegaukelt wurde. Die Finanzkrise 2008 war nur möglich, da Frau Merkel deutsche Großbanken mit ihren fragwürdigen Geschäftspraktiken deckte. Die entlarvte Schweinegrippe-Fake-Pandemie wurde durch ihre Maßnahmen vorangetrieben. Die Asylpolitik und die unkontrollierte Einwanderungspolitik von 2015 ist auf ihrem Mist gewachsen und wurde ohne Rücksicht auf Verluste durchgezogen. Bei der Destabilisierung Nordafrikas, einschließlich der Bombardierung Libyens, war sie mit ihren kriegstreibenden Freunden in der ersten Reihe, gleichwohl man den Bürgern etwas anderes vermitteln möchte. Von wo sind denn die Kriegsflugzeuge ihrer Alliierten gestartet?

Die Corona-Fake-Pandemie ist in Deutschland nur durch ihren Einsatz und ihre Lügen zustande gekommen. Der Kriegseinsatz in Afghanistan, der unter dem scheinheiligen Deckmantel der Demokratie und Terrorbekämpfung stattfand, hat Deutschland

Milliarden von Euros und 59 Bundeswehrsoldaten das Leben gekostet. Nur um am Ende einer terroristischen Gruppe wie den Taliban das Land zu überlassen und diesen dann auch noch Entwicklungsgelder zur Verfügung zu stellen (500 Millionen!).

Die Verschuldung und die Übernahme von Bürgschaften gegenüber Drittländern hat Deutschland an eine Verschuldungsgrenze gebracht, die das Land mit Sicherheit in den finanziellen Kollaps führen wird. Die inoffizielle Entmachtung und Trennung der Legislative, Judikative und Exekutive hat Deutschland zu einem Land der Dritten Welt gemacht, ganz zu schweigen die Zusammenführung des Bundestages zu einer Einheitspartei ohne Opposition. Das Durchpeitschen des Infektionsschutzgesetzes, das die Einschränkung des Parlamentes und der Grundrechte der Bürger mit sich bringt, zeigt das wahre Gesicht dieser Frau, wie sie tatsächlich zur Demokratie steht. Nämlich offenbar gar nicht!

Sie ist eine Schande für die CDU, die durch ihre Kastration an allen diesen destruktiven Veränderungen mitbeteiligt war. Ihre tiefgründige Abscheu gegen Deutschland zeigte Angela Merkel bei ihrem Wahlsieg 2013, als sie Hermann Gröhe (damaliger Generalsekretär der CDU), die Fahne aus der Hand riss, diese angewidert zur Seite legte und Herrn Gröhe mit ihrem Blick strafte. Schon damals waren ihre Absichten bei genauerem Hinsehen klar und deutlich erkennbar und von ihren Parteifreunden, die ohne Ehre Funktionen in der Partei übernahmen, geduldet worden. Auch nicht zu vergessen ist ihre erfolgreiche Teilnahme an der Welt-Wirtschaft-Akademie von Klaus Schwab im Jahre 1992, der sicherlich nicht viel Überzeugungsarbeit leisten musste, um Frau Merkel von einem sozialistischen Welteinheitsstaat zu überzeugen.

Die oben aufgeführten Punkte kann man mit Sicherheit schönreden und Frau Merkel mit den gleichgeschalteten Nachrichten als die Mutti der Nation bezeichnen, doch für Menschen, die sich nicht durch Propaganda hinters Licht führen lassen, ist die wahre sozialistische Natur dieser Frau mehr als ersichtlich. Kurzfristig wird sie als die Mutti der Nation in die Geschichte eingehen, doch die Zeiten werden sich ändern.

8. Die Impfung

„Wenn Du überredet, ermahnt, unter Druck gesetzt, belogen, durch Anreize gelockt, gezwungen, gemobbt, bloßgestellt, beschuldigt, bedroht, bestraft und kriminalisiert werden musst...
Wenn all dies als notwendig erachtet wird, um Deine Zustimmung zu erlangen-, kannst Du absolut sicher sein, dass das, was angepriesen wird, nicht zu Deinem Besten ist.“

Ian Watson, 14. Juli 2021

Kommen wir nun zum emotionalsten Kapitel dieses Buches, sprechen wir über die sogenannte Covid-19-Impfung. Aktuell (Oktober 2021) sind in Deutschland, genauer gesagt europaweit, vier verschiedene Covid-19-Impfstoffe mit einer vorläufigen Zulassung auf dem Markt. Zwei mRNA-Impfstoffe und zwei Vektorimpfstoffe. Diese sind:

1.   (Tozinameran) Comirnaty von BioNtech/Pfizer (mRNA)

2.   Spikevax von Moderna (mRNA)

3.   Janssen (Janssen-Cilag) von Johnson & Johnson (Vektorimpfstoff)

4.   Vaxzervia von AstraZeneca (Vektorimpfstoff)

Im Kapitel über die EMA habe ich ausführlich dargestellt, wie diese in Bezug auf Impfstoffe verfährt. Sie hat angeblich nach Abwägung von wissenschaftlichen Daten und Fakten der Europäischen Kommission eine vorläufige Notfallzulassung für die Covid-19-Impfstoffe empfohlen, damit diese dem Impfstoff eine bedingte Genehmigung für das Inverkehrbringen erteilen konnte. Dass es sich bei der EMA um kein unabhängiges Institut handelt, habe ich bereits beschrieben, und dass die wissenschaftlichen Fakten mit Sicherheit nur der Pharmaindustrie dienen, brauche ich an dieser Stelle nicht nochmals zu wiederholen. Nichtsdestotrotz hat die Europäische Kommissionen eine bedingte Genehmigung für diese Genimpfstoffe erteilt. Diese bedingte Zulassung setzt voraus, dass es weitere Beweise für den Impfstoff geben muss, welche die Unternehmen in der Zukunft vorbringen müssen.

Weltweit werden momentan über 300 unterschiedliche Impfstoff-Projekte vorangetrieben. Die WHO zählte am 31.8.2021 296 verschiedene Impfstoff-Projekte, wobei noch über zehn weitere Vorhaben hinzukommen, die sie noch nicht verzeichnet hat. Schon aufgrund dieser gigantischen Zahl können wir davon ausgehen, dass die Corona-Pandemie und das Impfen nicht in absehbarer Zeit enden werden. Es handelt sich um ein gigantisches Geschäftsmodell, bei dem sich Pharma-Aktionäre die Hände reiben und die Verantwortlichen, wie schon beschrieben, einen sinistren Plan verfolgen.

Da Comirnaty nur eine bedingte Genehmigung für das Inverkehrbringen erhalten hat, wird das Unternehmen BioNtech GmbH weitere Ergebnisse aus der Hauptstudie, die zwei Jahre läuft, vorlegen müssen. Diese Hauptstudie, die momentan an den Bevölkerungen verschiedener Nationen durchgeführt wird sowie weitere Studien, werden dann in zwei Jahren Informationen dazu liefern, wie lange der Schutz anhält, wie gut der Impfstoff schweres Covid-19 verhindert und was seine Nebenwirkungen sind. Ja, Sie haben richtig gelesen. Zuerst wird die gesamte Öffentlichkeit durchgeimpft und nach zwei Jahren schaut man dann, ob der Impfstoff richtig zugelassen werden darf. Sicherlich werden zwischendurch Resümees gezogen, die aber, egal wie sie auch aussehen, nicht verhindern werden, dass die Hauptstudie erst einmal zwei Jahre laufen wird. Das ist doch verrückt!

Auf der Webseite der EMA können wir nachlesen, wie sich die Impfstoffe verhalten, welche Wirksamkeit sie haben und welche Nebenwirkungen bekannt sind.

„Comirnaty wirkt, indem es den Körper darauf vorbereitet, die COVID-19-Krankheit abzuwehren. Es enthält ein als mRNA bezeichnetes Molekül, das Anweisungen zur Bildung des Spike-Proteins enthält. Dabei handelt es sich um

ein auf der Oberfläche des SARS-CoV-2-Virus befindliches Protein, das vom Virus benötigt wird, um in die Körperzellen einzudringen.

Erhält eine Person eine Injektion mit diesem Impfstoff, so lesen einige ihrer Zellen die Anweisungen in der mRNA und bilden vorübergehend das Spike-Protein. Das Immunsystem der Person erkennt dieses Protein dann als fremd. Als Reaktion darauf bildet es Antikörper und aktiviert T-Zellen (weiße Blutkörperchen), um es anzugreifen.

Falls die geimpfte Person später mit dem SARS-CoV-2-Virus in Kontakt kommt, erkennt ihr Immunsystem das Virus wieder und ist in der Lage, es abzuwehren.

Die mRNA aus dem Impfstoff verbleibt nicht im Körper, sondern wird kurz nach der Impfung abgebaut."[133]

Über den Punkt, ob die mRNA im Körper verbleibt oder diese kurzfristig wieder ausgeschieden wird, gibt es verschiedene Ansichtsweisen. Laut der EMA und den dazugehörigen Instituten werden die Spike-Proteine aus dem Körper ausgeschieden und verteilen sich nicht im Organismus.

Doch wie oft sind diese Spezialisten schon falsch gelegen?

Können Sie sich die Nebenwirkungen vorstellen, die diese Spike-Proteine verursachen könnten, wenn diese sich von der Einstichstelle in den ganzen Körper verbreiten? Diesbezüglich haben zahlreiche Medien renommierteste Professoren mit verschiedenen Teil-Studien aus der ganzen Welt durch den Dreck gezogen, weil diese auf wissenschaftlich basierenden Fakten behaupteten, dass sich das mRNA von der Injektionsstelle in den ganzen Körper aufgrund der Blutzirkulation verteilt und sich diese Proteine dann auf Organe, Weichteile und Knochen absetzen.

Es ist ein Kampf zwischen zwei Lagern – gegen die Impfung und für die Impfung. Professoren, die ihr ganzes Leben nichts anders gemacht haben, als in diesem Gebiet zu forschen und zu lehren, werden durch sog. „Fakten-Checker", die von den großen Medienhäusern bezahlt werden, und den öffentlich zugänglichen Nachrichten diskreditiert. Ihre Glaubwürdigkeit, ihre Forschungen und Aussagen werden durch den Dreck gezogen, nur damit eine andere Meinung in einem Land, in dem angeblich eine freie Meinungsäußerung gegeben sein soll, nicht beachtet oder in Betracht gezogen werden soll. Jegliche Meinung, die nicht jener der Regierungen, der WHO und des RKI gleicht, wird mit allen Mitteln niedergekämpft, obwohl dies einen immensen Rückschritt ins Mittelalter der Wissenschaft bedeutet.

Zitat von Luc Montagnier, Nobelpreisträger in Physik und Medizin von 2008:

„Die Impfung ist ein Fehler der Wissenschaft und Medizin. Es ist ein inakzeptabler Fehler, und die Geschichtsbücher werden dies zeigen. Die neuen Virusvarianten sind eine Produktion und ein Resultat der Impfung."[134]

„Anwälte aus mehreren Ländern haben dem internationalen Strafgerichtshof neue Beweise vorgelegt, darunter eidesstattliche Erklärungen von führenden Experten wie Professor Luc A. Montagnier, die den Regierungen der Welt und ihren Beratern eine Mitschuld an Völkermord, Verbrechen gegen die Menschlichkeit und Verstößen gegen den Nürnberger Kodex vorwerfen."[135]

Es gibt unzählig Professoren und Mediziner, die die gleiche oder eine ähnliche Meinung vertreten, nämlich dass sich die in der Impfung befindlichen Spike-Proteine für die Menschen als toxisch und tödlich erweisen werden, aber laut den Medien und unserer Bundesregierung sind das alles nur Schwurbler. Laut dem Mainstream sind das alle nur durchgeknallte Professoren, alles Schwurbler... Vor der Fake-Pandemie waren sie die angesehensten Wissenschaftler, die in Stockholm mit Nobelpreisen geehrt wurden, aber da sie nicht die Meinung unserer Regierungen vertreten, haben sie ihren Wert verloren.

Luigi Warren, einer der Pioniere der mRNA-Technologie, hat sich zu den Spike-Proteinen auf Twitter kritisch geäußert.

Selbst sein Posting – als einer der Entwickler dieser Technologie, auf dessen Basis der Impfstoff von Moderna entwickelt
worden ist – wurde von Twitter gelöscht und zensiert (siehe
Bild).

Remove Tweet.

Tweet 1 of 1

Luigi Warren

I believe the "shedding" idea is that the vaccinated shed
spike protein, not virus. And, it's certainly true that people
vaccinated with mRNA vaccines do shed spike protein,
but in miniscule amounts that almost certainly can't cause
disease/malaise in others. https://t.co/8afEvvRBE5

Remove

By clicking the above button, you are removing the content of your Tweet and forgoing the
option to appeal this violation. Please note that the original content will be replaced with a
notice stating your Tweet is no longer available because it violated the Twitter Rules. This
notice will be accessible via direct URL and from your profile timeline for 14 days. Learn more.

If you think we've made a mistake, submit an appeal to us. Please note that should you do so,
your account will remain locked while we review your appeal.

48

Er twitterte:

> *„Ich glaube, mit der Ausschüttungsidee meint man, dass
> Geimpfte das Spike-Protein absondern, nicht das Virus.
> Und es ist sicherlich wahr, dass mit mRNA geimpfte Perso-
> nen das Protein absondern. Allerdings in derart geringen
> Mengen, die FAST sicher bei anderen keine Erkrankung/
> Unwohlsein auslösen können."*

Aber auf das „fast sicher" kann man sich in der heutigen Zeit
nicht mehr verlassen. Fakt ist, dass Geimpfte Spike-Proteine absondern, egal in welcher Menge. Fakt ist auch, dass gewisse
Wissenschaftler die Meinung vertreten, dass das toxische Spike-
Protein im Körper nach der Impfung zirkuliert, sich auf den verschiedensten Weichteilen und Organen absetzt und dass Geimpfte dieses Spike-Protein absondern, wenn auch nur in einer
kleinen Menge. Wenn dies der Fall sein sollte, dann wäre es
durchaus möglich, dass diese Spike-Proteine die Organe und
das neurologische Gewebe immens angreifen und es sehr schä-

digen könnten. Laut den Aussagen verschiedener Gelehrter wäre dies dann gelinde ausgedrückt eine Katastrophe für die Geimpften, da mit einem explosionsartigen Anstieg von Tumoren, Krebs und vielen weiteren tödlichen Krankheiten zu rechnen ist.

Prof. Dr. Sucharit Bhakdi, Facharzt für Mikrobiologie und Infektionsepidemiologie und ehemaliger Leiter des Instituts für medizinische Mikrobiologie und Hygiene an der Johannes Gutenberg-Universität Mainz, korrigiert in einem Interview seine bisherige Auffassung über die Gefährlichkeit der genbasierten Impfstoffe gegen COVID-19.

Zitat Bhakdi: *»Wir steuern auf eine Katastrophe zu.«*[136]

In Bezug auf das wiederholte Verabreichen der genbasierten Corona-Impfstoffe legt sich Dr. Bhakdi eindeutig fest und bezeichnet dieses Vorgehen schlimmer als russisches Roulette.

Die Zeit wird uns zeigen, wer von den beiden Lagern recht behalten wird. Da aber die Regierungen und die Medien in so vielen Belangen in der Vergangenheit gelogen haben und nachweislich mit ihnen eine Vielzahl von gekauften Wissenschaftlern, WARUM sollte es in Bezug auf die mRNA und die Covid-19-Pandemie diesmal anders sein?

Ex-Pfizer-Forschungsleiter Mike Yeadon ist der Meinung, dass der Körper zur Fabrik der Spike-Proteine wird. Es sei das erste Mal, dass ein solcher Prozess bei Menschen künstlich in Gang gesetzt wird. Das Spike-Protein führt zur Blutverklumpung. Das sei keine Ausnahme, sondern der Sinn des Spike-Proteins.[137]
Es braucht Jahre, um eine herkömmliche, wirksame Impfung ordentlich zu überprüfen. Über die Nebenwirkungen der mRNA-Stoffe wissen wir viel zu wenig. Wir wissen nicht, welche Nebenwirkungen die Geimpften in den nächsten Jahren ereilen. Der Impfstoff werde nicht angewendet, weil es sich um eine gesundheitliche Krise handle, sondern aus anderen Gründen, erklärt man uns.

Man könnte hier noch seitenweise Zitate und Meinungen von hochkarätigen Wissenschaftlern beider Seiten auflisten. Wie schon gesagt, die Zeit wird uns in diesem Fall schon die Lösung präsentieren. Leider wird diese für sehr viele Menschen erschreckend sein.

Die EMA listet in ihrer Datenbank zum 4. September 2021 über 14.000 Todesfälle auf, die in einem zeitlichen Zusammenhang mit den Covid-19-Impfstoffen stehen und über 1.000.000 mit Impfkomplikationen aus. Die genaue Zahl der Menschen, die offenbar nach einer Covid-19-Impfung verstarben, lässt sich auf Basis des EMA-Datensatzes gar nicht genau feststellen. Bei den oben aufgeführten Zahlen handelt es sich um die Fälle, die der EMA gemeldet wurden, aber die tatsächliche Dunkelziffer wird um ein Vielfaches höher sein. Man geht vom 10- bis 30-fachen der gemeldeten Fälle aus, da die meisten Nebenwirkungen von unseren Ärzten aus zeit- und ideologischen Gründen gar nicht mehr gemeldet werden!!!

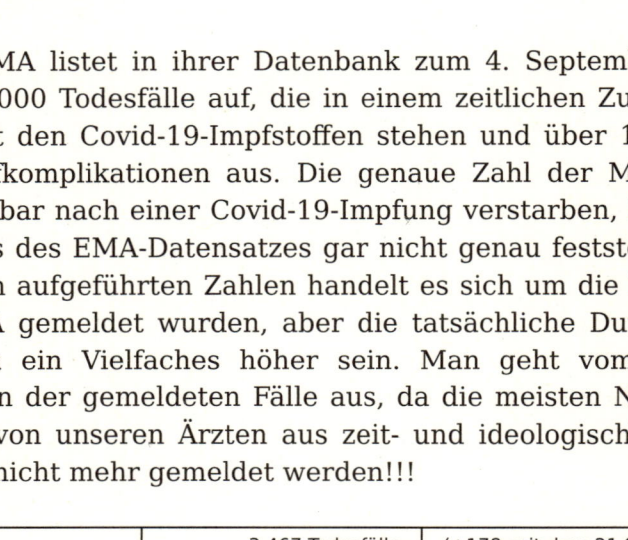

Moderna	3.467 Todesfälle	(+178 seit dem 21.8.21)
AstraZeneca	3.174 Todesfälle	(+121 seit dem 21.8.21)
Pfizer-Biontech	7.017 Todesfälle	(+319 seit dem 21.8.21)
Janssen	503 Todesfälle	(+117 seit dem 21.8.21)
Todesfälle gesamt	**14.161 Todesfälle**	**(+735 seit dem 21.8.21)**

(138)

Laut einem Bericht auf www.uncutnews.ch vom 21.11.2021 belaufen sich die Fälle der Nebenwirkungen, die der EMA gemeldet wurden auf, 1.163.356. Zusätzlich sind anscheinend über 30.500 Todesfälle gemeldet worden, die in einem Zusammenhang mit der Covid-19-Impfung stehen könnten.[139]

Wie hoch die tatsächlichen Zahlen wirklich sind, kann zu diesem Zeitpunkt noch gar niemand sagen, da sehr viele Nebenwirkungen und Todesfälle, wie bereits beschrieben, von sehr vielen Ärzten aus zeitlichen und ideologischen Gründen der EMA gar nicht übermittelt werden. Jedoch kann man mit Sicherheit von einer deutlich höheren Dunkelziffer ausgehen.

Schon die Tatsache, dass in so einer kurzen Zeitspanne solche verheerenden Zahlen gemeldet wurden, ist ein mögliches Indiz, dass die Impfung doch vielleicht nicht so sicher ist, wie von unseren Politikern und Mainstream Wissenschaftlern propagiert. Das Traurige ist aber, dass genau diese Politiker, Journalisten und Wissenschaftler in der Zukunft nicht für ihre Impfempfehlung haften werden, sollte sich diese doch als toxisch erweisen!

Vollständigkeitshalber muss hier dazu gesagt werden, dass die EMA zwar die oben genannten Zahlen ausweist, da ihr diese gemeldet werden, aber es laut ihren Angaben rechtlich gesehen keine Beweise gibt, dass dies die tatsächlichen Todeszahlen und die tatsächlichen Impfkomplikationen sind. Laut der EMA handelt es sich nur um Verdachtsfälle, die zwar gemeldet wurden, aber trotzdem nur Verdachtsfälle bleiben. Die EMA weist nur die Meldungen von verstorbenen Menschen aus, die innerhalb einer bestimmten Zeitspanne nach der Impfung verstorben oder erkrankt sind. Wenn ein Geimpfter nach vier Wochen verstirbt, dann wird er nicht als möglicher „Impftoter" gezählt, da dies einfach nicht sein darf.

Ziehen wir hier an dieser Stelle ein erstes Fazit:
Bei den Todesfällen, die durch und mit den Impfstoffen auftreten, handelt es sich um Verdachtsfälle, die nicht bestätigt sind. Solange diese nicht bestätigt sind (was niemals der Fall sein wird), sind es keine Impftoten oder Impfnebenwirkungen.

> *„Die Informationen auf der Website der EMA beziehen sich auf vermutete Nebenwirkungen, das heißt, medizinische Ereignisse, die nach der Verabreichung der COVID-19-Impfstoffe beobachtet wurden, aber nicht unbedingt mit dem Impfstoff in Zusammenhang stehen oder durch ihn verursacht werden. Diese Ereignisse können durch eine andere Krankheit verursacht sein oder mit einem anderen vom Patienten gleichzeitig eingenommenen Arzneimittel in Zusammenhang stehen."*[(140)]

Bei der Aufnahme der Corona-Toten ist es jedoch ausreichend, einen positiven PCR-Test zu haben, schon ist man ein

„Covid-19-Toter". Egal, welche Ursache wirklich für den Tod verantwortlich war. Hallo? Wo ist hier die Logik?

Es gibt keine Logik, denn da, wo man Tote mit einberechnen muss, reicht ein positiver PCR-Test aus, und da, wo man die Toten nur als Verdachtsfälle ausweisen muss, werden stichhaltige wissenschaftliche Beweise benötigt! So einfach ist das Ganze.

Ich möchte an dieser Stelle daran erinnern, dass bei anderen Medikamenten und Impfstoffen wenige hundert Todesfälle ausreichend waren, um ein Medikament aus dem Verkehr zu ziehen. Sicherlich sind hunderte von Menschenleben immer noch zu viele, aber wenn man sie in Relation zu den »nicht bestätigten« Covid-19-Toten setzt, dann sind sie nur ein Bruchteil dessen, was die heutigen Covid-19-Impfstoffe verursachen. Und aufgrund dieses Bruchteils sind andere Impfstoffe schon vom Markt genommen worden. In der Corona-Religion-Politik ist jedoch, wie wir schon wissen, alles genehmigt und erlaubt.

In Bezug auf die Toten ist die Aussage des Direktors des Pathologischen Instituts der Uni Heidelberg, Peter Schirmacher, alarmierend. Der Chef-Pathologe ließ über die Obduktion der an Corona-Verstorbenen hinaus auch über vierzig Verstorbene obduzieren, die binnen zwei Wochen nach ihrer Impfung verstorben waren. Dabei stellte er etwas maximal Beunruhigendes fest. Die »Augsburger Allgemeine« berichtete:

> *„Schirmacher geht davon aus, dass 30 bis 40 Prozent davon an der Impfung gestorben sind. Die Häufigkeit tödlicher Impffolgen wird aus seiner Sicht unterschätzt."*(141)

Selbstverständlich wird auch dieser Aussage vom Paul-Ehrlich-Institut, der Regierung und vom RKI widersprochen. Die Aussage Schirmachers darf nicht geduldet werden, wird aus wissenschaftlicher Sicht einfach ignoriert und nicht einmal in Betracht gezogen. Der Idee, mehr Obduktionen durchzuführen, damit man dieser These auf den Grund gehen und gegebenenfalls gegensteuern könnte, wird kein Gehör geschenkt. Ganz im Gegenteil!

Auch die Tatsache, dass über den Zeitraum von 2000 bis 2020 dem Paul-Ehrlich-Institut folgende Zahlen zu Impf-Nebenwirkungen gemeldet wurden, müssten bei jedem, der noch ein wenig Menschenverstand hat, alle Alarmglocken läuten:

Vergleich Covid mRNA Impfung vs. alle Impfstoffe 2000-2020
Verdachtsfälle Nebenwirkungen ADR je 1.000.000 Impfdosen

Transparenztest, Rohdaten PEI Sicherheitsbericht 19.08.21, DB-LAW Datenbank, Vergleich Covid Impfung vs. alle Impfstoffe 2000-2020 V-Nebenwirkungen je 1.000.000 Impfdosen

Rot = Covid mRNA Impfung bis 31.07.21
Blau = Alle Impfstoffe gesamt 2000-2020

49

Dem Paul-Ehrlich-Institut wurden zirka 55.000 gemeldete Impfnebenwirkungen bei 750 Millionen verabreichten Dosen über den Zeitraum 2000 bis 2020 gemeldet. Dagegen stehen 130.000 gemeldete Impfnebenwirkungen bei gerade mal 90 Millionen verabreichten Dosen des Covid-19-Impfstoffes über den Zeitraum 2000 bis 2020.

In einem Jahr wurden über doppelt so viele (zirka 55.000 zu 130.000) Nebenwirkungen nur in Deutschland gemeldet, obwohl in Relation nur zirka 12% (90 Millionen zu 750 Millionen) der Dosen verabreicht wurden. Und trotzdem stehen die Leute Schlange vor den Impfzentren...

Hier zum Abschluss ein kleiner Exkurs über Pfizer und seine Glaubwürdigkeit. Haben Sie schon einmal von dem Arzneimittel »Chantix« gehört? Der Handelsname »Chantix« steht für den Wirkstoff Varenicline. Dieses Medikament wurde 1997 von Pfizer für die Entwöhnung des Rauchens entwickelt und wurde nach 9 Jahren Testphase bis 2021 weltweit verkauft. Bereits in den ersten Jahren nach der Zulassung ergaben sich schwere Probleme mit dem Medikament – es wurden gefährliche Nebenwirkungen gemeldet. Unter anderem löste das Mittel ernste psychische Probleme aus. Andere Nebenwirkungen wie Sehstörungen, Schwindelanfälle und Bewusstlosigkeit traten ebenfalls auf. Doch der Oberhammer kommt noch: Nach 15 Jahren zieht Pfizer nun das Medikament vom Markt, da die Tabletten große Mengen eines krebserregenden Mittels mit dem Namen »Nitrosamine« enthalten. Obwohl die Probleme, Nebenwirkungen und Inhaltsstoffe des Medikamentes bekannt waren, wurde es über 15 Jahre international verkauft und Milliarden von Dollars mit ihm umgesetzt. So viel zur Glaubwürdigkeit von Pfizer.[142]

8.1   Impfstudie der Wunder-Impfstoffe

In der Impfstudie über Comirnaty von BioNtech/Pfizer, bei der zirka 43.500 Personen aus verschiedenen Teilen der Welt teilnahmen, wurde von keinen großen Impfnebenwirkungen, geschweige denn von Toten berichtet. Ganz im Gegenteil, so gut wie keine große Impfkomplikation wurden verzeichnet.

Die Impfnebenwirkungen, die in der Studie dargelegt werden, wurden fast wie ein Erfolg dargestellt, obwohl von insgesamt 43.500 Probanden nur zirka der Hälfte (zirka 22.000) der Impfstoff verabreicht wurde.

Die Nebenwirkungen in der Studie laut BioNtech:

„Die häufigsten Nebenwirkungen von Comirnaty waren in der Regel leicht bis mittelschwer und besserten sich innerhalb weniger Tage nach der Impfung. Dazu gehörten Schmerzen und Schwellungen an der Injektionsstelle, Müdigkeit, Kopfschmerzen, Muskel- und Gelenkschmerzen, Schüttelfrost, Fieber und Durchfall. Sie betrafen mehr als 1 von 10 Personen.

Rötung an der Injektionsstelle, Übelkeit und Erbrechen traten bei weniger als 1 von 10 Personen auf. Juckreiz an der Injektionsstelle, Schmerzen im Arm, in den der Impfstoff injiziert wurde, vergrößerte Lymphknoten, Schlafstörungen, Unwohlsein und allergische Reaktionen (wie Hautausschlag, Juckreiz, juckender Hautausschlag und schnelles Anschwellen der Haut) waren gelegentliche Nebenwirkungen (weniger als 1 von 100 Personen betreffend). Muskelschwäche auf einer Seite des Gesichts (akute periphere Gesichtslähmung oder -parese) trat selten bei weniger als 1 von 1.000 Behandelten auf. Eine sehr geringe Anzahl von Fällen von Myokarditis (Entzündung des Herzmuskels) und Perikarditis (Entzündung der Membran um das Herz) ist unter Comirnaty aufgetreten. Allergische Reaktionen sind auch unter Comirnaty aufgetreten, einschließlich einer sehr kleinen Anzahl von Fällen schwerer allergischer Reaktionen (Anaphylaxie). Wie alle Impfstoffe sollte Comirnaty unter engmaschiger Überwachung mit entsprechender medizinischer Behandlung verabreicht werden."[143]

Zweites Zwischenfazit:

Ein Impfstoff, der mit einer noch nie an Menschen erprobten Technologie getestet wurde, wird in nur wenigen Monaten entwickelt, obwohl Studien an Tieren, bei denen mRNA-Medikamente bzw. Impfstoffe verabreicht wurden, alle, milde ausgedrückt, in einem totalen Fiasko endeten. Doch bei dieser nie zuvor bei Menschen angewandten Technologie werden nun so gut wie keine schwerwiegenden Nebenwirkungen, geschweige denn Todesfälle verzeichnet? Da kann man doch fast von einem medizinischen Wunder sprechen! Jedoch veröffentlichen Mitarbeiter von Pfizer im November 2021 Anschuldigungen, die dem Pharmaunternehmen Fälschung der Studie unterstellt. Ob sie tatsächlich die Studien oder einen gewissen Anteil dessen gefälscht haben, kann und möchte ich an dieser Stelle nicht behaupten, aber mich würde es nicht wundern, da sie bei so vielen schädlichen Medikamenten in der Vergangenheit auch gelogen haben (siehe Beispiel oben!).

Lassen Sie uns doch einen Blick auf diese Zauberstudien werfen und auf die Zahlen, die sie hervorgebracht hat. Auf der Web-Seite der EMA können wir Folgendes lesen: Eine sehr große klinische Studie zeigte, dass Comirnaty bei der Vorbeugung von COVID-19 bei Menschen ab 12 Jahren wirksam war. An der Studie nahmen insgesamt rund 44.000 Personen ab 16 Jahren teil.

Die Hälfte erhielt den Impfstoff und die andere erhielt eine Scheinspritze, somit handelte es sich um eine Doppelblindstudie. Die Leute wussten nicht, ob sie den Impfstoff oder die Scheinspritze (Placebo) erhielten. Die Wirksamkeit bei Personen ab 16 Jahren wurde bei über 36.000 Teilnehmern (einschließlich Personen über 75 Jahren) berechnet, die keine Anzeichen einer vorherigen Infektion aufwiesen. Die Studie zeigte eine 95-prozentige Verringerung der Anzahl symptomatischer COVID-19-Fälle bei den Personen, die den Impfstoff erhielten (8 Fälle von 18.198 bekamen COVID-19-Symptome) im Vergleich zu Personen, die eine Scheininjektion erhielten (162 Fälle von 18.325 bekamen Covid19-Symptome). Dies bedeutet, dass der Impfstoff in der Studie eine Wirksamkeit von 95 % gezeigt hat. Die Studie an Personen ab 16 Jahren zeigte auch eine Wirksamkeit von rund 95% bei den Teilnehmern mit einem Risiko für schweres COVID-19, einschließlich solcher mit Asthma, chronischer Lungenerkrankung, Diabetes, Bluthochdruck oder Fettleibigkeit.[143]

Laut der veröffentlichten Studien des Covid-19-Impfstoffes von BioNtech/Pfizer bestätigt die EMA den Bürgern eine 95-prozentige Wirksamkeit des BioNtech/Pfizer-Impfstoffes. Doch wie kam diese 95-prozentige Wirksamkeit tatsächlich zustande? Wenn man die Studie nur überfliegt und sie nicht tiefgründiger analysiert, könnte man meinen, dass von 100 Personen an die 95 Personen durch den Impfstoff sicher wären. So oder so ähnlich wird es in den Massenmedien verkauft. Doch ist das wirklich so?

Sogar auf der Web-Seite des RKI können wir zur Wirksamkeit Folgendes lesen:

> *„Die Wahrscheinlichkeit, an COVID-19 zu erkranken, war bei den vollständig gegen COVID-19 geimpften Personen um etwa 95% geringer als bei den nicht geimpften Personen. (AstraZeneca nur 80%)"*[144]

Nochmals zurück zur Frage, wie man auf die 95% Wirksamkeit kommt:

> *„Alle Freiwilligen bekamen jeweils zwei Dosen. Die zweite Dosis wurde nach drei Wochen verabreicht. Dann hieß es: Warten, ob sich Teilnehmende infizieren – so lange, bis 164 Personen aus dieser Studie positiv getestet wurden; das war die Zielmarke, die der Hersteller vor Beginn der Studie im sogenannten »Studienprotokoll« festgelegt hatte. Das ist üblich und soll garantieren, dass im Nachhinein nicht Daten geschönt werden. Als 170 Fälle festgestellt worden waren, publizierten BioNtech und Pfizer die ersten Ergebnisse ihrer Studie.*

Relative Wirksamkeit versus absolute Wirksamkeit

Von diesen 170 positiv Getesteten stammen 162 aus der Placebo-Gruppe, sie hatten also nicht den Impfstoffkandidaten erhalten. Aus der geimpften Gruppe sind dagegen nur 8 infiziert worden. Und wenn man diese zwei Zahlen, 162 und 8, ins Verhältnis setzt, kommt man auf die 95-prozentige »relative Wirksamkeit«."[145]

Liebe Leserinnen und Leser, aufgrund der oben genannten Tatsache wird der Impfstoff als zu 95% (162*100/170 = 95) sicher verkauft. Aufgrund dieses Resultates wird den Bürgern dieser Stoff gespritzt, mit der Behauptung, dass er 95% Zuverlässigkeit hätte. Doch bereits nach wenigen Monaten musste die Wirksamkeit kontinuierlich nach unten korrigiert werden!

Es ist nicht zu fassen, aber es entspricht tatsächlich der Wahrheit. Kann man denn aufgrund dieser Studie tatsächlich auf die Wirksamkeit in der Realität, die absolute Wirksamkeit, schließen?

„Nur ein sehr kleiner Anteil hat sich überhaupt angesteckt. Bei den Ungeimpften waren es 0,4 Prozent und bei den Geimpften nur etwa 0,04 Prozent."

Katharina Schüller, Statistikerin, Unstatistik-Team

„Anders gesagt: Mehr als 99,5 Prozent der Teilnehmenden aus beiden Gruppen steckten sich überhaupt nicht an – egal ob sie geimpft waren oder nicht. ...

Weil das letztendliche Verhältnis zunächst nicht festgelegt werden kann, geben Unternehmen in ihren Studien ein sogenanntes »Konfidenzintervall« an, also eine Spanne, zwischen deren Polen sich das Ergebnis am Ende wohl befinden wird. Die Impfstoffhersteller BioNtech und Pfizer sagen in ihrer Studie: Sie seien sich zu 99,99 Prozent sicher, dass der Impfstoff im realen Einsatz eine mindestens 30-prozentige absolute Wirksamkeit hat.[145]

Drittes Zwischenfazit:

Eine Studie mit nicht einmal 50.000 Teilnehmern wird der Öffentlichkeit als die „ultimative Studie" verkauft, bei der zirka die Hälfte der Teilnehmer den Impfstoff erhält.

Durch Hütchchen-Spiele werden die Zahlen verdreht und durch Marketing der Öffentlichkeit so verkauft, dass diese von einer Wirksamkeit von 95% ausgeht, obwohl sich 99,5 Prozent der Teilnehmer überhaupt nicht angesteckt haben – egal ob geimpft oder nicht.

Idiotensicher ausgedrückt heißt das:

- 162 Menschen aus der Placebogruppe haben sich mit dem Sars-Cov2-Virus infiziert.

- 8 Menschen aus der Impfgruppe haben sich ebenfalls infiziert

Wenn man jetzt diese zwei Zahlen ins Verhältnis zu 170 stellt, dann bekommt man eine Wirksamkeit von 95%.

Die ganze Wirksamkeit der Impfstoffe basiert auf diesen beiden Zahlen. Es wird nicht auf die Tatsachen eingegangen, dass es sich bei den Tests um PCR-Tests handelte, verschiedene Lebensumstände der verschiedensten Länder eine Rolle spielen müssen, und jeder Test und jede Studie unter anderen Umstände anders verlaufen kann.

- Was wäre, wenn man die Zyklen der PCR-Tests auf unter 20 reduziert hätte? Was wäre dann herausgekommen?

- Wer waren die angeblich infizierten Menschen?

- Hatten sie Krankheitssymptome und mussten sie ärztlich behandelt werden, oder gab es nur einen positiven PCR-Test?

Man hat einfach zwei Zahlen ins Verhältnis gesetzt und somit das gewünschte Ergebnis von 95-prozentiger Wirksamkeit zusammengebastelt. Vielleicht wussten sie schon vor der Studie, wie sie vorzugehen hatten, damit die gewünschte Wirksamkeit unterm Strich herauskommt? Ich möchte hier absolut nichts unterstellen, am besten machen Sie sich dazu Ihr eigenes Bild.

Es ist kaum zu glauben, aber auch dies ist eine Tatsache, die nicht auf meinem Mist gewachsen ist, sondern in den Marketingabteilungen der Pharmaunternehmen. Diese Stoffe aufgrund einer solchen Studienlage Milliarden von Menschen zu verabreichen, ist meiner Meinung nach extrem fahrlässig.

Interessant ist zudem, wie die Wirksamkeit den Bürgern verkauft wurde und immer noch verkauft wird:

- Am Anfang der Impfkampagne hieß es: »Covid-19-Impfstoffe schützen vor Infektionen mit dem SARS-CoV-2-Virus«,
- dann wurde die Wirksamkeit abgeändert auf: »Covid-19-Impfstoffe schützen vor einem schweren Verlauf einer Infektion«,
- und nun im September 2021 wurde das Versprechen der Wirksamkeit der Impfstoffe auf: »Covid-19-Impfstoffe sind indiziert zur aktiven Immunisierung zur Vorbeugung der durch das SARS-Cov-2-Virus verursachten Covid-19-Erkrankung«.

Tja, was ist denn da passiert? Ich dachte, die Impfstoffe hätten eine Wirksamkeit von über 95%? Da bin ich mal gespannt, wie es in ein paar Monaten oder in einem Jahr mit der Wirksamkeit aussehen wird. Vielleicht heißt es dann: *Die Impfstoffe bringen außer Tod und Leid nicht viel, aber sie müssen sich trotzdem impfen lassen, weil die WHO und die Regierungen es so wollen.*«

Doch Stopp mit dem Sarkasmus, lassen Sie uns zu dem Bereich kommen, der sicherlich zu den emotionalsten Bereichen gehört: **Die Impfung für Schwangere und Kinder!!!**
Big Pharma sagt schwangeren Frauen, dass ein Glas Wein oder nicht pasteurisierter Saft schädlich für ihre ungeborenen Kinder sein kann. Aber ein experimenteller mRNA-Impfstoff ohne Langzeitstudien ist vollkommen sicher!!!

Auf der Web-Seite der EMA können wir folgende Aussage dazu finden:

„Tierexperimentelle Studien zeigten keine schädlichen Wirkungen während der Schwangerschaft, jedoch liegen nur sehr begrenzte Daten zur Anwendung von Comirnaty während der Schwangerschaft vor. Obwohl keine Studien zum Stillen vorliegen, wird kein Risiko für das Stillen erwartet.

Die Entscheidung, ob der Impfstoff bei Schwangeren angewendet werden soll, sollte in enger Absprache mit einem medizinischen Fachpersonal nach Abwägung von Nutzen und Risiken getroffen werden."[(146)]

Während ich dieses Buch schreibe, hat die STIKO nun doch eine Empfehlung für schwangere Frauen und Stillende ausgesprochen.

„Die Ständige Impfkommission (STIKO) empfiehlt eine Corona-Impfung nun auch für Schwangere und Stillende. Laut einem Beschlussentwurf der STIKO sollten sich bisher ungeimpfte Schwangere ab dem zweiten Schwangerschaftsdrittel sowie Stillende mit zwei Dosen eines mRNA-Impfstoffs schützen, wie das Robert-Koch-Institut am Freitag, dem 10. September 2021 in Berlin mitteilte. Bisher hatte die STIKO die generelle Impfung in der Schwangerschaft nicht empfohlen."[(147)]

Die Tatsache, dass die STIKO eine Empfehlung für schwangere Frauen nach der heutigen gegebenen Studienlage ausgesprochen hat, sagt eigentlich alles über diese Kommission aus. Gibt es Langzeitstudien, die Nebenwirkungen für schwangere Frauen und deren ungeborenen Kindern ausschließen könnten?

Nein, es gibt einfach keine Studien dazu, die eine solche Empfehlung wissenschaftlich stützen könnten, und trotzdem wurde eine Empfehlung ausgesprochen. Haben wir aus der Vergangenheit aber auch gar nichts gelernt? Haben wir die Tausende Contergan-Kinder komplett aus unserem Gedächtnis gelöscht, die durch den bis heute größten Medizin-Skandal verursacht wurden? Oder die Impf-Nebenwirkungen, die durch die Schweinegrippe Impfung bewusst in Kauf genommen wurden?

Wie ist es möglich, dass bei einem Virus, das höchstens eine Sterblichkeit von einer Grippe aufweist, alle bis heute erforschten Sicherheitsstandards über den Haufen geworfen werden?

Fassen wir das gerade Gelesene zusammen:
Tierexperimentelle Studien belegten keine schädliche Wirkung in Bezug auf den Impfstoff. Aufgrund der Aussage, dass irgendwelche Ratten keine schädlichen Wirkungen zeigten, können sich schwangere Frauen nach einer Nutzen-Risiko-Abwägung mit einem Impf-Arzt, der 150 Euro die Stunde für das Impfen erhält, entscheiden, ob sie sich und ihr ungeborenes Kind dem Risiko aussetzen und diesen experimentellen Impfstoff erhalten möchten.
Es ist wirklich nicht zu fassen und ich muss mich an dieser Stelle zusammenreißen, damit ich nichts Unangemessenes schreibe. Es wird schwangeren Frauen empfohlen, sich einen Impfstoff spritzen zu lassen, der in Bezug auf eine Schwangerschaft bislang nur Versuche mit Tieren aufzuweisen hat, um sich gegen eine Krankheit zu schützen, die für die allermeisten Menschen harmlos verläuft.

Auf welcher Basis soll ein Impf-Arzt eine schwangere Frau beraten und guten Gewissens zu einer Impfung raten? Es gibt keine Langzeit-Studien dazu und und es gibt keine Studien zum Stillen und somit keine Erfahrungswerte. Weiß man, ob die Spike-Proteine beim Stillen tatsächlich nicht auf das Neugeborene übertragen werden? Wie kann irgendein Arzt somit überhaupt irgendetwas dazu empfehlen?

Das Gott-Syndrom im weißen Kittel und die fürstliche Bezahlung für die Impfungen machen da fast alles möglich!

Es ist nicht zu fassen, aber leider kann ich Ihnen diesbezüglich nichts anderes schreiben und ich hoffe von ganzem Herzen, dass Sie nicht zu den Familien gehören, die auf diese »Empfehlung« reingefallen sind.

Zum Thema Kinder sieht die Studienlage auch nicht viel anders aus. Es gibt keine brauchbaren Langzeit-Studien in Bezug auf die Covid-19-Impfstoffe und Kindern – abgesehen davon, dass es so gut wie keine Kinder-Todesfälle in Bezug auf Covid-19 in Deutschland gegeben hat. Es ist eine allseits bekannte Tatsache, dass bei Kindern so gut wie keine schweren Verläufe zu erwarten sind. Somit müsste es überhaupt kein Thema sein, Kinder zu impfen. Verschiedene Studien belegen sogar, dass die Nebenwirkungen der Impfungen ein vielfach höheres Risiko mit sich bringen als die Covid-19-Infektion. Trotzdem empfiehlt man eine Kinderimpfung, anstatt auf eine natürliche Herden-Immunität zu setzen. Es besteht in keiner Weise eine Dringlichkeit, die Kinder zu impfen, das wird auch von Elite-Wissenschaftlern, die ihren weißen Kittel nicht an die Regierung und an die Pharmaindustrie verkauft haben, bestätigt. Trotzdem ist seit Wochen die Hauptpriorität der Politik die Kinder-Impfung. Liebe Eltern, wacht endlich auf, bevor es zu spät für eure Kinder sein wird!
Die Regierungen mit ihren gekauften Wissenschaftlern machen nicht einmal vor den Kindern halt und die Ständige Impfkommission hat auf Drängen der Bundesregierung die Impfung für Kinder ab 12 Jahren freigegeben. Es ist meiner Ansicht nach absolut fahrlässig, aufgrund der heute herrschenden Studienlage eine GEN-Impfung für Kinder auszusprechen, und es ist völlig indiskutabel, eine Impfung für Kinder zu fordern. Doch die allergrößten Schurken sind die Ärzte, die die Spritzen ansetzen und diese armen Geschöpfe dieser Massentäuschung preisgeben.[148]

Man kann also an dieser Stelle fragen:
Kann es sein, dass die Bundesregierung und ihre käuflichen Wissenschaftler ihre eigene Bevölkerung mit verfassungsfeindlichen Maßnahmen zwingen wollen, sich einen Gen-Impfstoff,

der das Erbgut verändern und todbringende Krankheiten hervorrufen kann, verabreichen zu lassen, um sich vor einem Virus zu schützen, das nur für zirka 0,15 Prozent der Menschen tödlich verläuft? Ich kann Ihnen an dieser Stelle aus rechtlichen Gründen nicht empfehlen, sich nicht impfen zu lassen, was ich an dieser Stelle ausdrücklich betone. Aber ich kann Ihnen empfehlen, sich die Fakten, die in diesem Buch sorgfältig recherchiert wurden, durch den Kopf gehen zu lassen, bevor Sie sich für eine Impfung oder gegebenenfalls für eine Auffrischungsimpfung entscheiden sollten. Es steht Ihnen frei, sich für oder gegen eine Impfung zu entscheiden, aber vergessen Sie nicht, dass hinter all dem ein Plan steckt, und vor allem vergessen Sie nicht, dass es sich um einen genetischen Eingriff handelt. Jeder Mensch, der sich impfen lässt, nimmt an einer klinischen Studie teil und wird einen Preis dafür bezahlen müssen.

8.2 Inhaltsstoffe der Wunder-Impfstoffe

Lassen Sie uns nun auf die Inhaltsstoffe der Covid-19-Impfung eingehen, die ja eigentlich nur das Beste beinhalten sollte. Es wurde viel über toxische Stoffe wie Graphenoxid, Aluminiumanteile und viele weitere Verunreinigungen berichtet.

Was kann man zum heutigen Zeitpunkt dazu sagen?

„Forscher aus Spanien haben entdeckt, dass der Impfstoff von Pfizer-BioNTech gegen das Wuhan-Coronavirus (Kow-19) Graphenoxid enthält. Das Forscherteam von der Universität Almeria's Department of Engineering veröffentlichte kürzlich einen Bericht mit dem Titel »Graphene Oxide Detection in Aqueous Suspension: Observational Study in Optical and Electron Microscopy«. Darin fanden die spanischen Forscher heraus, dass jede Dosis des untersuchten Impfstoffs von Pfizer rund 747 Nanogramm Graphenoxid enthielt.

Graphenoxid, ein Material, das aus Graphit gebildet wird, ist eine bekannte toxische Substanz. Frühere Studien haben gezeigt, dass auf Graphen basierende Materialien wie Graphenoxid dosisabhängige Toxität verursachen können. Es kann die Leber und die Nieren schädigen, die Bildung von Granulomen in der Lunge anregen, die Lebensfähigkeit von Zellen vermindern und Zellapoptose oder vorprogrammierten Zelltod auslösen. Tierversuche haben ergeben, dass die Injektion von Graphenoxid in den Körper zu einer Ablagerung der giftigen Substanz in der Lunge, der Leber, der Milz und den Nieren führt. Forscher haben auch von Schwierigkeiten berichtet, das Material aus dem Körper zu entfernen.[149]

Schon die Tatsache, dass Forscher dieses giftige Toxin in einem Impfstoff finden, müsste doch bei den allermeisten Menschen die Alarmsirenen aufheulen lassen.[150]

Graphenoxid wirkt toxisch und führt laut einer chinesischen Studie zu Zellenzerstörung, Störung der Homöostase (der normalen Funktion) der Mitochondrien, die für die Zellatmung verantwortlich sind (oxidativer Stress), DNA-Schäden, Entzündungsreaktionen, Apoptose, Autophagie und Nekrose. Zudem wird in der Studie erwähnt, dass Graphenoxid-Nanopartikel unter anderem die Blut-Plazentaschranke problemlos passieren und die Entwicklung von Embryonen stark beeinflussen können. Die oft geäußerte Befürchtung, dass die Corona-Impfung Frauen unfruchtbar machen würde, könnte sich daher in Zukunft bewahrheiten.[151]

Auch die Tatsache, dass Japan Millionen von Impfdosen wegen Verunreinigungen seit August 2021 aus dem Verkehr zieht, wird in den Medien totgeschwiegen oder komplett verharmlost. Aber dass Millionen von Impfdosen verunreinigt waren und in ihnen Metallpartikel gefunden wurden, die magnetisch reagierten und deshalb nicht verabreicht werden konnten, ist auch nicht weiter schlimm, denn wir wissen ja, dass bei dieser neuen Covid-19-Religion alles erlaubt ist.[152]

Selbst der SWR (Südwestfunk) berichtet, dass die Universität Ulm in ihrer Forschung über die Impfstoffe festgestellt hat, dass in einem Fläschchen AstraZeneca-Impfstoff bis zu 2/3 Stoffe enthalten waren, die nicht in einen Impfstoff hineingehören. Dabei handelte es sich um menschliche und virale Eiweiße, die für die Herstellung benötigt werden, aber am Ende des Prozesses entfernt werden sollten. Selbstverständlich konnte die Universität Ulm zu den dazu resultierenden Begleiterscheinungen und Nebenwirkungen keine Stellung beziehen. Laut der Aussage des Leiters der Gentherapie, Stefan Kochanek von der Universität Ulm, wurden die Studien über die Verunreinigungen des Impfstoffes der EMA, dem RKI, dem Gesundheitsministerium und dem Hersteller mitgeteilt.[153]

Dreimal dürfen sie raten, was die Reaktionen waren: KEINE!

Abschlussfazit zu diesem Kapitel:
Aufgrund herbeigezauberter Krankheitsfälle und einem Inzidenzwert, der von einem fragwürdigen PCR-Test resultiert, wurde in Windeseile ein mRNA-Impfstoff von einem deutschen

Start-up-Unternehmen (BioNTech GmbH) aus dem Hut gezaubert. Dieses Unternehmen entwickelte eine Technologie, die an Milliarden von Menschen getestet und verabreicht wird – für eine Krankheit, die für die allermeisten gesunden Menschen nicht dramatisch, geschweige denn tödlich verläuft. Die Sterblichkeitsrate kann höchstens mit einer normalen Grippe verglichen werden.

Es wird ein Impfstoff als „sicher" und „zuverlässig" verkauft, der es in keiner Weise ist. Die Bundesregierung hat ihre Bürger belogen und mit falschen Tatsachen, dass der Impfstoff vor einer Covid-19-Infektion schützen würde, arglistig getäuscht. Als ihre Lüge *»Der Impfstoff schützt Sie vor einer Erkrankung!«* nicht mehr aufrecht erhalten werden konnte, haben sie die Begründung für eine Impfung auf *»Sie werden bei einer Erkrankung keinen so schweren Verlauf haben!«* abgeändert.

Alle wissenschaftlichen Fakten, Studien und Tatsachen, die sich gegen diese Pandemie und die Zwangsimpfung aussprechen, werden mit und durch die Massenmedien totgeschlagen, und jeder, der eine andere Meinung als die Bundesregierung, ihre Wissenschaftler, das RKI, die EMA oder die WHO hat, wird als Querdenker, Rechtsradikaler, Reichsbürger, Aluhutträger oder mit sonstigen diskriminierenden Worten betitelt.

Schon diese Tatsache sollte jeden, der noch über ein wenig Menschenverstand verfügt, dazu bewegen, sich über diese diktatorischen Maßnahmen und diese todbringenden Impfungen Gedanken zu machen.

Neulich habe ich einen Tweet gelesen, den ich zum Abschluss dieses Kapitels mit Ihnen teilen möchte:

„Nicht die Ungeimpften werden diesem Verbrechen ein Ende bereiten, sondern die Geimpften werden es tun. Wenn sie merken, dass Tausende von Menschen umsonst gestorben sind und dass sie von der Bundesregierung und den korrupten Politikern schamlos belogen worden sind, dann werden SIE diesem Verbrechen ein Ende bereiten."

Außerdem möchte ich Ihnen noch ein Video des Kinderarztes Dr. med. Günther Riedl ans Herz legen, der offen und ehrlich über diese Impfung spricht. Dafür lieben Dank!

Video 15:

Titel	DR. MED GÜNTHER RIEDL covid impfung harmlos
Link	https://a.metube.ch/videos/watch/6b872453-ca31-42 97-93a1-67e7eb59e4f8
Short-URL	https://bshort.one/vbcdgitv15

Zuletzt möchte ich noch einen Tweet von Oliver Janich veröffentlichen, der am 5 Oktober 2021 auf seinem Telegram-Kanal gepostet wurde. Es handelt sich bei diesem Tweet um die medizinische Fachinformation zu den Risiken der Covid-Impfungen in Deutschland, die von Dr. med. Josef J. Dohrenbusch veröffentlicht wurde und meines Erachtens absolut lesenswert ist:

„Medizinische Fachinformationen zu den Risiken der Covid-Impfungen in Deutschland

Covid-Vakzination mit mRNA/Vektor-DNA
Es lohnt sich, die beiden aktuellen offiziellen Aufklärungsbögen zu lesen, die jedem Impfwilligen bzw. deren Erziehungsberechtigten/Betreuern vor der aktuell angebotenen Corona-Impfung ausgehändigt werden. Wer kann das aber alles lesen und verstehen, selbst wenn man medizinischen, biologischen Sachverstand hat? Ich habe mit ärztlichen Kollegen gesprochen, die selbst viele Personen bereits geimpft hatten, mir aber nicht die Wirkungsweise im Hinblick auf gewünschte (Impfschutz) und unerwünschte Effekte (Nebenwirkungen) erklären konnten. Wer kann dann in „Impfstraßen" die Komplexität der neuen Wirkstoffe in der Kürze der Zeit und der Fülle des Andrangs jemandem darlegen, um eine verantwortbare Zustimmung des Patienten zu erreichen.

Deswegen einige Details:
Alle derzeit angebotenen Impfstoffe sind genbasiert und bringen genetisches Material (DNA=DesoxyriboNukleinA-

cid/RNA=RiboNucleinAcid) in den Körper. Es handelt sich also um eine ganz neue Methode zur Entwicklung von immunologischer Abwehr zur Prävention von Infektionserkrankungen.

Alle derzeit angebotenen Impfstoffe sind nur unter Vorbehalt zugelassen, da es an ausreichender Erfahrung und Studien fehlt. Die neuartigen Impfstoffe werden verabreicht in einer Flüssigkeit, bestehend aus verschieden Stoffen und aus genetischem Material, das in zwei Formen angeboten wird: entweder mit von Fettstoffen/Lipiden umhüllt (freie mRNA, hergestellt von BioNtec und Moderna) oder in einem Träger-Virus eingefügt (Vektor-DNA, hergestellt von Astra-Zeneca, Sputnik und Johnson & Johnson).

Alle derzeit angebotenen Impfstoffe beinhalten eine genetische Information. Sie liefern einen Bauplan für die Herstellung von bestimmten, für das Coronavirus typischen Eiweißen. Diese Eiweiße entsprechen den an der Außenseite/Hülle des SARS-CoV/Corona-Viren befindlichen Eiweißen/Spikes und werden als Spike-Proteine bezeichnet. Das genetische Material (also der Bauplan für die Spikeproteine) wird mittels einer Flüssigkeit/Injektionslösung/Impfstoff durch eine Spritze in den Oberarmmuskel eingebracht. Von der Injektionsstelle aus verteilt sich nun die eingespritzte Flüssigkeit und damit die RNA bzw. DNA im ganzen Körper. Das genetische Material kann nun von allen möglichen Zellen im Organismus aufgenommen werden. Es ist nicht bekannt, wie lange es im Organismus verbleibt.

Nach Aufnahme in Zellen aktiviert das genetische Material die Herstellung von spezifischen SARS-CoV/Corona-Hüllen-Eiweißen, also von den Spike-Proteinen. Diese sind körperfremde Eiweiße, die nach ihrer Herstellung auf den Oberflächen der Zellen überall im Körper erscheinen können, auch auf kernhaltigen Zellen des Blutes. Es ist nicht genau bekannt, in welchen Körperzellen die Spike-Protein-Herstellung stattfindet, wie lange die Spike-Protein-Herstellung anhält, welche Mengen an Spike-Proteinen über welche Zeiträume hergestellt werden, wie die Ausschleusung der Spike-Proteine aus den Zellen abläuft, wohin sich die Spike-Proteine verteilen.

Sicher ist aber, dass die Spike-Proteine für den Organismus untypische („nicht bereits bekannte") Eiweiße sind. Diese Eiweiße werden vom Immunsystem eines Organismus als nicht vom Organismus stammende, somit als körperfremde Eiweiße ausgemacht ("erkannt"). Das Immunsystem hat die beeindruckende Fähigkeit, eigen bzw. fremd (self or not-self) zu unterscheiden. Gegen Fremdstoffe/Eiweiß bildet das Immunsystem Abwehrwehrstoffe/Eiweiße. Diese nennt man Antikörper. Die Antikörper dienen im Organismus dazu, körperfremdes Eiweiß (auch Antigen genannt) zu fixieren, zu isolieren und dann einen Entzündungsprozess zu aktivieren und schließlich dieses Antigen aus dem Organismus zu eliminieren. Das Antigen stimuliert auch die Bildung von spezifischen Lymphozyten (killer-T-cells), die der zellulären Abwehr zuzurechnen sind. Insgesamt ist die Immunabwehr eines Organismus sehr komplex und setzt sich aus vielen Botenstoffen (Zytokinen, Interleukinen u.v.a.m.) zusammen. Wenn nun körperfremde Eiweiße wie die Spike-Proteine an der Zelloberfläche erscheinen, besteht die Gefahr, dass das Immunsystem eines Organismus die eigenen Zellen, Organe, Membranen etc. als fremd erkennt und eine Immunreaktion gegen sich selbst auslöst. Man spricht dann von einem Autoimmunprozess. Dieser Prozess kann irgendwann von selbst abflauen oder aber chronisch werden, der dann in eine lebenslängliche Autoimmunkrankheit einmündet. Im Zusammenhang mit Covid-Vakzination kann es zu autoimmuner Herzmuskel- oder Nervenentzündung kommen. Herzmuskelentzündung können zur Muskelschwächung und Rhythmusstörungen führen, wodurch es zu einer verringerten Pumpleistung des Herzens kommt. Nervenentzündungen führen zu Missempfindungen, Ausfällen oder Schmerzen (Konzentrationsminderung, Lähmungen, Koordinationsstörungen, Zuckungen u.v.a.m.).

Die Spike-Proteine können insbesondere auch mit Gefäß-wandzellen reagieren und somit eine Aktivierung der Blut-gerinnung einleiten. Das ist der Grund für die manchmal nach der Impfung auftretenden Blutgerinnsel/Thrombosen. Die Aktivierung der Gerinnung mit Gerinnsel/Thrombenbil-dung und Gefäßverschlüssen (z.B. Sinusvenenthrombose) ist möglich. Große Gerinnsel können in der Blutzirkulation abgeschwemmt werden und zu großen Gefäßverstopfun-gen (Embolien), Schlaganfällen, Herzversagen mit Todes-folge/Herzinfarkt führen. Es kann zusätzlich zu Entzün-dungsprozessen der Gefäßwände mit Gefäßaufbrüchen kommen (Aussackungen/Aneurysmen, Aufbrüchen mit Ein-blutungen/Kapillarlacksyndrom).

Alle hier beschriebenen Geschehnisse sind möglich, wahr-scheinlich und absehbar, wenn ein Organismus/ein Lebe-wesen durch die Verabreichung einer RNA/DNA angeregt wird, körperfremdes Eiweiß zu produzieren. Mittlerweile können die dargestellten Prozesse als unerwünschte Wir-kungen/"Nebenwirkungen" real beobachtet/erlebt werden. Ich selbst habe viele dieser Nebenwirkung bei Patienten gesehen, sei es in kurzen oder längeren Abständen zur ersten oder zweiten „Impfung", egal mit welchen Produk-ten. Alle diese „Nebenwirkungen" sind in den Aufklärungs-bögen kurz, aber nicht ausführlich genug dargestellt. Die Häufigkeit des Auftretens kann ja auch noch nicht bekannt sein, da die Beobachtungszeit seit Einführung dieser Subs-tanzen zu kurz ist und nicht der vorgeschriebenen Über-prüfungszeit unterliegt. Ob die beschriebenen Nebenwir-kungen nur als kurzfristige „Nebenwirkungen" zu be-obachten und zu befürchten sind oder sich auch noch mittelfristig zeigen werden, ist noch unklar, aber denkbar.

Unklar und nicht absehbar ist auch die Wirksamkeit und Wirkungsdauer der von extern genetisch-gesteuerten-

Spike-induzierten Antikörperbildung im Hinblick auf einen angestrebten, erwünschten, versprochenen Infektionsschutz gegen das SARS-CoV2-Virus. So können also „geimpfte Menschen" durchaus noch eine Corona-Infektion und Erkrankung bekommen. Man spricht von sog. Impfdurchbrüchen. Die Wirksamkeit der von extern genetisch-gesteuerten-Spike-induzierten Antikörpern bei Kontakt mit Mutanten des SARS-CoV2-Virus ist zunehmend fraglich.

Eine weitere Möglichkeit der mittel- und langfristigen Folgen der Verabreichung von RNA/DNA-Substanzen sollte auch noch Erwähnung finden: Gentisch-gesteuerte-Spike-induzierte Antikörper können bei einer Infektion eine der üblichen Antikörper entgegengesetzte Wirkung entfalten, nämlich dann, wenn der Antikörper ein Virus nicht im Organismus isoliert, sondern das Einschleusen des Virus in die Körperzellen beschleunigt, wo dieses sich dann schnell vermehren kann. Das Phänomen nennt man in der Fachsprache antibody-dependent enhancement (ADE), Antikörper abhängige Verstärkung einer Infektion. Dieses Phänomen wurde von Immunologen bereits beobachtet und als große Gefahr für die Verabreichung der genetisch basierten Impfsubstanzen beschrieben.

Die nächsten Monate werden zeigen, wie die genetisch-basierten Impfstoffe, ihre Wirkung und Nebenwirkung zu bewerten sind.

München, den 1.10.2021, Dr. med. Josef J. Dohrenbusch (www.dohrenbusch.de)"[(154)]

8.3 Nürnberger Kodex 1947

Der Nürnberger Ärzteprozess, der am 20. August 1947 zu Ende gegangen ist, schloss mit sieben Todesurteilen, fünf Verurteilungen zu lebenslänglicher und vier zu langjähriger Haft sowie sieben Freisprüchen – und schließlich mit dem „Nuremberg Code" ab. Mit ihm formulierte der US-Militärgerichtshof unter dem Eindruck der in 140 Verhandlungstagen nachgewiesenen Medizinverbrechen zehn Grundsätze für »Permissible Medical Experiments«.

Er besagt, dass bei medizinischen Versuchen an Menschen:

„die freiwillige Zustimmung der Versuchsperson unbedingt erforderlich (ist). Das heißt, dass die betreffende Person im juristischen Sinne fähig sein muss, ihre Einwilligung zu geben; dass sie in der Lage sein muss, unbeeinflusst durch Gewalt, Betrug, List, Druck, Vortäuschung oder irgendeine andere Form der Überredung oder des Zwanges, von ihrem Urteilsvermögen Gebrauch zu machen; dass sie das betreffende Gebiet in seinen Einzelheiten hinreichend kennen und verstehen muss, um eine verständige und informierte Entscheidung treffen zu können".

Die zehn Punkte des Nürnberger Kodex 1947

1. Die freiwillige Zustimmung der Versuchsperson ist unbedingt erforderlich. Das heißt, dass die betreffende Person im juristischen Sinne fähig sein muss, ihre Einwilligung zu geben; dass sie in der Lage sein muss, unbeeinflusst durch Gewalt, Betrug, List, Druck, Vortäuschung oder irgendeine andere Form der Überredung oder des Zwanges, von ihrem Urteilsvermögen Gebrauch zu machen; dass sie das betreffende Gebiet in seinen Einzelheiten hinreichend kennen und verstehen muss, um eine verständige und informierte Entscheidung treffen zu können. Diese letzte Bedingung macht es notwendig, dass der Versuchsperson vor der Einholung ihrer Zustimmung das Wesen, die Länge und der Zweck des Versuches klargemacht werden; sowie die Methode und die Mittel, welche angewendet werden sollen, alle Unannehmlichkeiten und Gefahren, welche mit Fug zu erwarten sind, und die Folgen für ihre Gesundheit oder ihre Person, welche sich aus der Teilnahme ergeben mögen. Die Pflicht und Verantwortlichkeit, den Wert der Zustimmung festzustellen, obliegt jedem, der den Versuch anordnet, leitet oder ihn durchführt. Dies ist eine persönliche Pflicht und Verantwortlichkeit, welche nicht straflos an andere weitergegeben werden kann.

2. Der Versuch muss so gestaltet sein, dass fruchtbare Ergebnisse für das Wohl der Gesellschaft zu erwarten sind, welche nicht durch andere Forschungsmittel oder Methoden zu erlangen sind. Er darf seiner Natur nach nicht willkürlich oder überflüssig sein.

3. Der Versuch ist so zu planen und auf Ergebnissen von Tierversuchen und naturkundlichem Wissen über die Krankheit oder das Forschungsproblem aufzubauen, dass die zu erwartenden Ergebnisse die Durchführung des Versuchs rechtfertigen werden.

4. Der Versuch ist so auszuführen, dass alles unnötige körperliche und seelische Leiden und Schädigungen vermieden werden.

5. Kein Versuch darf durchgeführt werden, wenn von vornherein mit Fug angenommen werden kann, dass es zum Tod oder einem dauernden Schaden führen wird, höchstens jene Versuche ausgenommen, bei welchen der Versuchsleiter gleichzeitig als Versuchsperson dient.

6. Die Gefährdung darf niemals über jene Grenzen hinausgehen, die durch die humanitäre Bedeutung des zu lösenden Problems vorgegeben sind.

7. Es ist für ausreichende Vorbereitung und geeignete Vorrichtungen Sorge zu tragen, um die Versuchsperson auch

vor der geringsten Möglichkeit von Verletzung, bleibendem Schaden oder Tod zu schützen.

8. Der Versuch darf nur von wissenschaftlich qualifizierten Personen durchgeführt werden. Größte Geschicklichkeit und Vorsicht sind auf allen Stufen des Versuchs von denjenigen zu verlangen, die den Versuch leiten oder durchführen.

9. Während des Versuches muss der Versuchsperson freigestellt bleiben, den Versuch zu beenden, wenn sie körperlich oder psychisch einen Punkt erreicht hat, an dem ihr seine Fortsetzung unmöglich erscheint.

10. Im Verlauf des Versuchs muss der Versuchsleiter jederzeit darauf vorbereitet sein, den Versuch abzubrechen, wenn er auf Grund des von ihm verlangten guten Glaubens, seiner besonderen Erfahrung und seines sorgfältigen Urteils vermuten muss, dass eine Fortsetzung des Versuches eine Verletzung, eine bleibende Schädigung oder den Tod der Versuchsperson zur Folge haben könnte."[155]

Es ist unglaublich, sich im Jahre 2021 zu befinden und ähnliche Ereignisse, Situationen und Untaten vorzufinden, wie vor über 80 Jahren schon einmal.

Ich hätte niemals gedacht, dass wir Bürger in Deutschland uns jemals wieder in einer ähnlichen Situation befinden werden. Doch ich habe mich geirrt, die Geschichte wiederholt sich immer wieder – doch unter einem anderen, neu übergeworfenen, verlogenen Deckmantel.

9. Die dramatische Lage auf den Intensivstationen

Am 16. April 2021 sprach Angela Merkel im Bundestag und warb für eine Bundesnotbremse und Ausgangssperren. Die Lage der Pandemie wurde von der damaligen Bundeskanzlerin als dramatisch bezeichnet. Sie sagte unter anderem, dass die Intensiv-Mediziner einen Hilferuf nach dem anderen senden würden.

Zitat Merkel: *»Die Intensiv-Mediziner senden einen Hilferuf nach dem anderen.«*[156]

Aufgrund der Darstellung Merkels wurde der Gesetzentwurf der Bundesregierung zum Infektionsschutzgesetz erweitert, die notwendigen Konsequenzen gezogen und die Notbremse bundesweit umgesetzt, die, wie wir alle wissen, Kontakbeschränkungen, Ausgangssperren und Einschränkungen der Grundrechte mit sich brachte. Die Lage auf den Intensivstationen wurde den Bürgern als dramatisch verkauft, mit der Begründung, dass diese kurz vor dem Kollaps stehen würden und die Lage sehr ernst wäre.

Zitat Merkel: *»Die Lage ist ernst, und zwar sehr ernst. Wer sind wir denn, wenn wir diese Notrufe überhören würden.«*[156]

Mit sehr ernster Notlage bezog sich unsere damalige Bundeskanzlerin auf die Situation auf den Intensivstationen, die kurz vor dem Kollaps stehen würden – ohne jedoch auf die Intensiv-Mediziner näher einzugehen, die anscheinend diese Hilferufe absetzten, und vor allem auf welcher Basis diese angeblichen Hilferufe kamen. Doch war es zu diesem Zeitpunkt wirklich so dramatisch auf den deutschen Intensivstationen und drohte tatsächlich ein Kollaps in den Krankenhäusern?

Wie hat sich die dramatische Entwicklung auf den deutschen Intensiv-Stationen während der Pandemie entwickelt? Denn heute, ein dreiviertel Jahr später, hört man von den Krankenhäusern dieselben „Hilferufe".

Lassen Sie uns an dieser Stelle, bevor wir tiefer in die Thematik einsteigen, das »dramatisch« von Frau Merkel definieren. Mit »dramatisch« bezog sie sich auf die Intensivstationen der deutschen Krankenhäuser, die kurz vor dem Überlaufen waren und es somit dringend notwendig war, sofort zu handeln, um einen drohenden Kollaps zu vermeiden.

Coronavirus: Deutschen Intensivstationen droht der Kollaps

12.03.2020 | 16:55

Laut der Kanzlerin ist es gut möglich, dass sich in Deutschland zwei Drittel der Gesamtbevölkerung mit dem Coronavirus infizieren werden. Sie folgt dabei Christian Drosten, dem Chef-Virologen der Berliner Charité. Zwei Drittel der Bevölkerung sind über 55 Millionen Menschen. Aufgrund einer Mortalitätsrate von 0,5 Prozent – sie könnte höher liegen – ist daher laut Drosten mit 280.000 Toten zu rechnen.

50

Unter „dramatisch" stelle ich mir vor – und das ist auch das Bild, das den Bürgern von den Medien und der Regierung verkauft wurde –,

- dass von Anfang der Pandemie an Intensivbetten aufgestockt wurden und diese trotzdem nicht reichten, um die Flut der Covid-19-Infizierten zu bewerkstelligen;

- dass Klinik Personal angehoben wurde, da überall Not am Mann war:

- dass der Großteil der Intensivpatienten Covid-19-Patienten waren;

- dass der Großteil der Menschen, die auf den Intensiv-Stationen lagen, an diesem »tödlichen« Virus verstorben sind;
- dass die Klinken am Anschlag waren und einfach nicht mehr weiter wussten, wie sie die ganzen Notfälle verarbeiten sollten;
- dass dringende Operationen aufgrund der Überbelegung verschoben werden mussten, da einfach die Pandemiebekämpfung Vorrang hatte;
- dass so gut wie alle Covid-Patienten auf den Intensivstationen künstlich beatmet werden mussten und man sich glücklich schätzen konnte, sollte man in diese schreckliche Situation kommen, ein Beatmungsgerät zu bekommen.

Das Bild der Dramaturgie auf den Intensivstationen könnten wir hier an dieser Stelle noch weiter fortführen. Jeder von uns hat die Bilder sicherlich im Kopf, die uns durch Presse und Nachrichten übermittelt wurden. Sicherlich schrecklich, doch entsprachen sie der Realität?

Der Bundesrechnungshof geht in seinem „Bericht nach § 88 Absatz 2 BHO" über die Prüfung ausgewählter coronabedingter Ausgabepositionen des Einzelplans 15 und des Gesundheitsfonds (Abgabe von Schutzmasken an vulnerable Personengruppen, Ausgleichszahlungen an Krankenhäuser und Aufbau von Intensiv-Bettenkapazitäten) vom 9. Juni 2021, der dem Haushaltsausschuss des Deutschen Bundestages übersendet wurde, jedoch von einer komplett anderen Situation aus.

Unter nachfolgendem Link können Sie sich den über 40-seitigen Bericht herunterladen und durchlesen:

Beitrag:

Titel	Maßnahmen zur Corona-Bewältigung im Gesundheitswesen
Link	https://www.bundesrechnungshof.de/de/veroeffentlichungen/produkte/beratungsberichte/2021/massnahmen-des-bundes-zur-corona-bewaeltigung-im-gesundheitswesen
Short-URL	https://bshort.one/vbcdgitb6

Sicherlich wäre es interessant, die gesamte Bekanntmachung in diesem Buch zu veröffentlichen, jedoch würde es hier den Rahmen sprengen. Was wir aus diesen Bericht entnehmen können ist sicherlich: Die Ausgleichszahlungen, die vom Bund an die Krankenhäuser aufgrund der Freistellung der Betten und der Auslastung der Intensiv-Stationen getätigt wurden.

„Das RKI äußerte gegenüber dem BMG mit Schreiben vom 11. Januar 2021 die Vermutung, dass Krankenhäuser zum Teil weniger intensivmedizinische Behandlungsplätze meldeten, als tatsächlich vorhanden waren. Dadurch konnte der für die Gewährung von Ausgleichszahlungen erforderliche Anteil freier betreibbarer intensivmedizinischer Behandlungsplätze von unter 25% erreicht werden. Krankenhäuser würden zunehmend die hauseigenen Controlling-Abteilungen mit der Übermittlung der Daten für das DI-VI-Intensivregister verpflichten, um monetäre Nachteile für den Standort zu vermeiden. Dies sei dem RKI in zahlreichen E-Mails und Telefonaten konkret mitgeteilt worden. Auch Länder seien an das RKI herangetreten und hätten rückwirkend um eine Anpassung der Zahl der gemeldeten freien betreibbaren intensivmedizinischen Betten gebeten. Dabei seien Anpassungen nur für Zeiträume gefordert worden, die für die Ausgleichszahlung relevant waren.“[(157)]

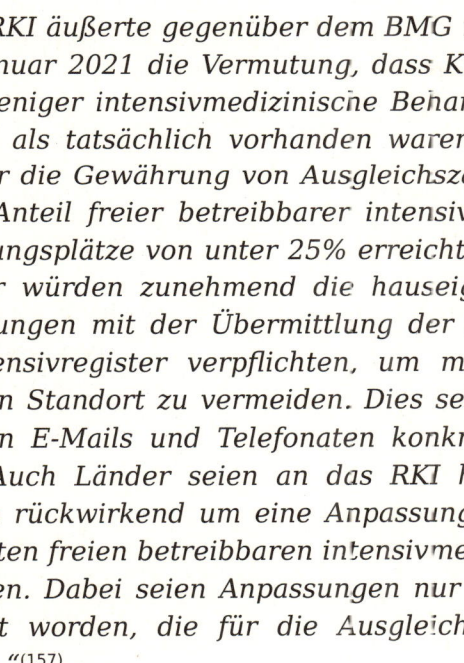

Kompletter Zeitraum 04.2020 – heute

Zeitraum nur 2021 – heute

51

Das bedeutet: Meldeten die Krankenhäuser eine Auslastung von über 75% ihrer Intensivstation, erhielten sie dafür eine Ausgleichszahlung des Bundes. Dies war mit dem §21 des »Gesetzes zur wirtschaftlichen Sicherung der Krankenhäuser und zur Regelung der Krankenhauspflegesätze (Krankenhausfinanzierungsgesetz – KHG)«, das von unserem cleveren Gesundheitsminister im November 2020 in die Wege geleitet wurde, gesetzlich verabschiedet worden. Selbstverständlich haben die allermeisten Krankenhäuser diese Möglichkeit in Anspruch genommen, indem sie ganz einfach entweder die Betten auf der Intensivstation reduzierten oder mehr Patienten auf intensiv verlegten. Prozentual gesehen sieht es dann so aus, dass man die Oberkante der Kapazitäten erreicht hatte und die Krankenhäuser sich in einer Notlage befanden. Krankenhausplätze wurden mit dieser Methode abgebaut und an die aktuelle Belegung der Intensivstation angepasst. Somit bewegten sich die Betten-Belegungen der Intensivstationen der Krankenhäuser prozentual zwischen 75 und 100 Prozent, um die Fördergelder des Bundes zu erhalten.[107]

Wir sprechen hier von einer Milliarde Euro Fördergeld, oder sollte man dazu vielleicht „Schweigegeld" sagen?

Vor dem Gesetz lag die prozentuale Auslastung der Intensivstationen zwischen 50 und 70 Prozent – eine legale Methode für die Krankenhäuser, sich durch die Fördergelder des Bundes gesundzustoßen. Zusätzlich erhielten sie Freihaltepauschalen für die Betten-Belegungen. Wenn sie somit ein Bett freihielten und nicht lebensnotwendige Operationen von nicht Covid-19-Patienten auf unbestimmte Zeit verschoben, bekamen sie vom Bund diese Ausgleichszahlungen.

Zusätzlich zu der oben beschriebenen Maßnahme wurden die Betten auf den Intensivstationen von zirka 31.000 (April 2020) auf 22.500 (September 2021) Plätze reduziert. Das ist der absolute Wahnsinn, sie verkaufen dem Bürger eine epidemische Notlage und reduzieren die Intensivstation-Plätze um zirka 30% oder um fast 9.000 Plätze!!!

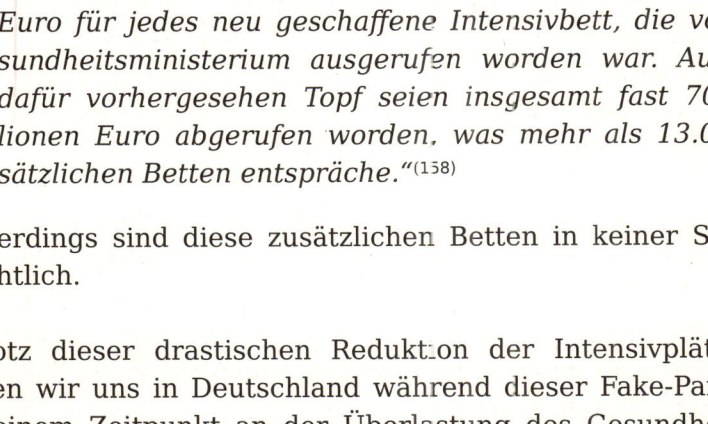

Gesamtzahl gemeldeter Intensivbetten (Betreibbare Betten und Notfallreserve)

Deutschland

■ Belegte Betten ■ Freie Betten ■ Notfallreserve

Stand: 02.09.2021 12:23

Quelle: DIVI-Intensivregister · Daten herunterladen · Erstellt mit Datawrapper

52

Hat man wirklich geglaubt, dass diese Maßnahmen niemandem auffallen würden?

„Ein weiterer Kritikpunkt betrifft die Prämie von 50.000 Euro für jedes neu geschaffene Intensivbett, die vom Gesundheitsministerium ausgerufen worden war. Aus dem dafür vorhergesehen Topf seien insgesamt fast 700 Millionen Euro abgerufen worden, was mehr als 13.000 zusätzlichen Betten entspräche.“[158]

Allerdings sind diese zusätzlichen Betten in keiner Statistik ersichtlich.

Trotz dieser drastischen Reduktion der Intensivplätze befanden wir uns in Deutschland während dieser Fake-Pandemie zu keinem Zeitpunkt an der Überlastung des Gesundheitssystems, auch wenn dies den Bürgern so verkauft worden ist. Es scheint, dass die Bundesregierung sich durch die Fördergelder einfach das Schweigen der Krankenhäuser erkauft hat, da sie wusste, dass sehr viele Krankenhäuser diesem finanziellen Anreiz nicht widerstehen würden. Sie befanden sich schon vor der Krise in Schwierigkeiten. Sollte es etwa möglich sein, dass sie genau dorthin planmäßig getrieben wurden?

Ich möchte an dieser Stelle auch nicht groß auf die Tatsache eingehen, dass während der „schwersten Pandemie aller Zeiten" über 20 Krankenhäuser in Deutschland geschlossen wurden und Tausende von Krankenhaus-Angestellten in Kurzarbeit geschickt wurden. Während einer Pandemie die Krankenhäuser zu schließen und die Mitarbeiter in Kurzarbeit zu schicken, passt irgendwie nicht zusammen. Oder etwa doch?

Schon diese Tatsache müsste eigentlich reichen, dass jeder darauf kommt, dass es sich um eine Fake-Pandemie handelt.

Die bundesdurchschnittliche Intensivbelegung der Krankenhäuser

Kommen wir nun zu dem spannenden Bereich der Intensivbelegung durch Covid-Patienten. Nach den Meldungen der Bundesregierung und den Panikberichten der Presse hätten die Intensivstationen mit Covid-19-Patienten überlaufen sein müssen. War es etwa nicht so?

> *„Die Auslastung der Intensivbetten mit Patientinnen und Patienten, die positiv auf SARS-CoV-2 getestet wurden, betrug im Jahr 2020 durchschnittlich 4 %. Der zusätzliche Leerstand in Krankenhäusern war weniger auf verschobene planbare Operationen als auf geringere Inanspruchnahmen durch potenzielle Patientinnen und Patienten zurückzuführen."*[159]

Ja, liebe Leserinnen und Leser, Sie haben richtig gelesen und ich kann Ihnen garantieren, dass es sich nicht um einen Druckfehler handelt. Die durchschnittliche Belegung der Betten auf den Intensivstationen, die durch Covid-19-Patienten belegt waren, war für das Jahr 2020 durchschnittlich 4 Prozent. Es ist ungeheuerlich, aber wahr: Weit unter 10 Prozent der Intensivpatienten waren Covid-19-Patienten!

Bundesdurchschnittliche Intensivbettenbelegung und freie Intensivbettenkapazitäten von Mai 2020 bis April 2021

Die Anzahl der gemeldeten intensivmedizinisch behandelten COVID-19-Fälle schwankte im Zeitablauf deutlich.

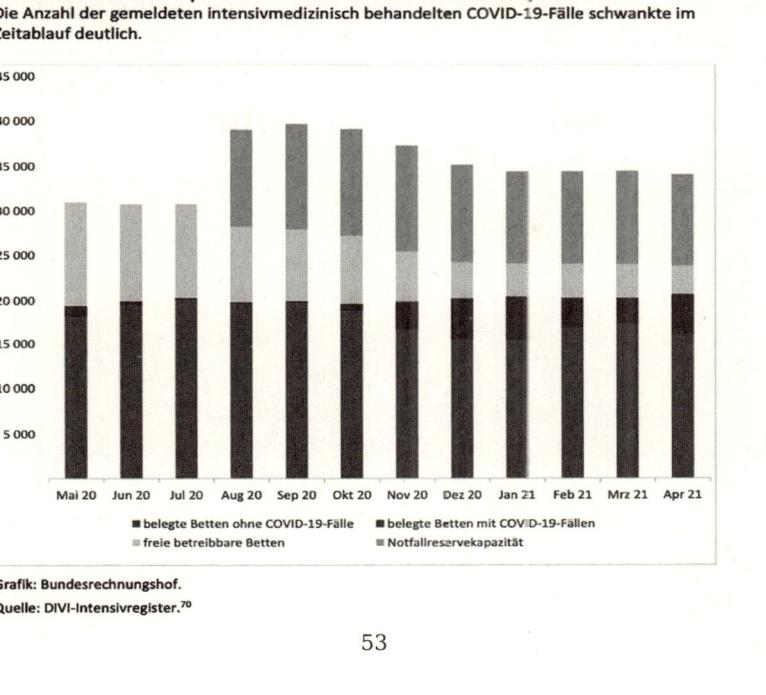

Grafik: Bundesrechnungshof.
Quelle: DIVI-Intensivregister.[70]

53

- Wo war hier also die epidemische Notlage?
- Wie kamen die Hilferufe der Mediziner zustande?
- Wer waren diese angeblichen Mediziner?

Den Bürgern wurde ein Horror-Szenarium verkauft, obwohl der Anteil der Covid-Patienten in den Intensivstationen wie schon geschrieben weit unter 10 Prozent war.

Hat uns die Bundesregierung und mit ihr die damalige Bundeskanzlerin etwa bewusst belogen? Und werden wir in dieser sogenannten 4. Welle (Herbst 2021) schon wieder von unseren Politikern und unserer Regierung auf die gleiche Weise belogen? Waren ihr die Zahlen nicht übermittelt worden?

Selbstverständlich waren ihr diese Daten bekannt. Die Bürger wurden bewusst belogen und betrogen!

Auf dem unteren Chart können Sie die freien Intensivplätze sehen. Beim mittleren Bereich handelt es sich um die gesamtbelegten Plätze auf den Intensivstationen. Die unten kaum sichtbare Wellenkurve zeigt die Covid-19-Patienten.

54

Ex-Gesundheitsminister Jens Spahn wurde auf diese Tatsache vom RKI bereits im Januar 2021 mit einem Schreiben hingewiesen. Somit war die Bundesregierung von dieser Tatsache in Kenntnis gesetzt worden und Frau Merkel hatte bewusst am 16. April 2021 im Bundestag die Abgeordneten sowie die Bürger getäuscht.

Die Widersprüche sind überall erkennbar und nur von den Menschen nicht ersichtlich, die sie nicht sehen wollen. Während die Intensivbetten massiv abgebaut worden waren, benutzte die Bundesregierung ausgerechnet diesen Hebel der Auslastung der Intensivstationen, um dem Volk ihre Macht, ihre Einschränkungen und ein todbringendes Gen-Experiment aufzuzwingen. Der Witz an der Sache ist, dass die Bundesregierung im November 2021 den gleichen Hebel erneut ansetzte, um die Massenpsychose und Massenpanik in der Bevölkerung erneut zu befeuern...

Abschliessen möchte ich dieses Kapitel mit einer Pressemitteilung des Ministeriums für Gesundheit, das die oben genannten Thesen weitestgehend bestätigt.

„Beirat diskutiert und verabschiedet Analyse von Prof. Augurzky und Prof. Busse zum Leistungsgeschehen der Krankenhäuser und zu Ausgleichszahlungen in der Corona-Krise

Die Analyse der Leistungsdaten aller deutschen Krankenhäuser zeigt, dass trotz der Aufforderung der Bundesregierung im Frühjahr 2020, planbare Leistungen zu verschieben, die stationäre Versorgung in Deutschland im ersten Pandemiejahr 2020 flächendeckend gewährleistet werden konnte. Nach einem Rückgang der Krankenhausfälle im Frühjahr um ca. 30 Prozent wurden auf Jahressicht im Bereich der allgemeinen Krankenhäuser 13 Prozent und im Bereich der psychiatrischen Kliniken 11 Prozent weniger Fälle als im Vorjahr versorgt. Im Jahresdurchschnitt waren vier Prozent aller Intensivbetten mit Corona-Patientinnen und -Patienten belegt.

Im Jahr 2020 hat der Bund 10,2 Mrd. Euro zur Verfügung gestellt, um ausreichende Kapazitäten für die Versorgung von Corona-Patientinnen und -Patienten zu gewährleisten. Damit wurden gemäß Gutachten für die Krankenhäuser Erlösverluste vermieden. Darüber hinaus zeigt die Analyse deutlich, dass die durch den Beirat im Frühsommer empfohlene Anpassung, die Freihaltepauschale nach der Krankheitsschwere und der Verweildauer der Patientinnen und Patienten und damit orientiert an den durchschnittlichen DRG-Erlösen pro Behandlungstag zu differenzieren, die Zielgenauigkeit der Maßnahme verbessert hat.

Das Wirkprinzip weg von der pauschalen hin zur differenzierten Unterstützung von Krankenhäusern ist auch Grundlage für die angepassten Ausgleichszahlungen, die mit Beginn der zweiten Welle eingeführt wurden. Dabei stehen Krankenhäuser, die in besonderem Maße für die Sicherstellung der intensivmedizinischen Versorgung der Be-

völkerung und der Behandlung von COVID-19 geeignet sind, im Mittelpunkt der Unterstützung. Die aktuelle Rechtslage sieht vor, dass die Ausgleichzahlungen Ende kommenden Monats auslaufen. Der Beirat hält es für notwendig, dass die Ausgleichzahlungen über den 31. Mai 2021 hinaus verlängert werden.

Die ausschließlich stationären Erlöse der allgemeinen Krankenhäuser sind durchschnittlich um 3,7 Prozent und die der psychiatrischen und psychosomatischen Kliniken durchschnittlich um 10,6 Prozent gestiegen, wobei die geleisteten Ausgleichzahlungen des Bundes hierfür maßgebend gewesen sind. Darüber hinaus wurde festgestellt, dass trotz des Rückgangs an Fallzahlen die Zahlungen der gesetzlichen Krankenkassen für alle durch die Kliniken erbrachten Leistungen um 1,7 Prozent gestiegen sind."[160]

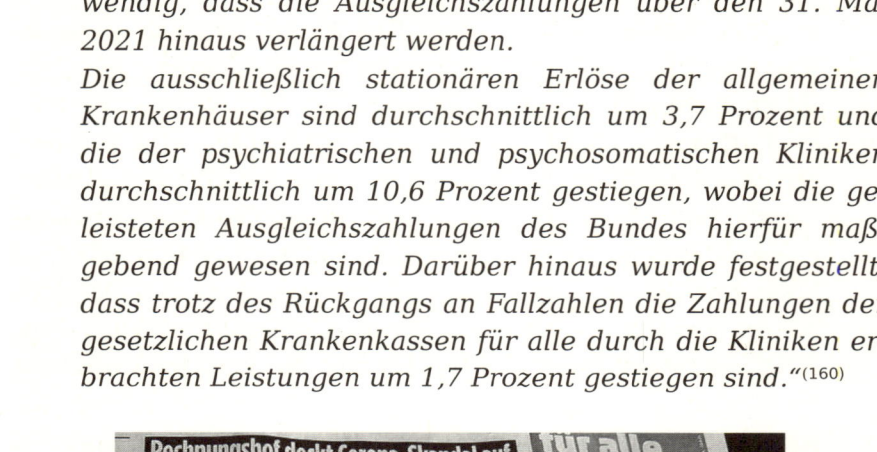

55

Es ist eine Tatsache, dass die letzte Bundesregierung die Bürger bewusst belogen hat und es auch die neue Ampel-Regierung weiterhin Tag für Tag tut. Wie bereits geschrieben: Die Intensivstationen waren zu keinem Zeitpunkt während dieser Fake-Pandemie durch und mit Covid-19-Patienten ausgelastet. Ganz im Gegenteil, die Auslastung durch Covid-19-Patienten war weit unter 10%. Es hat zu keinem Zeitpunkt eine epidemische Lage geherrscht und somit waren alle Maßnahmen, die durch die Bundesregierung getätigt wurden, verfassungswidrig.

„Der Anteil von Patienten mit der Diagnose COVID-19 in den Krankenhäusern in Deutschland war weitaus geringer als gemeinhin angenommen, wie ein Gutachten des Leibniz-Instituts für Wirtschaftsforschung an den Tag brachte. In Auftrag gegeben hat es das Bundesgesundheitsministerium. Alle Patienten mit der Diagnose COVID-19 brachten es demnach 2020 auf 1,93 Millionen Verweildauertage in den deutschen Kliniken. Setzt man sie in Verhältnis zur Zahl der Verweildauertage aller Patienten, 101,02 Millionen, kommt man auf 1,9 Prozent. Also knapp zwei Prozent. Der Mediziner Gunter Frank, der die Angaben, die monatelang kaum bis gar nicht bemerkt wurden, jetzt entdeckte und auf sie aufmerksam machte, nennt diese zwei Prozent eine „Skandalzahl": „Und die sollen die Krankenhäuser an den Rand der Belastung gebracht haben? Jedes Jahr werden Patienten mit infektiösen Atemwegserkrankungen in dieser Größenordnung stationär behandelt." Selbst als der Anteil der Corona-Patienten am größten war, in der zweiten Dezemberhälfte, lag er nur bei knapp 5 Prozent aller Betten."[161]

In diesem Bericht von Journalist Boris Reitschuster können Sie detailliert die Zahlen einsehen:

Beitrag

Titel	Nur 3,4 Prozent der Intensivpatienten hatten 2020 Corona
Link	https://reitschuster.de/post/nur-34-prozent-der-intensivpatienten-hatten-2020-corona/
Short-URL	https://bshort.one/vbcdgitb7

10. Wo ist dieses Jahr (2020/2021) eigentlich die Grippe geblieben?

Eigentlich könnte ich dieses Kapitel nur mit dem unteren Bild öffnen und wieder schließen. Ich habe mit Absicht eine Aufnahme mit einem Quellenbezug des RKI und des ZDF gewählt, damit es diesbezüglich keine Diskussionen geben kann, dass es von irgendwelchen Verschwörungstheoretikern gefälscht wurde. Es ist schon erstaunlich, wie einfach man die verängstigten Menschen täuschen kann. Man behauptet, dass die drastischen Coronaschutzmaßnahmen so toll geholfen hätten, dass durch diese die tödliche Influenza komplett ausgerottet und fast auf null Infizierte pro Jahr gesenkt wurde und lässt dies durch »angestellte« Fakten-Checker, die Massenmedien und das RKI bestätigen. Und die Bundesbürger sind zufrieden.

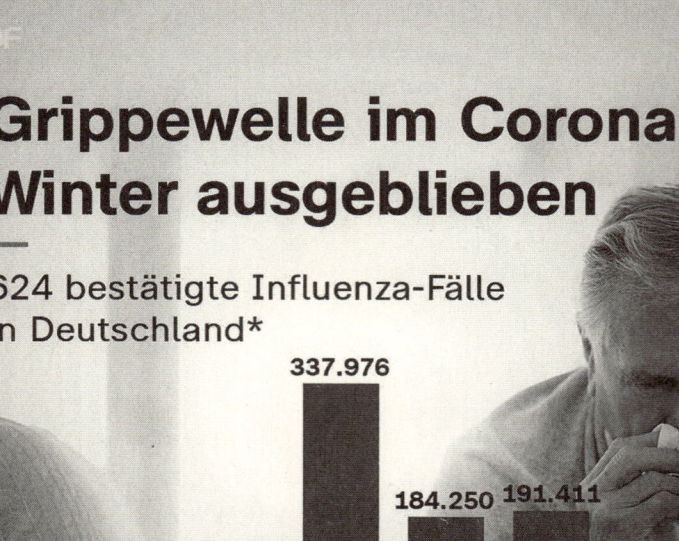

56

Die Jahre vor Corona hatten wir zur Grippesaison mehrere Hunderttausende Grippe-Fälle jährlich und bis zu 20.000 geschätzte Todesfälle. Aber 2020/2021 kam die Influenza so gut wie nicht vor.

Extrem wenig Influenzaviren in Deutschland

Anzahl der pro Kalenderwoche an das RKI gemeldeten Influenza-Fälle

━ 2016/17   ━ 2017/18   ━ 2018/19   ━ 2019/20   ━ **2020/21**

Die Grippesaison geht von der 40. KW eines Jahre bis zur 20. KW des Folgejahres
Quelle: Robert Koch-Institut

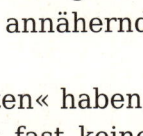

57

Laut dem Ärzteblatt vom 30.9.2019 hatte die Bundesrepublik im Grippe-Jahr 2018/19, 3,8 Millionen Arztbesuche aufgrund der Grippe. 2017/2018 waren es laut dem Ärzteblatt annähernd 8 Millionen Arztbesuche!!![(162)]

Seit wir jedoch die »schwerste Pandemie aller Zeiten« haben, ist die Influenza so gut wie ausgerottet und es hat fast keine Toten deswegen gegeben. Glauben Sie wirklich noch an den Weihnachtsmann?

Ich hätte es noch verstanden, wenn sich die Influenzafälle um 50 Prozent reduziert hätten, aber sie auf fast null zu senken, ist schon eine Unverschämtheit.

Das Lächerlichste an dem Ganzen ist, dass, wenn man die Web-Seite des RKI besucht, man Folgendes lesen kann:

„Das höchste Risiko für schwere Verläufe und Todesfälle haben ältere Menschen. Die Zahl der Verluste kann bei den einzelnen Grippewellen stark schwanken, von mehreren Hundert bis über 20.000. ... Stand: 25.9.2019"[163]

Die letzten Jahre gab es immer Grippe-Wellen, bei denen Tausende von Menschen erkrankten und starben, und nun möchte man uns erzählen, dass dieses tödliche Virus mit Lockdowns und lächerlichen Schutzmasken zusätzlich komplett ausgerottet wurde? Kann es vielleicht sein, dass es sich bei Corona um eine ganz normale Grippe handelt?

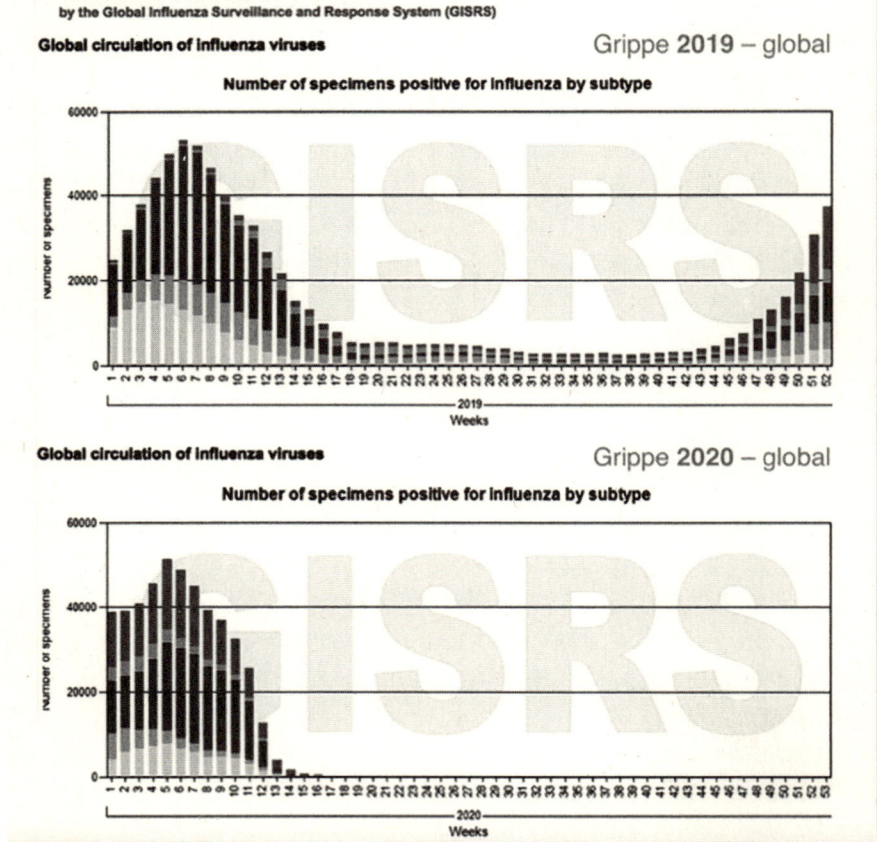

Das norwegische „Institut für öffentliche Gesundheit" (FHI) hat die Corona-Erkrankung als nicht wesentlicher als eine Grippe eingestuft. Dies untermauerte das Institut damit, dass es außerhalb der Risikogruppen nur wenige Todesfälle gab. Aber selbstverständlich sind das alles nur Verschwörungstheoretiker und Aluhut-Träger...

Halleluja, wir können uns alle glücklich schätzen, dass diese Corona-19-Pandemie uns wenigstens von der Influenza erlöst hat.

Trotz der angeblichen Ausrottung der Grippe haben die Big Player der Pharmaindustrie das große Geld mit den mRNA-Impfstoffen gewittert und möchten ihre umstrittenen Technologien auch auf weitere Krankheiten wie die Influenza und Malaria ausweiten. Der US-Pharma-Riese Pfizer hat seine Studien diesbezüglich schon gestartet und möchte die Wirksamkeit seiner Impfstoffe auch in diesen Krankheitsbereichen verbessern, obwohl die Wirksamkeit der Covid-19-Impfstoffe nicht einmal gegeben sind. Man könnte fast meinen, dass, egal unter welchen Umständen auch immer, die Weltbevölkerung unbedingt mit dieser Technologie geimpft und verseucht werden muss. Nach dem Motto, wenn ich Dich nicht mit der Covid-19-Impfung bekomme, dann kriege ich Dich mit einer anderen!

11. Die Kritiker

Was glauben Sie, liebe Leserinnen und Leser, haben

- Hamed Bakayoko, Premierminister der Elfenbeinküste,
- John Magufuli, Präsident von Tansania,
- Ambrose Dlamini, Premierminister von Eswatini,
- Pierre Nkurunziza, Präsident von Burundi,
- Jovenel Moise, Präsident von Haiti

gemeinsam?

59

Genau, Sie konnten es auf den Bildern schon erkennen, SIE SIND ALLE TOT!

Sicherlich ist es wieder mal nur ein Zufall, dass fünf Präsidenten, die sich öffentlich gegen die Impfapartheid der WHO und der Pharmalobby ausgesprochen haben, in nur einem Jahr auf mysteriöse Weise verstorben sind. Und sicherlich ist es nur ein Zufall, dass alle fünf im Pandemiejahr 2020/2021 auf unerklärliche Weise verstarben und nun ihre Nachfolger darauf drängen, die Bevölkerung der entsprechenden Länder durchzuimpfen.

Und was glauben Sie, was haben die Präsidenten

- Nana Addo Dankwa Akufo-Addo, Präsident von Ghana
- Andry Nirina Rajoelina, Präsident von Madagaskar
- Aljaksandr Ryhorawitsch Lukaschenka, Präsident von Weißrussland

gemeinsam?

Nein, diese sind nicht verstorben, jedoch haben sich diese Politiker öffentlich gegen eine Impfapartheid ausgesprochen, haben sich gegen die Maßnahmen der WHO und der Pharmalobby positioniert und haben die drakonischen Einschränkungen nicht in ihren Ländern umgesetzt. Sie haben öffentlich ausgesagt, dass ihnen bis zu einer Milliarde Dollar von der WHO angeboten wurde, wenn sie die gewünschten Maßnahmen wie Lockdowns, Massenpanik und Impfung in ihren Ländern umsetzen würden. Nach diesem skandalösen Korruptionsversuch ist Madagaskar aus der WHO ausgetreten.

Sicherlich kann man jetzt argumentieren, dass es sich bei diesen Politikern um »Diktatoren« handeln würde und man ihnen nicht vertrauen könne, da sie in den deutschen Massenmedien als »undemokratisch« und »brutale Herrscher« dargestellt werden. Sicherlich können Sie immer noch Ihre Augen vor den Tatsachen verschließen, aber wahr ist, dass sich diese angeblichen Diktatoren auf die Seite ihres Volkes gestellt und die Einschränkungen nicht umgesetzt haben. Unsere Bundesregierung, die als so demokratisch angesehen wird, hat dies nicht getan, ganz im Gegenteil!

Glauben Sie wirklich noch, dass wir uns in Deutschland in einer Demokratie befinden und die Regierung und die Politiker das Volk vertreten?

Definition „Demokratie":

> *„Nach Artikel 20 des Grundgesetzes ist die Bundesrepublik eine Demokratie. In dieser Staatsform übt das Volk die Herrschaftsgewalt aus. Demokratien zeichnen sich unter anderem durch Achtung der Menschenrechte, Gewaltenteilung, Verantwortlichkeit der Regierung, Unabhängigkeit der Gerichte, Gesetzmäßigkeit der Verwaltung, ein Mehrparteiensystem sowie freie, gleiche und geheime Wahlen aus. Die Bundesrepublik ist eine repräsentative Demokratie, in der das Volk durch gewählte Volksvertreter »herrscht«. Diese Volksvertreter bilden den Bundestag, der das einzige unmittelbar demokratisch gewählte Verfassungsorgan ist."*[164]

Ich möchte Ihnen, liebe Leserinnen und Leser, wirklich keine Lehrstunde zur Demokratie erteilen, aber glauben Sie wirklich noch, dass wir uns in einer Demokratie befinden?

Eine Demokratie,

- wo freie Meinungsäußerung erlaubt ist,
- wo es freie und unabhängige Gerichte gibt,
- wo die Politiker das Volk vertreten,
- wo es freien und unabhängigen Journalismus gibt,
- wo das Volk herrscht und nicht beherrscht wird,
- wo man das Recht zu demonstrieren hat,
- wo die Rechte jeden Einzelnen unantastbar sind,
- wo das Grundgesetz unantastbar ist?

Ich weiß nicht, in welcher Welt Sie leben, aber wir befinden uns seit längerem nicht mehr in einer Demokratie. Uns wird durch die Massenmedien eine Demokratie vorgegaukelt, die es aber in der Realität gar nicht mehr gibt oder höchstwahrscheinlich noch nie gegeben hat. Experten jeglichen Gebietes, die sich gegen die Maßnahmen stellen, werden diffamiert und verfolgt. Richter, die Urteile gegen die eingeleiteten Corona-Einschränkungen der Bundesregierung sprechen, werden verfolgt und durch Staatsanwälte mit Hausdurchsuchungen schikaniert – siehe das Beispiel eines Weimarer Richters, der im April 2021 eine Hausdurchsuchung bekam, nachdem er es gewagt hatte, eine Corona-Maßnahmen-kritische Entscheidung zu treffen.

> *„»Wir sind entsetzt«, sagte ein Sprecher des Netzwerks kritische Richter und Staatsanwälte gegenüber TE. »Es handelt sich unseres Erachtens um einen krassen Eingriff in die richterliche Unabhängigkeit. Durch diese Maßnahme wird sich kein Richter in Deutschland mehr trauen, eine Entscheidung zu treffen, die in diese Richtung geht«."*[165]

Ärzte, die Atteste gegen eine Maskenpflicht ausstellen, werden durch Hausdurchsuchungen bedroht und eingeschüchtert. Rechtsanwälte, die gegen die Corona-Maßnahmen gerichtlich vorgehen, werden eingesperrt. Gebildete Menschen werden als Querdenker, Aluhutträger, Schwurbler und Rechtsradikale beschimpft, nur weil sie auf ihr Recht einer freien Meinungsäußerung und das Recht zur Versammlungsfreiheit einstehen. Sie werden mit Rechtsbrechern verglichen, weil sie sich nicht impfen lassen wollen. Sie werden gnadenlos angegriffen und aus der Gesellschaft ausgegrenzt.

Demonstrationen werden aufgrund des Infektionsschutzgesetzes verboten, mit und durch die Begründung, dass sich diese Querdenker-Szene nicht an die Verordnung halten würde. Jedoch im gleichen Atemzug wird der Berliner Christopher Street Day (CSD) mit annähernd 80.000 Homosexuellen genehmigt.

Hochdekorierte Wissenschaftler werden als unseriös, als Schwurbler und Querdenker diffamiert und öffentlich durch die gleichgeschalteten Medien an den Pranger gestellt. Es wäre vor einigen Jahre noch undenkbar gewesen, dass normale friedliche Bürger auf angemeldeten Demonstrationen von Polizisten niedergeprügelt und dann auch noch den sozialistischen Propaganda-Methoden dieser Regierung mit Anzeigen und Falschaussagen von Beamten konfrontiert worden wären. Was ist nur aus unserer so korrekten und makellosen Polizei geworden, um die man uns weltweit beneidet hatte?

Und was ist nur aus unserem geliebten Deutschland geworden!?

Video 16:

Titel	Hier ein Video zu unserer Staatsgewalt und Demokratie: Weltweite Polizeigewalt gegen Corona-Massnahmenkritiker
Link	https://auf1.tv/nachrichten-auf1/weltweite-polizeigewalt-gegen-corona-massnahmenkritiker/
Short-URL	https://bshort.one/vbcdgitv16

Diese Liste könnte noch weiter fortgeführt werden. In meinen Augen hat die Bundesrepublik das verloren, um das sie auf der ganzen Welt beneidet wurde – eine Demokratie. Unsere Bundesregierung hat es geschafft, in Namen einer Covid-19-Religion die Grundrechte aus den Fugen zu hebeln und die Macht vom Volk auf die Politikerkaste zu übertragen. Jeder Tag, der unter diesen Verhältnissen verstreicht, entfernen wir uns weiter von unserer Demokratie.

Wo sind eigentlich unsere Hüter der Gesetze? Die Staatsanwälte, die Bürger in Deutschland bereits verfolgen, wenn sie nur bei Rot über die Ampel gelaufen sind, stehen nur im Dienste dieser Regierung. Dabei vergessen sie jedoch, dass sie die Interessen des Volkes vertreten.

Wo ist der oberste Hüter unserer Verfassung, Präsident des Bundesverfassungsgerichts Stephan Harbarth? Warum schreitet er nicht ein und macht seinen Job als Hüter unserer Verfassung? Er sollte endlich seine Arbeit erledigen und die Verantwortlichen zur Rechenschaft ziehen, statt sie auch noch in ihrem Handeln zu verteidigen und stärken:

„Der Präsident des Bundesverfassungsgerichts, Stephan Harbarth, hat angesichts wachsender Kritik an der deut-

schen Corona-Politik um Verständnis für die Verantwortlichen geworben. Den Zeitungen der »Funke Medien-
gruppe« sagte er: »Alle freiheitlichen Gesellschaften haben
in der Pandemie mit kolossalen Herausforderungen zu
kämpfen, und natürlich ist jeder Fehler einer zu viel.«

»Wenn man aber unter Zeitdruck und unter Unsicherheit
entscheiden muss, besteht immer die Gefahr von Fehlern.«
Die Verantwortlichen müssten ihre Entscheidungen mit
dem Kenntnisstand von heute treffen. Die Bewertung dieser Entscheidungen erfolge dann aber oft einige Wochen
später auf Grundlage eines ganz anderen Kenntnisstan-
des."(166)

Ein Präsident des Bundesverfassungsgerichts, der um Verständnis für die Fehler der Regierung bittet und seinen Job als
oberster Hüter der Verfassung nicht ordnungsgemäß ausübt,
obwohl diese offensichtlich mit Füßen getreten und mit scheinheiligen Entscheidungen außer Kraft gesetzt wird, ist seines
Amtes nicht würdig. Was glauben Sie, würden die deutschen
Gerichte mit Ihnen machen? Glauben Sie, dass die Gerichte
Rücksicht darauf nehmen würden, dass Sie Ihre Entscheidungen unter Zeitdruck fällen mussten?

Die Nähe zur CDU-Partei, bei der er bis 2018 aktiv war, und
die Tatsache, dass er der Wunschkandidat der Frau Merkel war,
ist sicherlich nur ein Zufall. Ebenfalls Zufall ist sicher, dass er
die Regierung mit ihren verfassungsfeindlichen Maßnahmen gewähren lässt und öffentlich aufgrund verschiedener Geldge-
schäfte und seiner besonderen Nähe zur Regierung in der Kritik
steht.

Harbarth war noch nicht lange in seinem Amt, da wurde auf
dem Karlsruher Schlossplatz Ende Mai 2019 das Jubiläum jenes
Regelwerks (Die Verfassung) gefeiert, das zu schützen der
48-Jährige gelobt hatte. Vielleicht sollte er sich mal daran erinnern, jetzt, da er der Präsident des Bundesverfassungsgerich-
tes ist.

Das Traurige an der Tatsache, dass sich so viele Menschen an der Abschaffung unserer makellosen Demokratie beteiligen, ist, dass sie dabei völlig vergessen, dass sie und ihre Liebsten in diesem Land weiterleben müssen. Nur die Allerwenigsten können das Land mit Millionen von Euros in der Tasche einfach verlassen, die meisten müssen und werden hier weiterleben. Es ist für mich unbegreiflich, wie die Hüter unserer Gesetze – ob Richter, Staatsanwälte, Beamte oder Polizisten jeglichen Grades – sich so an diesem Unrecht beteiligen können, wenn auch nur in passiver Form.

Sie hätten als Retter des Volkes, der Verfassung und der Demokratie in die Geschichte eingehen können, aber sie werden höchstwahrscheinlich wieder einmal nur als die Handlager und Söldner eines großen Verrats am eigenen Volk in Erinnerung bleiben.

12. Was ist morgen?

Liebe Leserinnen und Leser wir sind nun auf den letzten Seiten dieses Buches angelangt, doch wir sind noch nicht am Ende. Ich hoffe, Ihnen mit diesem Werk anschaulich dargelegt zu haben, dass wir es bei diesem Corona-Geschehen nicht mit einer wirklichen Pandemie wie bei der Pest oder der Spanischen Grippe zu tun haben, sondern dass hier noch ganz andere Interessen und Ziele dahinterstehen. Zu viele Lügen und Widersprüche sind in den letzten zwei Jahren an die Öffentlichkeit gedrungen. Es war und ist für mich eine Ehre, mich für unser Land und unsere Demokratie einzusetzen und ich bin mir sicher, dass die Zeit uns recht geben wird und die Menschen die Wahrheit erkennen werden.

- Ich bin kein Querdenker und doch ein Querdenker,
- ich bin kein Coronaleugner und doch ein Coronaleugner,
- ich bin kein Klimaleugner und doch ein Klimaleugner,
- ich bin kein Linker und doch ein Linker,
- ich bin kein Rechter und doch ein Rechter,
- ich bin kein Politiker und doch ein Politiker,
- ich bin kein Schriftsteller und doch ein Schriftsteller,
- ich bin kein Rebell und doch der größte Rebell,
- ich bin kein Demokrat und doch der größte Demokrat,
- ich bin kein Patriot und doch jemand, der für sein Land sterben würde,
- ich bin kein kluger Mensch und doch ein Kluger,
- ich bin kein Dummer und doch mache ich manchmal dumme Sachen
- ich bin kein Religiöser und doch bete ich jeden Tag zu Gott,
- ich bin kein Geselliger und doch liebe ich die Menschen.

Ich gehöre keiner Gruppierung, Religion oder Sonstigem an, denn ich habe gelernt, FREI ZU DENKEN und alles zu hinterfragen!

Nur die Lehren, welche für mich Sinn ergaben, habe ich angenommen, ohne dass mich ein Mensch davon überzeugen musste. Genauso wenig, wie ich Sie nicht überzeugen möchte. Ich habe Ihnen meine Erkenntnisse über die Corona-Pandemie und darüber hinaus auf wenigen Seiten anschaulich dargelegt, jetzt liegt es an Ihnen, was Sie damit machen. Sicherlich ist das Eine oder Andere noch verbesserungsbedürftig, doch für den Moment ist es das Beste, was ich unter Zeitdruck auf Papier bekommen habe. Ich freue mich auf jegliches Feedback, Anregungen und Verbesserungsvorschläge, doch bitte verschonen Sie mich mit Lehren, die Sie selber nicht hinterfragt haben.

Zum Thema „Fragen und Hinterfragen" werden wir uns ALLE schon morgen sicherlich einige Fragen stellen müssen:

- Wo waren die ganzen harten Jungs und Mädels, die Bärtigen, die Kampfsportler, die Body-Builder, die Rocker, die Hooligans, die Biker und Freiheitsliebenden, als Frauen und Großmütter in Berlin auf Freiheitsdemos von unserer eigenen Polizei verdroschen wurden?

- Wo waren die Wissenschaftler, die Ärzte, die Apotheker, die Gelehrten und Denker Deutschlands und der Welt, als man uns die größten Lügen unserer gesamten Geschichte aufgetischt hatte und ein Massenexperiment an den Menschen, selbst an den Kindern, durchgeführt wurde?

- Wo waren die Demokraten, die Patrioten, die Gutmenschen, die halb Afrika retten möchten, die Grünen und die Menschenrechtler, als man uns im Namen eines Virus die von Gott gegebenen Grundrechte genommen hat?

- Wo waren die Politiker und die Parteien, als man uns die Grundrechte nahm und uns zu Hause einsperrte?

- Wo waren die Studenten, Schüler und Azubis, die für einen angeblich von Menschen verursachten Klimawandel auf die Straße gehen, doch für ihre Grundrechte und die eigene Zukunft nicht?

- Wo waren die Journalisten, Schriftsteller und Reporter, als man uns die größte Lüge auftischte?

- Wo waren die wahren Polizisten, das Militär, das BKA, das LKA, die Richter und Staatsanwälte, als uns unsere Rechte genommen wurden und sogar der UNO-Menschenrechtler sich einschalten musste, da Großmütter von deutschen Polizisten auf Demonstrationen »zusammengeschlagen« wurden?

- Wo waren die Sportler, die Millionen verdienen, die Musiker, die Künstler, die Models, die Influencer, die Schauspieler und Promis, als ihr Publikum, ihre Fans und Follower wie der letzte Dreck von der Regierung behandelt wurden?

- Wo waren die Erzieher, die Lehrer, die Kindergärtnerinnen und Rektoren, als man unseren Kindern Maßnahmen aufzwang, die lebensbedrohlich und gesundheitsschädlich sind?

- Wo waren die Mütter, die Väter, die Omas und Opas, die Tanten und Onkels, als man ihre Familie und Kinder einsperrte, bedrohte und sie zwang, an einem Gen-Experiment teilzunehmen?

Alle diese »Möchtegerns« sollten sich beim nächsten Mal erinnern, nicht vergessen oder vielleicht darüber nachdenken, wenn sie auf irgendwelchen Social-Media-Plattformen ihre tollen Kommentare schreiben (solange das noch geht!), sich wichtig machen und mit Ratschlägen und vermeintlichem Wissen protzen.

WO WAREN SIE???

Bis heute war und ist diese Corona-Fake-Pandemie der größte Feigheitsakt der Menschheit, der Bundesrepublik Deutschland und seinen Bürgern. Doch es ist noch nicht zu spät. Es besteht noch die Möglichkeit, aufzustehen, STOP zu sagen und endlich Gesicht zu zeigen, egal wie hoch der Preis auf den ersten Blick auch scheinen mag. Denn schon morgen werden wir dazu wahrscheinlich nicht mehr in der Lage sein.

13. Nachwort

Liebe Leserinnen und Leser, ich möchte es an dieser Stelle nochmals in aller Deutlichkeit auf den Punkt bringen: Wir befinden uns im Krieg! Unsere unmittelbare Zukunft hängt davon ab, ob die Masse der Bevölkerung diesen kriegerischen Akt, in dem wir uns momentan befinden, durchschaut und sich gegen die korrupten Menschen, die eine Neue »diktatorische« Weltordnung anstreben, zur Wehr setzen. Wir werden mit Sicherheit eine noch weit größere Spaltung in unserer Gesellschaft bekommen, in der Ungeimpfte und sogenannte Querdenker Diskriminierung und Verfolgung ausgesetzt sein werden. Sicherlich wird es nicht nur bei der Verfolgung und der Diskriminierung bleiben, sondern die nächsten Schritte werden mit Gewalt und Ausgrenzung verbunden sein, das hat uns die Geschichte schon mehr als nur einmal gelehrt.

Wie wir schon bei vielen Demonstrationen weltweit sehen konnten, wird das Grundgesetz mit dem Recht auf Versammlungsfreiheit und freie Meinungsäußerung von den pflichtbewussten Söldnern mit Füßen getreten. So sehr, dass sich der UN-Menschenrechtsbeauftragte in einigen Ländern einschalten musste. Es ist unvorstellbar, aber doch Realität, was aus unserem doch so geliebten Land und unserer Welt in nur wenigen Monaten geworden ist. Dies alles wird sich in den kommenden Monaten noch steigern, und wie weit es gehen wird, wird vom Widerstand der Menschen abhängen. Viele werden sich diesem Unrecht aktiv oder vielleicht nur passiv anschließen und bewusst oder unbewusst diese Agenda vorantreiben. Die Grundrechte der Menschen werden durch Lockdowns und Ausgangsbeschränkungen wieder eingeschränkt werden und die sogenannte Elite wird mit allen Mitteln versuchen, bis ans Äußerste zu gehen, um ihren Plan des »Great Resets« gegen andere durchzusetzen, egal ob sie gegen die Menschenrechte oder Gesetze verstoßen. Es werden mit Sicherheit weitere Pandemien, Auffrischungsimpfungen, Lügen, Anschläge und/oder Terrorakte kommen, die sie für ihren perversen Plan einer »Neuen Weltordnung« verwenden werden.

Wie Ihnen in diesem Werk aufgezeigt, steckt hinter all dem, was momentan geschieht, ein Plan, ein teuflischer Plan, der seit vielen Jahrzehnten erarbeitet wurde und so perfide und pervers ist, dass es die allermeisten Menschen trotz der Fakten in diesem Buch nicht glauben wollen und werden.

Fakt ist trotzdem, dass wir uns im Krieg befinden und er wird nicht einfach so enden. Sie werden solange weitermachen, bis sie entweder den »Great Reset« durchgezogen, die gesamte Menschheit versklavt, reduziert und unterdrückt haben, oder bis sich das Volk erhebt und gegen diese Tyrannei ankämpft. Ein Morgen wird es so oder so geben, egal für welche Seite und für welches Handeln wir uns heute entscheiden. Dies bleibt jedem von uns selbst überlassen.

Es gibt inzwischen zahlreiche Bücher und Internetpublikationen, die diese Thematik detaillierter und tiefgehender behandeln als dieses Buch. Das war jedoch nicht mein Ansatz. Mein Ansinnen an mich selbst und nun auch an Sie mit diesem Buch ist die Frage: Lassen wir uns das weiter gefallen? Wollen Sie sich jedes halbe oder bald schon viertel Jahr immer und immer wieder impfen lassen? Wollen Sie sich von den Medien unter Druck setzen oder von den Kollegen oder Ihrem Chef erpressen lassen (»*Sonst wirst Du entlassen!*«)? Sind Sie bereit aufzustehen und zu sagen: »*Nein, mit mir nicht!*«? Die ersten Christen hatten sich lieber von den Löwen auffressen lassen, als von ihrem Glauben abzuschwören. Wie sieht es bei Ihnen aus? Diese Frage stelle ich mir selbst auch – und ich handle inzwischen!

Und selbst in den dunkelsten Stunden sollte man jedoch keinesfalls die Hoffnung verlieren, denn es kann jederzeit etwas passieren, das alles wieder auf den Kopf stellt. Ich hoffe und bete täglich dafür, auch wenn ich in diesem Moment, dieses »Etwas« noch nicht sehen kann.

Vielen Dank für Ihre Zeit –
in Liebe

Valentino Bonsanto

14. Quellenangaben

Quelle 1: Report24

Titel	Prof. Bhakdi erläutert Hintergründe: Covid-Impfung und beschleunigtes Krebswachstum
Autor / erschienen	Edith Brötzner / 14.10.2021
Link	https://report24.news/prof-bhakdi-erlaeutert-hintergruende-covid-impfung-und-beschleunigtes-krebswachstum/

Quelle 2: Der Spiegel

Titel	Schweinegrippe: Pandemrix Nebenwirkungen ignoriert - Futter für Impfgegner
Autor / erschienen	Veronika Hackenbroch / 21.9.2018
Link	www.spiegel.de/gesundheit/diagnose/schweinegrippe-pandemrix-nebenwirkungen-ignoriert-futter-fuer-impfgegner-a-1229428.html

Quelle 3: nypost

Titel	NIH admits US funded gain-of-function in Wuhan — despite Fauci's denials
Autor / erschienen	Emily Crane / 21.10.2021
Link	https://nypost.com/2021/10/21/nih-admits-us-funded-gain-of-function-in-wuhan-despite-faucis-repeated-denials/

Quelle 4: mintpressnews

Titel	Revealed: Documents Show Bill Gates Has Given $319 Million to Media Outlets
Autor / erschienen	Alan Macleod / 15.11.2021
Link	www.mintpressnews.com/documents-show-bill-gates-has-given-319-million-to-media-outlets/278943/

Quelle 5: FAZ

Titel	Regierung gibt viel mehr für Werbung aus
Autor / erschienen	Gustav Theile / 19.11.2020
Link	www.faz.net/aktuell/wirtschaft/regierung-gibt-viel-mehr-fuer-werbung-aus-17058924.html

Quelle 6: sfu

Titel	Covid Lockdown Cost/Benefits: A Critical Assessment of the Literature
Autor / erschienen	Douglas W. Allen / April 2021
Link	www.sfu.ca/~allen/LockdownReport.pdf

Quelle 7: cicero

Titel	Mehr Schaden als Nutzen
Autor / erschienen	Daniel Gräber / 27.4.2021
Link	www.cicero.de/wirtschaft/neue-lockdown-studie-mehr-schaden-als-nutzen

Quelle 8: BR

Titel	Regierung investiert über eine Milliarde gegen Rechts
Autor / erschienen	Cosima Weiske / 21.7.2021
Link	www.br.de/nachrichten/bayern/regierung-investiert-ueber-eine-milliarde-gegen-rechts,SdoYbzg

Quelle 9: Deutsches Ärzteblatt

Titel	Bündnis warnt vor mehr als 30 Klinikschließungen
Autor / erschienen	dpa/aerzteblatt.de / 8.4.2021
Link	www.aerzteblatt.de/nachrichten/122735/Buendnis-warnt-vor-mehr-als-30-Klinikschliessungen

Quelle 10: Berliner Zeitung

Titel	Kliniken werden geschlossen, obwohl das Gesundheitssystem vor dem Kollaps steht
Autor / erschienen	Christian Schwager/ 22.1.2021
Link	www.berliner-zeitung.de/gesundheit-oekologie/kliniken-werden-geschlossen-obwohl-das-gesundheitssystem-vor-dem-kollaps-steht-li.132283?pid=true

Quelle 11: Stuttgarter Nachrichten

Titel	So hoch ist der Stundenlohn für Ärzte und Mitarbeiter in Impfzentren
Autor / erschienen	red/dpa/ 5.3.2021
Link	www.stuttgarter-nachrichten.de/inhalt.corona-impfungen-in-baden-wuerttemberg-so-hoch-ist-der-stundenlohn-fuer-aerzte-und-mitarbeiter-in-impfzentren.31761e8e-88e7-4997-a0c0-e9d25501f9a8.html

Quelle 12: Universitätsklinikum der Republik Srpska

Titel	KODEX ÄRZTLICHER ETHIK
Link	www.kc-bl.com/De/dokumenti/03KodeksLjekarE.pdf

Quelle 13: Springer Professional

Titel	Pandemie verteuert Kredite für den Mittelstand
Autor / erschienen	Barbara Bocks / 10.5.2021

| Link | www.springerprofessional.de/unternehmenskredit/firmenkunden/pandemie-verteuert-kredite-fuer-den-mittelstand/19134242 |

Quelle 14: Manager Magazin
Titel	Corona-Krise Diese Unternehmen bekommen Staatshilfe
Autor / erschienen	16.4.2020
Link	www.manager-magazin.de/fotostrecke/corona-krise-diese-unternehmen-haben-staatshilfe-beantragt-fotostrecke-172474.html

Quelle 15: Bundesregierung
Titel	Deutsche Forscher arbeiten intensiv an einem Impfstoff gegen das Coronvirus.
Autor / erschienen	15.9.2020
Link	www.bundesregierung.de/breg-de/themen/themenseite-forschung/corona-impfstoff-1787044

Quelle 16: ZDF
Titel	Corona-Impfstoffforschung - Wo die Fördergelder des Bundes geblieben sind
Autor / erschienen	Marcel Burkhard / 17.2.2021
Link	www.zdf.de/nachrichten/wirtschaft/corona-impfstoff-bund-foerderung-100.html

Quelle 17: Zeit
Titel	Die Impfpflicht kommt – für wen?
Autor / erschienen	Tina Groll und Tilman Steffen / 10.12.2021
Link	www.zeit.de/politik/deutschland/2021-12/impfpflicht-corona-arbeitsplatz-pflege-debatte-faq

Quelle 18: n-tv
Titel	Impfen wird in Österreich Pflicht
Autor / erschienen	9.12.2021
Link	www.n-tv.de/panorama/Impfen-wird-in-Osterreich-Pflicht-article22988732.html

Quelle 19: SWR
Titel	Verwirrung um den digitalen Impfnachweis: Gelber Impfpass gilt nicht mehr bei 2G
Autor / erschienen	6.12.2021
Link	www.swr.de/swraktuell/baden-wuerttemberg/immunkarten-in-apotheken-100.html

Quelle 20: Handelsblatt
Titel	Wer das Bargeld beseitigt, schafft den gläsernen Menschen
Autor / erschienen	Prof. Bert Rürup / 27.8.2021
Link	www.handelsblatt.com/meinung/kommentare/kommentar-der-chefoekonom-wer-das-bargeld-beseitigt-schafft-den-glaesernen-menschen/27551374.html?ticket=ST-8941342-kKgYtdGmhMGFZ6wTwfgX-cas01.example.org

Quelle 21: Deutschlandfunk
Titel	Bargeld, Karte oder AppLangsamer Abschied von Scheinen und Münzen?
Autor / erschienen	Catalina Schröder / 3.7.2021
Link	www.deutschlandfunk.de/bargeld-karte-oder-app-langsamer-abschied-von-scheinen-und-100.html

Quelle 22: FAZ
Titel	Die EZB plant für 2023 einen Prototyp für den digitalen Euro
Autor / erschienen	Christian Siedenbiedel / 18.11.2021
Link	https://www.faz.net/aktuell/finanzen/die-ezb-plant-fuer-2023-einen-prototyp-fuer-den-digitalen-euro-17640339.html

Quelle 23: Tagesschau
Titel	Dividendenerhöhung trotz Kurzarbeitergeldes
Autor / erschienen	Jenni Rieger/ 31.3.2021
Link	www.tagesschau.de/wirtschaft/unternehmen/daimler-dividende-kurzarbeitergeld-hauptversammlung-101.html

Quelle 24: BusinessInsider
Titel	Nach steigender Suizidrate: Japan ernennt einen „Minister für Einsamkeit"
Autor / erschienen	Katie Warren / 26.2.2021
Link	www.businessinsider.de/wissenschaft/gesundheit/nach-steigender-suizidrate-japan-ernennt-minister-fuer-einsamkeit-a/

Quelle 25: NDR
Titel	Psychiatrische Kliniken für Jugendliche voll ausgelastet
Autor / erschienen	23.8.2021
Link	www.ndr.de/nachrichten/niedersachsen/hannover_weser-leinegebiet/Psychiatrische-Kliniken-fuer-Jugendliche-voll-ausgelastet,aktuellhannover9234.html

Quelle 26: echtemamas.de
Titel	„Triage in der Kinderpsychiatrie!": Wie schlimm ist es wirklich?
Autor / erschienen	Laura Dieckmann / 12.02.2021
Link	www.echtemamas.de/triage-in-der-kinder-psychiatrie-wie-schlimm-ist-es-wirklich/

Quelle 27: SWR

Titel	Überlastete Psychiatrien: Werden kranke Kinder weggeschickt?
Autor / erschienen	Anja Braun, Elena Weidt / 2.7.2021
Link	www.swr.de/wissen/kinder-jugendliche-mit-psychischen-problemen-100.html

Quelle 28: Deutsches Ärzteblatt

Titel	Studie: Zunahme von plötzlichen Herzstillständen durch COVID-19
Autor / erschienen	dpa/aerzteblatt.de / 28.5.2021
Link	www.aerzteblatt.de/nachrichten/113297/Studie-Zunahme-von-ploetzlichen-Herzstillstaenden-durch-COVID-19

Quelle 29: Unric

Titel	Corona sorgt für höheren Drogenkonsum
Autor / erschienen	25.6.2021
Link	https://unric.org/de/25062021unodc/

Quelle 30: destatis

Titel	Pressemitteilung Nr. 456
Autor / erschienen	29.9.2021
Link	www.destatis.de/DE/Presse/Pressemitteilungen/2021/09/PD21_456_713.html

Quelle 31: destatis

Titel	Pressemitteilung Nr. 456
Autor / erschienen	29.9.2021
Link	www.destatis.de/DE/Presse/Pressemitteilungen/2021/03/PD21_N023_p001.html

Quelle 32: Buch: The age of unreason / Website: Zeitblüten auf Seite 57

Titel	Der Frosch im kochenden Wasser
Autor / erschienen	Charles B. Handy (veröffentlicht von Burkhard Heidenberge auf der Website Zeitblüten)
Link	www.zeitblueten.com/news/frosch-wasser/

Quelle 33: Wikipedia

Titel	Weltgesundheitsorganisation
Link	https://de.wikipedia.org/wiki/Weltgesundheitsorganisation

Quelle 34: BMZ

Titel	Gavi, die Impfallianz
Link	www.bmz.de/de/service/lexikon/gavi-impfallianz-14402

Quelle 35: Wikipedia

Titel	Gavi, die Impfallianz
Link	https://de.wikipedia.org/wiki/Gavi,_die_Impfallianz

Quelle 36: RP online

Titel	Deutschland erhöht Beitrag für WHO auf 500 Millionen Euro
Autor / erschienen	25.6.2020
Link	https://rp-online.de/politik/deutschland/kampf-gegen-corona-deutschland-erhoeht-beitrag-fuer-who-auf-500-millionen_aid-51857749

Quelle 37: Zeit

Titel	Deutschland erhöht Hilfe für WHO auf 500 Millionen Euro
Autor / erschienen	25.6.2020
Link	www.zeit.de/politik/2020-06/jens-spahn-weltgesundheitsorganisation-who-finazielle-unterstuetzung-deutschland

Quelle 38: ÄrzteBlatt

Titel	Spahn fordert mehr Beiträge für die WHO
Autor / erschienen	25.5.2021
Link	www.aerztezeitung.de/Politik/Spahn-fordert-mehr-Beitraege-fuer-die-WHO-419854.html

Quelle 39: BR

Titel	Kommt Corona doch aus dem Labor? Possoch klärt!
Autor / erschienen	Adrian Dittrich / 23.10.2021
Link	www.br.de/nachrichten/wissen/kommt-corona-doch-aus-dem-labor-possoch-klaert,SmZZk2U

Quelle 40: NZZ

Titel	Mitarbeiter in Wuhan könnte sich bei Feldforschungen mit dem Coronavirus angesteckt haben
Autor / erschienen	Katrin Büchenbacher, Stephanie Lahrtz / 13.8.2021
Link	www.nzz.ch/international/ursprung-der-coronapandemie-embarek-der-who-streut-verwirrung-ld.1640345

Quelle 41: Tagesspiegel

Titel	US-Experten schließen Pandemie durch Laborunfall nicht aus
Autor / erschienen	15.6.2021

Link www.tagesspiegel.de/politik/riskante-forschung-mit-gefaehrlichen-erregern-us-experten-schliessen-pandemie-durch-laborunfall-nicht-aus/27288102.html

Quelle 42: corvelva

Titel Die Verbrechen von Tedros Adhanom, Generaldirektor der WHO
Autor / erschienen John Martin / 25.3.2020
Link www.corvelva.it/de/approfondimenti/sistema-sanita/oms/i-crimini-di-tedros-adhanom-direttore-generale-dell-oms.html

Quelle 43: Laufpass.com

Titel WHO-Chef Tedros werden Völkermord und Vertuschung von Epidemien vorgeworfen
Autor / erschienen Stephan Witte / 16.2.2021
Link https://laufpass.com/politik/who-chef-tedros-werden-volkermord-und-vertuschung-von-epidemien-vorgeworfen/

Quelle 44: DW

Titel »Dr. Tedros« - Nur im Ausland ein Prophet?
Autor / erschienen Ineke Mules / 24.5.2017
Link www.dw.com/de/dr-tedros-nur-im-ausland-ein-prophet/a-38974699

Quelle 45: EMA

Titel Das Europäische Arzneimittelregulierungssystem – 2016
Link www.ema.europa.eu/en/documents/leaflet/european-regulatory-system-medicines-european-medicines-agency-consistent-approach-medicines_de.pdf

Quelle 46: web.de

Titel Aufgaben und Kompetenzen – was steckt eigentlich hinter der Europäischen Arzneimittelbehörde (EMA)?
Autor / erschienen Sven Weiss / 28.3.2021
Link https://web.de/magazine/news/coronavirus/ema-steckt-europaeischen-arzneimittelbehoerde-35664388

Quelle 47: EMA

Titel Funding
Link www.ema.europa.eu/en/about-us/how-we-work/governance-documents/funding

Quelle 48: Facebook

Autor / erschienen Panorama / 06.04.2021
Link www.facebook.com/panorama.de/photos/a.273971486073862/2260525717418419/?type=3

Quelle 49: Unser Mitteleuropa

Titel Korruptionsskandal in Brüssel: Haben Impfstoffhersteller die EU-Kommissarin bestochen? - 6.5.2021
Link https://unser-mitteleuropa.com/korruptionsskandal-in-bruessel-haben-impfstoffhersteller-die-eu-kommissarin-bestochen/

Quelle 50: Globalresearch

Titel Court-Ordered Pfizer Documents They Tried to Have Sealed for 55 Years Show 1223 Deaths, 158,000 Adverse Events in 90 Days Post EUA Release
Autor / erschienen Celia Farber / 9.12.2021
Link https://www.globalresearch.ca/court-ordered-pfizer-documents-they-tried-sealed-55-years-show-1223-deaths-158000-adverse-events-90-days-post-eua-release/5764094

Quelle 51: ZDF

Titel Die wichtigsten Fragen zum RKI - Wie arbeitet das Robert-Koch-Institut?
Autor / erschienen Nils Metzger / 11.5.2020
Link www.zdf.de/nachrichten/panorama/coronavirus-robert-koch-institut-rki-faq-100.html

Quelle 52: Frag den Staat

Titel Finanzierungen durch die Bill & Melinda Gates Stiftung
Link https://fragdenstaat.de/anfrage/finanzierungen-durch-die-bill-melinda-gates-stiftung/#nachricht-487179

Quelle 53: RKI

Titel Das Robert Koch-Institut: Eines der ältesten biomedizinischen Institute weltweit
Link www.rki.de/DE/Content/Institut/Geschichte/geschichte_node.html

Quelle 54: FAZ

Titel Kritik an der Rolle der Leopoldina in der Pandemie
Autor / erschienen Caspar Hirschi
Link www.faz.net/aktuell/feuilleton/debatten/kritik-an-der-rolle-der-leopoldina-in-der-pandemie-17251912.html

Quelle 55: Wikipedia

Titel Ständige Impfkommission
Link https://de.wikipedia.org/wiki/St%C3%A4ndige_Impfkommission

Quelle 56: RKI

Titel	Mitgliedschaft in der Ständigen Impfkommission - 2.6.2021
Link	www.rki.de/DE/Content/Kommissionen/STIKO/Mitgliedschaft/mitgliedschaft_node.html

Quelle 57: arznei-telegramm

Titel	ALLE KLEINKINDER GEGEN WINDPOCKEN IMPFEN?
Autor / erschienen	Redaktion arznei-telegramm / 2004
Link	www.arznei-telegramm.de/html/2004_08/0408080_01.html

Quelle 58: RKI

Titel	Impfung gegen humane Papillomaviren (HPV) für Mädchen von 12 bis 17 Jahren – Empfehlung und Begründung
Autor / erschienen	STIKO / 23.3.2007
Link	www.rki.de/DE/Content/Infekt/EpidBull/Archiv/2007/Ausgabenlinks/12_07.pdf?__blob=publicationFile

Quelle 59: Familienleben.ch

Titel	Impfung Gebärmutterhalskrebs: eine Vorsorge, die umstritten ist
Link	www.familienleben.ch/gesundheit/therapien-hilfe/impfung-gebaermutterhalskrebs-umstrittene-vorsorge-4565

Quelle 60: Wissenschaft.de

Titel	HPV-Impfung: Nebenwirkungen ähnlich wie bei etablierten Immunisierungen
Autor / erschienen	19.8.2009
Link	www.wissenschaft.de/umwelt-natur/hpv-impfung-nebenwirkungen-aehnlich-wie-bei-etablierten-immunisierungen/

Quelle 61: ti/Transparency International

Titel	„Schweinegrippe"- Impfung: Transparency kritisiert potenzielle Interessenkonflikte und intransparente Entscheidungsprozesse bei der ständigen Impfkommission STIKO
Autor / erschienen	14.9.2009
Link	www.transparency.de/aktuelles/detail/article/schweinegrippe-impfung-transparency-kritisiert-potenzielle-interessenkonflikten-und-intransparent/

Quelle 62: RKI

Titel	Pressemitteilung der STIKO zur COVID-19-Impfempfehlung für Kinder im Alter von 5 bis 11 Jahren – 9.12.2021
Link	www.rki.de/DE/Content/Kommissionen/STIKO/Empfehlungen/PM_2021-12-09.html

Quelle 63: RKI

Titel	Mitteilung der STIKO zur Aktualisierung der COVID-19-Impfempfehlung für Kinder und Jugendliche
Autor / erschienen	STIKO/ 16.8.2021
Link	www.rki.de/DE/Content/Kommissionen/STIKO/Empfehlungen/PM_2021-08-16.html

Quelle 64: Leopoldina

Titel	Leitbild der Nationalen Akademie der Wissenschaften Leopoldina
Link	www.leopoldina.org/ueber-uns/ueber-die-leopoldina/leitbild-der-leopoldina/

Quelle 65: Uni-Mainz

Titel	No Smoking Gun: Private Shareholders, Governance Rules and Central Bank Financial B.
Autor / erschienen	Bernhard Bartels, Barry Eichengreen, Beatrice Weder di Mauro / 07.11.2016
Link	www.blogs.uni-mainz.de/fb03-international-macro-economics/files/2018/09/CB-ownership-111016_1.pdf

Quelle 66: mosaik-blog

Titel	Reichtum V: Gehört BlackRock bald die ganze Welt?
Autor / erschienen	Josef Falkinger / 21.9.2016
Link	https://mosaik-blog.at/reichtum-v-gehoert-blackrock-bald-die-ganze-welt/

Quelle 67: nolteweb-wordpress.com

Titel	Dieselben zwielichtigen Leute besitzen Big Pharma und die Medien
Autor / erschienen	Bernhard Nolte / 21.7.2021
Link	https://nolteweb.wordpress.com/2021/07/21/dieselben-zwielichtigen-leute-besitzen-big-pharma-und-die-medien/

Quelle 68: Bloomberg

Titel	BlackRock and Vanguard Are Less Than a Decade Away From Managing $20 Trillion
Autor / erschienen	Rachel Evans, Nick Baker, Sabrina Willmer, Brandon Kochkodin / 4.12.2017
Link	www.bloomberg.com/news/features/2017-12-04/blackrock-and-vanguard-s-20-trillion-future-is-closer-than-you-think

Quelle 69: Wikipedia

Titel	Weltwirtschaftsforum
Link	https://de.wikipedia.org/wiki/Weltwirtschaftsforum

Quelle 70: NomoNoma
Titel   Die Familienwerte des Klaus Schwab
Autor / erschienen   Johnny Vedmore, übersetzt aus dem Englischen von Simone Hörrlein / 28.03.2021
Link   www.nomonoma.de/die-familienwerte-des-klaus-schwab/

Quelle 71: Euronews.com
Titel   Klaus Schwab: »Wir können nicht zur alten Normalität zurückkehren«
Autor / erschienen   Isabelle Kumar / 19.11.2020
Link   https://de.euronews.com/2020/11/17/klaus-schwab-wir-konnen-nicht-zur-alten-normalita
                        t-zuruckkehren

Quelle 72: Young global leaders
Titel   The Forum of Young Global Leaders
Link   www.younggloballeaders.org/

Quelle 73: Handelsblatt
Titel   Liste aller Global Leaders aus Deutschland: Die deutsche Hoffnung
Autor / erschienen   3.12.2002
Link   www.handelsblatt.com/archiv/liste-aller-global-leaders-aus-deutschland-die-deutsche-ho
                        ffnung/2213222.html

Quelle 74: bpb
Titel   Bewerbung als Aufseherin
Autor / erschienen   2.4.2006
Link   www.bpb.de/geschichte/nationalsozialismus/ravensbrueck/60775/dokument-bewerbung-
                        als-aufseherin

Quelle 75: Wikipedia
Titel   Rhythm 0
Link   https://de.wikipedia.org/wiki/Rhythm_0

Quelle 76: Handelsblatt
Titel   Medienkonzern in der Nazi-Zeit größter Buchproduzent der Wehrmacht:
                        Bertelsmann-Chef zeigt Reue
Autor / erschienen   8.10.2002
Link   www.handelsblatt.com/archiv/medienkonzern-in-der-nazi-zeit-groesster-buchproduzent-d
                        er-wehrmacht-bertelsmann-chef-zeigt-reue/2202033.html

Quelle 77: Marx21
Titel   »Lügenpresse«? Medienmacht im Kapitalismus
Autor / erschienen   Ulrike Sumfleth / 25.8.2017
Link   www.marx21.de/luegenpresse-medienmacht-kapitalismus/

Quelle 78: Wikipadia
Titel   Vierte Gewalt
Link   https://de.wikipedia.org/wiki/Vierte_Gewalt

Quelle 79: Süddeutsche Zeitung
Titel   Über Gebühr
Autor / erschienen   Kathrin Müller-Lancé / 06.07.2021
Link   www.sueddeutsche.de/medien/georg-thiel-rundfunkbeitrag-haft-1.5342800

Quelle 80: correctiv.org
Titel   Bundeszentrale für politische Bildung fördert CORRECTIV
Autor / erschienen   David Schraven / 16.3.2015
Link   https://correctiv.org/in-eigener-sache/2015/03/16/bundeszentrale-fuer-politische-bildung
                        -foerdert-correctv/

Quelle 81: Wikipedia
Titel   Jens Spahn
Link   https://de.wikipedia.org/wiki/Jens_Spahn

Quelle 82: abgeordnetenwatch.de
Titel   Jens Spahn
Link   www.abgeordnetenwatch.de/profile/jens-spahn/nebentaetigkeiten?legislatures_of_politic
                        ian_sidejobs=All&category=All&field_topics_target_id=All&income_level=All&interval=A
                        ll&page=1

Quelle 83: Tagesspiegel
Titel   So konnte Spahn seine millionenteure Berliner Villa bezahlen
Autor / erschienen   Jost Müller-Neuhof / 14.4.2021
Link   www.tagesspiegel.de/politik/gute-bankverbindung-so-konnte-spahn-seine-millionenteure
                        -berliner-villa-bezahlen/27094262.html

Quelle 84: Apotheke adhoc
Titel   Spahn: 5,9 Millionen von der Heimat-Sparkasse

| Autor / erschienen | APOTHEKE ADHOC / 19.4.2021 |
| Link | www.apotheke-adhoc.de/nachrichten/detail/politik/spahn-59-millionen-von-der-heimat-s parkasse/ |

Quelle 85: Stern

Titel	Jens Spahn besitzt mehr Immobilien in Berlin als bisher bekannt
Autor / erschienen	Hans-Martin Tillack / 22.12.2020
Link	www.stern.de/politik/deutschland/jens-spahn-hat-mehr-immobilien-als-bisher-bekannt-9 542138.html

Quelle 86: Deutsches Ärzteblatt

Titel	Gehalt des gematik-Chefs soll sich verdoppeln
Autor / erschienen	21.7.2019
Link	www.aerzteblatt.de/nachrichten/104082/Gehalt-des-gematik-Chefs-soll-sich-verdoppeln

Quelle 87: Reitschuster

Titel	Jens Spahn: Erneut Schlagzeilen wegen Immobiliengeschäften
Autor / erschienen	Dr. Manfred Schwarz / 23.1.2021
Link	https://reitschuster.de/post/ein-spezi-des-ministers-macht-karriere/

Qulelle 88: anonymousnews

Titel	Dokumente geleakt: So läuft die Korruption von Jens Spahn im Gesundheitsministerium
Autor / erschienen	Alexander Wendt / 22.6.2021
Link	www.anonymousnews.org/2021/06/22/dokumente-geleakt-so-korrupt-ist-gesundheitsmi nister-jens-spahn/

Quelle 89: Tagesschau

Titel	Kritik an Spahns Geldverschwendung
Autor / erschienen	Markus Grill, NDR/WDR / 10.6.2021
Link	www.tagesschau.de/investigativ/ndr/bundesrechnungshof-corona-101.html

Quelle 90: Transparenz-Register

| Titel | Register der Interessenvertreter |
| Link | https://ec.europa.eu/transparencyregister/public/consultation/displaylobbyist.do?id=994 36366768-45&isListLobbyistView=true |

Quelle 91: Wikipedia

| Titel | Liste von Teilnehmern an Bilderberg-Konferenzen |
| Link | https://de.wikipedia.org/wiki/Liste_von_Teilnehmern_an_Bilderberg-Konferenzen |

Quelle 92: RND

| Titel | Karl Lauterbach ist der Talkshowkönig 2020 |
| Link | www.rnd.de/politik/politiker-in-talkshows-2020-karl-lauterbach-war-am-haufigsten-zu-seh en-5IMGLERQHRBFRBBNA6AAUQ5OZA.html |

Quelle 93: Wikipedia

| Titel | Karl Lauterbach |
| Link | https://de.wikipedia.org/wiki/Karl_Lauterbach |

Quelle 94: Reitschuster

Titel	Der Fall Karl Lauterbach: „nicht" Epidemiologie studiert
Autor / erschienen	Gregor Amelung / 13.3.2021
Link	https://reitschuster.de/post/der-fall-karl-lauterbach-nicht-epidemiologie-studiert/

Quelle 95: achgut.com

Titel	Bericht zur Coronalage 16.6.2020: Der seltsame Professor
Autor / erschienen	Gunter Frank / 26.6.2020
Link	www.achgut.com/artikel/bericht_zur_coronalage_16.6.2020der_seltsame_professor

Quelle 96: Der Spiegel

Titel	Der Einflüsterer
Autor / erschienen	Veronika Hackenbroch / 28.3.2004
Link	www.spiegel.de/wissenschaft/der-einfluesterer-a-cac9b0b4-0002-0001-0000-000030346 862

Quelle 97: Wissenschaft.de

Titel	„Tausende unnötiger Todesfälle"
Autor / erschienen	Thorwald Ewe / 1.12.2001
Link	www.wissenschaft.de/allgemein/tausende-unnoetiger-todesfaelle/

Quelle 98: EU.L.E.e.V.

Titel	Adipositas Leitlinie
Autor / erschienen	Prof. Dr. med. Dr. sc. Karl Lauterbach, Prof. Dr. rer. nat. Joachim Westenhöfer, Prof. Dr. med. Alfred Wirth, Prof. Dr. med. Hans Hauner / 1.7.1998
Link	www.euleev.de/images/Beitraege/Adipositasleitlinie_Expertenversion.pdf

Quelle 99: Stern
Titel   »Geißeln der Talkshows«: Karl Lauterbach Der Anführer der Laberindustrie
Autor / erschienen   Wolfgang Röhl / 20.4.2010
Link   www.stern.de/kultur/tv/-geisseln-der-talkshows---karl-lauterbach-der-anfuehrer-der-laberi
                     ndustrie-3568546.html

Quelle 100: Taz
Titel   Lehren der Glyphosat-Debatte: Vom unheimlichen Unkrautgift
Autor / erschienen   Hanna Gersmann (in zeozwei 2016/03) / 14.6.2016
Link   https://taz.de/Lehren-der-Glyphosat-Debatte/!162640/

Qulelle 101: Süddeutsche Zeitung
Titel   »Karlchen Überall« und die Putzkräfte
Autor / erschienen   Klaus Ott / 18.12.2013
Link   www.sueddeutsche.de/wirtschaft/spd-politiker-lauterbach-im-fall-rhoen-kliniken-karlchen
                     -ueberall-und-die-putzkraefte-1.1846722

Quelle 102: Bild
Titel   Die 10 größten Corona-Irrtümer von Viren-Experte Lauterbach
Autor / erschienen   3.6.2021
Link   www.bild.de/ratgeber/2021/ratgeber/die-10-groessten-corona-irrtuemer-von-viren-expert
                     e-lauterbach-76578602.bild.html

Quelle 103: Leopoldina
Titel   Curriculum Vitae Prof. Dr. Lothar H. Wieler
Link   www.leopoldina.org/fileadmin/redaktion/Mitglieder/CV_Wieler_Lothar_Heinz_D.pdf

Quelle 104: Leopoldina
Titel   Leitung des Instituts – Prof. Dr. Dr. h.c. mu t. Lothar H. Wieler – Lebenslauf
Link   www.rki.de/SharedDocs/Lebenslauf/Wieler_Lothar_H html

Quelle 105: RKI
Titel   Tabellen zu Testzahlen, Testkapazitäten und Probenrückstau pro Woche
Link   www.rki.de/DE/Content/InfAZ/N/Neuartiges_Coronavirus/Daten/Testzahlen-gesamt.html

Quelle 106: Bundesregierung
Titel   Coronavirus: Fallzahlen in Deutschland und weltweit
Link   www.bundesregierung.de/breg-de/aktuelles/fallzahlen-coronavirus-1738210

Quelle 107: intensivstationen.net
Titel   Intensivstationen Deutschland
Link   https://intensivstationen.net/

Quelle 108: IGES
Titel   IGES Pandemie Monitor
Link   https://www.iges.com/corona/#sect_e735

Quelle 109: Die Welt
Titel   Seit Juli 2021 „Corona bei 80 Prozent der offiziellen Covid-Toten wohl nicht
                     Todesursache"
Autor / erschienen   Elke Bodderas / 30.8.2021
Link   www.welt.de/politik/deutschland/plus233426581/Se t-Juli-2021-Corona-bei-80-Prozent-d
                     er-offiziellen-Covid-Toten-wohl-nicht-Todesursache.html

Quelle 110: medrxiv
Titel   Infection fatality rate of COVID-19 in community-dwelling populations with emphasis on
                     the elderly: An overview
Autor / erschienen   Cathrine Axfors, John P.A. Ioannidis / 8.7.2021
Link   www.medrxiv.org/content/10.1101/2021.07.08.21260210v1

Quelle 111: BR
Titel   Sind 2020 weniger Menschen gestorben als in den Jahren davor?
Autor / erschienen   Jana Heigl / 16.1.2021
Link   www.br.de/nachrichten/wissen/sind-2020-weniger-menschen-gestorben-als-in-den-jahre
                     n-davor,SMB28FG

Quelle 112: Universität Duisburg-Essen
Titel   Keine erhöhte Sterberate durch COVID-19
Autor / erschienen   Martin Rolshoven / 21.10.2021
Link   www.uni-due.de/2021-10-21-keine-uebersterblichkeit-durch-corona

Quelle 113: RKI
Titel   RKI-Ratgeber: Tuberkulose
Link   www.rki.de/DE/Content/Infekt/EpidBull/Merkblaetter/Ratgeber_Tuberkulose.html

Quelle 114: WDR

Titel	Gefährliche Intubation: Müssen Covid-19-Erkrankte unnötig sterben?
Autor / erschienen	Jan Schmitt, René Bucken / 11.3.2021
Link	www1.wdr.de/daserste/monitor/sendungen/gefaehrliche-intubation-100.html

Quelle 115: FR

Titel	Corona-Behandlung: Mediziner warnt vor verfrühter Intubation – »Das ist ein Teufelskreis«
Autor / erschienen	Lukas Rogalla / 25.12.2020
Link	www.fr.de/panorama/corona-coronavirus-covid-19-behandlung-lunge-krankheit-beatmung-atmen-intensivpatienten-intensiv-krankenhaus-90151598.html

Quelle 116: kla-tv

Titel	Die Akte Wieler: Verflechtungen und Enthüllungen
Autor / erschienen	20.3.2021
Link	www.kla.tv/18351

Quelle 117: Facebook

Titel	Videoarchiv - Wichtiges zeitgeschichtliches Dokument. Es spricht der Nobelpreis-Träger Kary Mullis, Erfinder des PCR-Tests
Autor / erschienen	9.10.2020
Link	www.facebook.com/nico.davinci.56/videos/1749227998568399/

Quelle 118: Youtube

Titel	Re-Upload Kary Mullis, Erfinder des PCR Test und Nobelpreisträger KLÄRT AUF! DEUTSCH
Autor / erschienen	13.10.2020
Link	www.youtube.com/watch?v=LvNbvD0YI54

Quelle 119: WirtschaftsWoche

Titel	Der Körper wird ständig von Viren angegriffen
Autor / erschienen	Susanne Kutter / 16.5.2014
Link	www.wiwo.de/technologie/forschung/virologe-drosten-im-gespraech-2014-die-who-kann-nur-empfehlungen-aussprechen/9903228-2.html

Quelle 120: Tagesschau

Titel	Drosten und die PCR-Tests: Was ist an den Vorwürfen dran?
Autor / erschienen	Wulf Rohwedder, Redaktion ARD-Faktenfinder / 5.10.2020
Link	www.tagesschau.de/faktenfinder/drosten-pcr-test-101.html

Quelle 121: Focus

Titel	Gelangt so Coronavirus-Erbgut in unseres? RNA zu DNA - es geht wohl doch
Autor / erschienen	24.6.2021
Link	www.focus.de/gesundheit/news/forscher-aus-us-bundesstaat-philadelphia-menschliche-zellen-rna-zu-dna-geht-doch_id_13394333.html

Quelle 122: Higgs

Titel	Wie aussagekräftig sind die PCR-Tests für Sars-CoV-2?
Autor / erschienen	Felicitas Erzinger / 8.10.220
Link	https://www.higgs.ch/wie-aussagekraeftig-sind-die-pcr-tests-fuer-sars-cov-2/36620/

Quelle 123: dimdi

Titel	Angezeigte Tests zum neuartigen Coronavirus (SARS-CoV-2) in Deutschland
Link	www.dimdi.de/dynamic/de/medizinprodukte/datenbankrecherche/corona-tests-tabelle/

Quelle 124: Pschyrembel

Titel	Infektion
Link	www.pschyrembel.de/Infektion/K0ARN

Quelle 125: Salto.bz

Titel	»PCR-Test nicht zuverlässig«
Autor / erschienen	Sabine Holzknecht / 19.11.2020
Link	www.salto.bz/de/article/19112020/pcr-test-nicht-zuverlaessig

Quelle 126: Urteil Court of Appeal of Lisbon (Portugal)

Titel	Acórdão nº 1783/20.7T8PDL.L1-3 de Court of Appeal of Lisbon (Portugal)
Autor / erschienen	11.11.2020
Link	https://vlex.pt/vid/851822033?_ga=2.155956985.353358071.1605737091-350727261.1605737091

Quelle 127: Oxford University Press

Titel	Correlation Between 3790 Quantitative Polymerase Chain Reaction–Positives Samples and Positive Cell Cultures, Including 1941 Severe Acute Respiratory Syndrome Coronavirus 2 Isolates
Autor / erschienen	Rita Jaafar, Sarah Aherfi, Nathalie Wurtz, Clio Grimaldier, Thuan Van Hoang, Philippe Colson, Didier Raoult, Bernard La Scola / 01.06.2020
Link	https://doi.org/10.1093/cid/ciaa1491

Quelle 128: RKI

Titel   Erfassung der SARS-CoV-2-Testzahlen in Deutschland
Link   www.rki.de/DE/Content/InfAZ/N/Neuartiges_Coronavirus/Testzahl.html

Quelle 129: Verwaltungsgericht Wien

Titel   Rechtsprechung – GZ: VGW-103/048/3227/2021-2
Autor / erschienen   Richter Dr. Frank / 24.3.2021
Link   www.verwaltungsgericht.wien.gv.at/Content.Node/rechtsprechung/103-048-3227-2021.pdf

Quelle 130: BR

Titel   Wieder kostenlose Bürgertests
Autor / erschienen   9.12.2021
Link   www.br.de/radio/bayern1/was-kostet-ein-coronatest-100.html

Quelle 131: ZDF

Titel   Wer zahlt für die Pandemie?
Autor / erschienen   Armin Coerper, Felix Klauser, Michael Strompen / 21 9.2021
Link   www.zdf.de/nachrichten/wirtschaft/milliarden-corona-pandemie-kosten-100.html

Quelle 132: Merkur

Titel   Angela Merkel in der DDR: Die frühe Biografie der Kanzlerin
Autor / erschienen   27.7.2020
Link   www.merkur.de/politik/angela-merkel-ddr-biografie-bundeskanzlerin-13844447.html

Quelle 133: EMA

Titel   Comirnaty (COVID-19-mRNA-Impfstoff [Nukleosidmodifiziert])
Link   www.ema.europa.eu/en/documents/overview/comirnaty-epar-medicine-overview_de.pdf

Quelle 134: RAIR Foundation

Titel   Bombshell: Nobel Prize Winner Reveals - Covid Vaccine is ›Creating Variants‹
Autor / erschienen   Renee Nal, Prof. Luc Montagnier / 18.5.2021
Link   https://rairfoundation.com/bombshell-nobel-prize-winner-reveals-covid-vaccine-is-creating-variants/

Quelle 135: telegra.ph

Titel   Neue Beweise und eidesstattliche Erklärung von Prof. Luc A. Montagnier, wurden dem Internationalen Strafgerichtshof vorgelegt
Autor / erschienen   @FreieMedienTV / 9.9.2021
Link   https://telegra.ph/Neue-Beweise-und-eidesstattliche-Erkl%C3%A4rung-von-Prof-Luc-A-Montagnier-wurden-dem-Internationalen-Strafgerichtshof-vorgelegt-09-08

Quelle 136: Report24

Titel   Prof. Dr. Sucharit Bhakdi zu Impfungen: Wir steuern auf eine Katastrophe zu
Autor / erschienen   12.5.2021
Link   https://report24.news/prof-dr-sucharit-bhakdi-zu-impfungen-wir-steuern-auf-eine-katastrophe-zu/

Quelle 137: Informationspunkt.ch

Titel   Ex-Pfizer Forscher: „Es ist der Sinn des Spike-Proteins, das Blut zu verklumpen"
Autor / erschienen   30.7.2021
Link   www.informationspunkt.ch/post/ex-pfizer-forscher-es-ist-der-sinn-des-spike-proteins-das-blut-zu-verklumpen

Quelle 138: blautopf

Titel   EMA-Datenbank – gemeldete Todesfälle und Nebenwirkungen nach einer Corona-Impfung
Autor / erschienen   Nathalie Parent
Link   www.blautopf.net/index.php/politik/politik-corona/item/198-ema-datenbank-gemeldete-todesfaelle-und-nebenwirkungen-nach-impfung

Quelle 139: uncutnews.ch

Titel   Zahlen der EMA: 1.163.356 Fälle von Nebenwirkungen und 30.551 Todesfälle nach Covid-Impfungen
Autor / erschienen   uncut-news.ch / 21.11.2021
Link   https://uncutnews.ch/zahlen-der-ema-1-163-356-faelle-von-nebenwirkungen-und-30-551-todesfaelle-nach-covid-impfungen/

Quelle 140: ADRreports

Titel   DCOVID-19 important messages
Link   www.adrreports.eu/de/covid19_message.html

Quelle 141: Augsburger Allgemeine

Titel   Chef-Pathologe der Uni Heidelberg drängt auf mehr Obduktionen von Geimpften
Autor / erschienen   1.8.2021

Link   www.augsburger-allgemeine.de/panorama/Corona-Chef-Pathologe-der-Uni-Heidelberg-dr aengt-auf-mehr-Obduktionen-von-Geimpften-id60235361.html

Quelle 142: coronatransition
Titel   Pfizer stoppt den Vertrieb des 15 Jahre alten Anti-Raucher-Medikaments Champix nach der Entdeckung eines Karzinogens
Autor / erschienen   RK / 22.8.2021
Link   https://corona-transition.org/pfizer-stoppt-den-vertrieb-des-15-jahre-alten-anti-raucher-medikaments-champix

Quelle 143: EMA
Titel   Anhang1 – Zusammenfassung der Merkmale des Artzneimittels – Comirnaty 30 Mikrogramm/Dosis Konzentrat zur Herstellung einer Injektionsdispersion COVID-19-mRNA-Impfstoff (Nukleosid-modifiziert)
Link   www.ema.europa.eu/en/documents/product-information/comirnaty-epar-product-information_de.pdf

Quelle 144: RKI
Titel   Wirksamkeit
Link   www.rki.de/SharedDocs/FAQ/COVID-Impfen/FAQ_Liste_Wirksamkeit.html

Quelle 145: Bayerischer Rundfunk
Titel   Bayerischer Rundfunk auf Seite 205
Autor / erschienen   Yvonne Maier / 15.12.2020
Link   www.br.de/nachrichten/wissen/faktenfuchs-wie-wirksam-sind-die-corona-impfstoffe,SJFa Qir

Quelle 146: EMA
Titel   Comirnaty (COVID-19-mRNA-Impfstoff [Nukleosidmodifziert]) Übersicht über Comirnaty und warum es in der EU zugelassen ist
Autor / erschienen   EMA / 2021
Link   www.ema.europa.eu/en/documents/overview/comirnaty-epar-medicine-overview_de.pdf

Quelle 147: RKI
Titel   Impfung bei Schwangeren, Stillenden und bei Kinderwunsch (Stand: 30.11.2021)
Link   www.rki.de/SharedDocs/FAQ/COVID-Impfen/FAQ_Liste_Impfung_Schwangere_Stillende.html

Quelle 148: Berliner Zeitung
Titel   Studien: Hat die Stiko das Risiko nach einer Impfung bei Kindern unterschätzt?
Autor / erschienen   10.10.2021
Link   www.berliner-zeitung.de/news/studien-hat-die-stiko-das-risiko-nach-einer-impfung-bei-kindern-unterschaetzt-li.187906

Quelle 149: freie-medien.tv
Titel   Spanische Studie enthüllt: Pfizer-Impfstoff enthält hohe Mengen an toxischem Graphenoxid
Link   https://freie-medien.tv/spanische-studie-enthuellt-pfizer-impfstoff-enthaelt-hohe-mengen-an-toxischem-graphenoxid/

Quelle 150: archive
Titel   Spanische Forscher entdecken GRAPHENOXIDE in den Covid-Impfstoffen
Autor / erschienen   2.7.2021
Link   https://archive.ph/XK95N#selection-343.0-343.66

Quelle 151: biomedcentral
Titel   Toxicity of graphene-family nanoparticles: a general review of the origins and mechanisms
Autor / erschienen   Lingling Ou, Bin Song, Huimin Liang, Jia Liu, Xiaoli Feng, Bin Deng, Ting Sun & Longquan Shao / 31.10.2016
Link   https://particleandfibretoxicology.biomedcentral.com/articles/10.1186/s12989-016-0168-y

Quelle 152: Tagesschau
Titel   Verunreinigte Impfdosen kamen aus Spanien
Autor / erschienen   30.8.2021
Link   www.tagesschau.de/wirtschaft/unternehmen/verunreinigte-moderna-impfdosen-101.html

Quelle 153: SWR
Titel   Ulmer Forscher finden Verunreinigungen im Astrazeneca-Impfstoff
Autor / erschienen   26.5.2021
Link   www.ardmediathek.de/video/swr-aktuell-baden-wuerttemberg/ulmer-forscher-finden-verunreinigungen-im-astrazeneca-impfstoff/swr-bw/Y3JpZDovL3N3ci5kZS9hZXgvbzE0Njkw NDM/

Quelle 154: Oliver Janich
Titel   Medizinische Fachinformationen zu den Risiken der Covid-Impfungen in Deutschland
Autor / erschienen Dr. med. Josef J. Dohrenbusch / 1.10.2021
Link   https://t.me/oliverjanich/75121

Quelle 155: Wikipedia
Titel   Nürnberger Kodex
Link   https://de.wikipedia.org/wiki/N%C3%BCrnberger_Kodex

Quelle 156: Youtube
Link   www.youtube.com/watch?v=r5R_zo5Zl0o

Quelle 157: Bundesrechnungshof
Titel   Maßnahmen zur Corona-Bewältigung im Gesundheitswesen
Autor / erschienen 9.6.2021
Link   www.bundesrechnungshof.de/de/veroeffentlichungen/produkte/beratungsberichte/2021/
                   massnahmen-des-bundes-zur-corona-bewaeltigung-im-gesundheitswesen

Quelle 158: Focus
Titel   Zahl der Intensivbetten manipuliert? Rechnungshof-Analyse nährt bösen Verdacht
Autor / erschienen 11.6.2021
Link   www.focus.de/politik/deutschland/scharfe-kritik-an-spahn-zahl-der-intensivbetten-manip
                   uliert-wuerde-bisherige-skandale-in-den-schatten-stellen_id_13382899.html

Quelle 159: Bundesrechnungshof
Titel   Beirat diskutiert und verabschiedet Analyse von Prof. Augurzky und Prof. Busse zum
                   Leistungsgeschehen der Krankenhäuser und zu Ausgleichszahlungen in der
                   Corona-Krise
Autor / erschienen 30.4.2021
Link   www.bundesgesundheitsministerium.de/presse/pressemitteilungen/2021/2-quartal/coro
                   na-gutachten-beirat-bmg.html

Quelle 160: BMG
Titel   Beirat diskutiert und verabschiedet Analyse von Prof. Augurzky und Prof. Busse zum
                   Leistungsgeschehen der Krankenhäuser und zu Ausgleichszahlungen in der
                   Corona-Krise
Autor / erschienen 30.4.2021
Link   www.bundesgesundheitsministerium.de/presse/pressemitteilungen/2021/2-quartal/coro
                   na-gutachten-beirat-bmg.html

Quelle 161: Reitschuster
Titel   Nur 3,4 Prozent der Intensivpatienten hatten 2020 Corona
Autor / erschienen Boris Reitschuster / 21.9.2021
Link   https://reitschuster.de/post/nur-34-prozent-der-intensivpatienten-hatten-2020-corona/

Quelle 162: Deutsches Ärzteblatt
Titel   Grippewelle war tödlichste in 30 Jahren
Autor / erschienen 30.9.2019
Link   www.aerzteblatt.de/nachrichten/106375/Grippewelle-war-toedlichste-in-30-Jahren

Quelle 163: RKI / Internet Archiv – WaybackMachine
Titel   Häufig gestellte Fragen und Antworten zur Grippe
Autor / erschienen 25.9.2019
Link   http://web.archive.org/web/20200303144506/https://www.rki.de/SharedDocs/FAQ/Influe
                   nza/FAQ_Liste.html

Quelle 164: Bundestag
Titel   Deutscher Bundestag – Demokratie
Link   www.bundestag.de/services/glossar/glossar/D/demokratie-245374

Quelle 165: tichyseinblick
Titel   "Wir sind entsetzt": Richterverein sieht Hausdurchsuchung bei Weimarer Richter als
                   rechtswidrig an
Autor / erschienen Elias Huber / 27.4.2021
Link   www.tichyseinblick.de/daili-es-sentials/wir-sind-entsetzt-richterverein-sieht-hausdurchsu
                   chung-bei-weimarer-richter-als-rechtswidrig-an/

Quelle 166: ZDF
Titel   Harbarth verteidigt Corona-Management
Autor / erschienen 2.4.2021
Link   www.zdf.de/nachrichten/politik/corona-massnahmen-bundesverfassungsgericht-100.htm
                   l

14.1 Bildverzeichnis

39 auf Seite 125	https://de.statista.com/statistik/daten/studie/134686/umfrage/die-10-groessten-medienkonzerne-in-deutschland/
40 auf Seite 126	Was ist die NEUE WELTORDNUNG.mp4, https://www.youtube.com/watch?v=_i0GqjmqO2Y
41 auf Seite 128	@rundfunk-frei.de, https://rundfunk-frei.de/
42 auf Seite 151	https://www.kla.tv/18351
43 auf Seite 154	https://www.rki.de/DE/Content/InfAZ/N/Neuartiges_Coronavirus/Daten/Testzahlen-gesamt.htm
44 auf Seite 156	https://www.kla.tv/18351, www.intersivstationen.net
45 auf Seite 156	https://www.kla.tv/18351
46 auf Seite 162	https://de.statista.com/statistik/daten/studie/172573/umfrage/krebstote-in-deutschland/
47 auf Seite 168	https://www.kla.tv/18351
48 auf Seite 190	www.twitter.com/ Luigi Warren
49 auf Seite 195	Rohdaten Paul Ehrlich Institut
50 auf Seite 219	https://www.focus.de/gesundheit/arzt-klinik/kommentar-zur-sars-cov-2-pandemie-coronavirus-deutschen-intensivstationen-droht-der-kollaps_id_11762875.html
51 auf Seite 221	intensivstationen.net
52 auf Seite 223	Divi-Intensivregister / https://intensivstationen.net
53 auf Seite 225	Divi-Intensivregister / https://intensivstationen.net
54 auf Seite 226	Divi-Intensivregister / https://intensivstationen.net
55 auf Seite 228	Bild Zeitung (Druckausgabe vom 11.06.2021)
56 auf Seite 230	ZDF Heute/ RKI
57 auf Seite 231	https://de.statista.com/infografik/23740/anzah-der-pro-kalenderwoche-an-das-rki-gemeldeten-influenza-faelle/
58 auf Seite 232	WHO.com
59 auf Seite 234	https://t.me/FaktenFriedenFreiheit/13066

14.2 Videoverzeichnis

Video 1 auf Seite 12

Titel	Sucharit Bhakdi erklärt die Wirkungen der neuartigen Impfungen
Link	https://www.youtube.com/watch?v=4KD_3igxz0k

Video 2 auf Seite 25

Titel	Impfstoff gegen COVID-19
	Aktuelle Informationen des Bundesministeriums für Gesundheit.
	SRF Rundschau, 07. April 2010
Link	https://www.youtube.com/watch?v=KHMZaxT7xjo

Video 3 auf Seite 25

Titel	Monitor Schweinegrippe Skandal
Link	https://www.youtube.com/watch?v=hhWzStlVw1w

Video 4 auf Seite 36

Titel	Ex-Präsident der Vatikanbank: „Pandemie ist ein Werkzeug für den Großen Reset".
Link	https://uncutnews.ch/ex-praesident-der-vatikanbank-pandemie-ist-ein-werkzeug-fuer-den-grossen-reset/

Video 5 auf Seite 62

Titel	Die WHO - Im Griff der Lobbyisten - Arte Doku HD
Link	https://www.youtube.com/watch?v=dYlia_fQOLk

Video 6 auf Seite 69

Titel	Gerald Hauser zeigt Brisantes über die Impfstoffzulassung auf!
	ORF – 01.04.2021
Link	https://www.youtube.com/watch?v=oqH9CoXXYls

Video 7 auf Seite 74

Titel	Prof. Dr. med. Matthias Schrappe: Zahlen des RKI sind nichts wert
	ZDFheute
Link	https://www.youtube.com/watch?v=GP6H53yTAAI

Video 8 auf Seite 85

Titel	Maaßen zur Funktion der Wissenschaft und Gutachter ... Boom
Link	https://www.youtube.com/watch?v=AvILjgB3_SY

Video 9 auf Seite 99

Titel	Ein Treffen mit Klaus Schwab – WEF – Doku – Chnopfloch
Link	https://uncutnews.ch/ein-treffen-mit-klaus-schwab-wef-doku-chnopfloch/

Video 10 auf Seite 101

Titel	8 predictions for the world in 2030
Link	https://www.youtube.com/watch?v=Hx3DhoLFO4s

Video 11 auf Seite 106

Titel	Council on Foreign Relations – Die geheime Weltregierung?
Link	https://www.kla.tv/NWO/19404

Video 12 auf Seite 113

Titel	Sie durften ALLES mit ihr machen... Das schockierende Experiment - Rhythm 0 | MythenAkte
Link	https://www.youtube.com/watch?v=42Be1feMa20

Video 13 auf Seite 114

Titel	Die politische Welle in Palo Alto
	Stadt Land Kunst (07/01/2021)
Link	https://www.arte.tv/de/videos/101161-005-A/die-politische-welle-in-palo-alto/

Video 14 auf Seite 178

Titel	Geldregen für Geschäftspartner von #Drosten - das #Netzwerk um Olfert Landt
Link	https://www.youtube.com/watch?v=z_VSo9-2d1c

Video 15 auf Seite 210

Titel	DR. MED GÜNTHER RIEDL covid impfung harmlos
Link	https://a.metube.ch/videos/watch/6b872453-ca31-4297-93a1-67e7eb59e4f8

Video 16 auf Seite 238

Titel	Hier ein Video zu unserer Staatsgewalt und Demokratie:
	Weltweite Polizeigewalt gegen Corona-Massnahmenkritiker
Link	https://auf1.tv/nachrichten-auf1/weltweite-polizeigewalt-gegen-corona-massnahmenkritiker

15. Über den Autor

Der Sohn italienischer Einwanderer wurde 1971 in Tübingen geboren. Nach seiner Ausbildung zum Bankkaufmann und dem erfolgreich abgeschlossenen Studium zum Diplom-Betriebswirt mit Fachrichtung Außenwirtschaft war für den vielseitigen Valentino Bonsanto ein Ende noch lange nicht erreicht. Er absolvierte eine weitere Ausbildung zum ärztlich geprüften Fitness- und Personaltrainer und dann noch zur Fachkraft für Personenschutz. Fast zwanzig Jahre lang war er in verschiedenen Ländern als Geschäftsführer und/oder Berater für Gründungen und Start-Ups, bis hin zu einer Partnerschaft mit einer der größten Handelsgesellschaften der Welt in Dienstleistungsbereich, Sport- und Gesundheitsbranche, Sicherheitsbranche und Internet tätig.

2016 kam dann eine Wende, denn eine schwere Krankheit zwang ihn zum Umdenken. Er musste sein komplettes Leben umzustellen. Doch der temperamentvolle Autor ließ sich von diesem Schicksalsschlag nicht unterkriegen – er hat diese schwere Zeit für sich zu nutzen gewusst: Insgesamt acht Bücher im Gesundheitsbereich sind das Ergebnis dieser ruhigeren Zeit in seinem Leben.

Valentino Bonsanto ist ein lustiger, netter und besonnener Mensch. Doch redet er grundsätzlich nicht um den heißen Brei herum, sondern spricht deutlich und direkt Klartext.

Kontakt:
vbonsanto@yahoo.de

WENN DAS DIE PATIENTEN WÜSSTEN

Jan van Helsing

Geld oder Gesundheit? Mensch oder Fallpauschale? Worum geht es in unserem Gesundheits-System? Warum sterben immer noch unendlich viele Menschen elend an Krebs, der Krankheit, deren konventionelle Behandlung horrende Summen verschlingt? Weil die wahren Ursachen das medizinische Establishment nur selten interessieren. Weil es bei der konventionellen Krebstherapie nicht um Heilung, sondern ums Geld geht, das ist die perfide Regel, nach der dieses System funktioniert. Bestimmte Dinge laufen nach dem immer gleichen Prinzip ab: Jemand entdeckt eine Krankheitsursache oder entwickelt eine vielversprechende Heilmethode, das Wissenschafts-Establishment will nichts davon wissen. Den Patienten bleibt nichts anderes übrig, als sich selbst auf die Suche zu machen nach wahren Ursachen und wahren Heilern. Sie finden sie oft in einer Welt jenseits des medizinischen Mainstreams, einer Welt, in der von Schulmedizinern aufgegebene Patienten die Chance auf ein zweites Leben bekommen.

Jan van Helsing: *„Es ist an der Zeit, dass wir die Macht über unseren Körper zurückerobern – vor allem, was die Impfthematik angeht. Ich bin alt genug, selbst zu entscheiden, was in meinen Körper reinkommt und was nicht. Und die Anordnungen der Regierung interessieren mich nicht, denn ich habe diese Regierung nicht gewählt."*

ISBN 978-3-938656-75-4 • 25,00 Euro

DIE RÜCKKEHR DER DRITTEN MACHT

Gilbert Sternhoff

Seit dem Ende des Zweiten Weltkrieges mehren sich die Anzeichen dafür, dass auf der Erde im Verborgenen eine Dritte Macht existiert. Entstanden in den letzten Tagen des großen Völkerringens hat sie sich in den folgenden Jahrzehnten mittels einer Absetzbewegung und fortschrittlicher Technologien, die den unseren weit überlegen sind, etabliert. Ihr Ziel besteht unverhüllt in der Übernahme der Welt. Der Zeitpunkt scheint nicht mehr fern, da für ihr „Projekt Zeitenwende" die letzte Phase eingeleitet wird. Seit dem Jahr 2017 ist auch das UFO-Phänomen aus seinem Schattendasein getreten und hat sich vor allem in den USA durch veröffentlichte und vom Militär für echt erklärte Sichtungen offizielle Anerkennung verschafft. Sogar eine UFO-Task-Force wurde von der US-Regierung eingerichtet. Die alles entscheidende Frage ist: Wer sind SIE? Der im Juni 2021 von den US-Geheimdiensten vorgelegte Bericht verschweigt der Öffentlichkeit die schockierende Wahrheit.

ISBN 978-3938656716 • 14,80 Euro

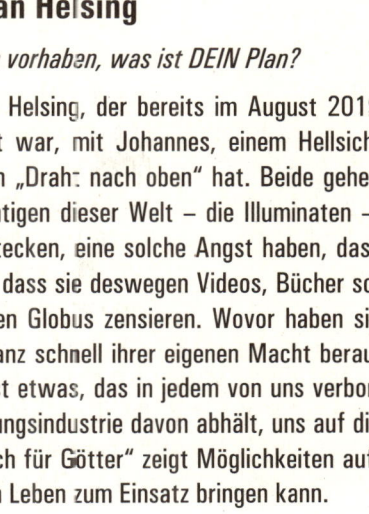

KAMPF GEGEN GOTT

Alexander Kohlhaas

Mehr als ein Aussteigerbuch für Sekten- und Religionsgeplagte

Dieses Buch richtet sich nicht nur an Aussteiger aus Sekten oder Religionen, sondern auch an Angehörige von Menschen, die sich in sektenähnlichen Strukturen befinden. Es richtet den Spot auf den blinden Fleck der Gesellschaft, der sie nicht wahrhaben lässt, wie sehr Menschen durch die Beschneidung, als auch durch langanhaltende Religions- und Sektenzugehörigkeit geschädigt. Es zeigt auf:

- Wie Sekten und Religionen die Psyche der Menschen nachhaltig beschädigen.
- Weshalb Aussteiger oft Jahre nach dem Ausstieg noch den Mechanismen der Sekte ausgesetzt sind und weshalb sie das dort antrainierte Verhalten nicht überwinden können.
- Weshalb die Zeugen Jehovas in Russland verboten sind.
- Wie führende Politiker weltweit auf die Erfüllung der Prophezeiungen des AT hinarbeiten.

ISBN 978-3-938656-63-1 • 21,00 Euro

LÜGENMÄULER

Renato Stiefenhofer

Es wird Zeit, die Mäuler zu stopfen!

Der Schweizer Jumbo-Kapitän Renato Stiefenhofer fliegt seit Jahrzehnten überwiegend für asiatische Airlines. Als ehemaliger Airforce-One-Pilot der Vereinigten Arabischen Emirate und Privatjet-Chauffeur für europäische Milliardäre tanzt er auf verschiedenen Hochzeiten und auf verschiedenen Kontinenten. Die ihm anvertraute Informationsvielfalt – vom Scheich Sultan über David Beckham bis hin zum UNO-Generalsekretär – versucht er in diesem Buch einzuordnen.

Im Laufe der Zeit erkannte er, dass es mindestens zwei Parallelwelten geben muss: Die eine kennen wir alle, die andere ist ein sehr gefährliches Pflaster. Spätestens seit einem intensiven, privaten Gespräch mit einem US-Vier-Sterne-General in der First Class weiß er: Die brutale Realität und die Meinung, welche durch die tendenziöse Berichterstattung unserer Mainstream-Medien verbreitet wird, klaffen weit auseinander. Der US-General stellte infrage, ob 9/11 so passiert ist, wie es uns die Geschichtsbücher und die Politik vorbeten. Dieses Gespräch wurde zum Beginn einer Odyssee, die Captain Stiefenhofer ein gigantisches Lügengebilde von Politik und Presse offenbarte. Gleichzeitig werden die EU, der deutsche Staat und die verwirrenden Covid-19-Maßnahmen akribisch untersucht und entlarvt.

ISBN 978-3-938656-68-6 • 21,00 Euro

ISS RICHTIG ODER STIRB!

Vera Wagner

Von der Wiege bis zum Pflegebett, von der Babymilch bis zum Menü im Heim: Big Food konditioniert unseren Geschmack. Macht uns krank mit Zucker, Salz und Fett. Vergiftet uns mit toxischen Zusätzen und in High-Tech-Laboren zusammengebrauten Aromen. Und bringt damit viele Menschen ins Grab. Die Nahrung ist für die meisten Todesopfer weltweit verantwortlich, sagt die WHO – und kollaboriert hinter den Kulissen mit den Food-Konzernen. Diejenigen, die Ernährung kontrollieren müssten, haben die Kontrolle abgegeben. Früher wäre es strafbar gewesen, Erdbeergeschmack aus Sägespänen herzustellen. Heute ist es legal.

Die Zeit des Umbruchs ist gekommen, auch beim Thema Ernährung. Ernährungswissenschaftler fordern: Der Grad der industriellen Verarbeitung sollte auf Produkten angegeben werden. Doch wie lange wird es dauern, bis das umgesetzt ist? **Sie haben nur eine Chance: Sie müssen die Sache selbst in die Hand nehmen!**

ISBN 978-3-938656-57-3 • 24,00 Euro

LOCKDOWN

Michael Morris

Der Ausnahmezustand ist die neue Norm!

- Wie kann man den längst überfälligen systemischen Crash der Weltwirtschaft organisieren, ohne dass es einen Schuldigen gibt?
- Wie kann man die Nutzung von Bargeld abschaffen, ohne Widerstand aus der Bevölkerung zu erzeugen?
- Wie kann man problemlos die flächendeckende und lückenlose Überwachung aller Menschen etablieren?
- Wie kann man Versammlungs- und Demonstrationsverbote ohne Widerstand durchsetzen?
- Wie kann man die Menschen dazu bewegen, sich freiwillig impfen und chippen zu lassen?
- Wie kann man die Weltbevölkerung reduzieren, ohne dass irgendjemand Verdacht schöpft?

Dafür bräuchte es ein Ereignis, das so einschüchternd wirkt, dass die Menschen freiwillig auf ihre verfassungsmäßig garantierten Rechte verzichten und alle bisherigen Überzeugungen, Gewohnheiten und Ideale aufgeben. Dafür bräuchte es einen unsichtbaren Feind, der nie besiegt werden kann, weil er sich immer wieder verändert und immer wieder hinterhältig und erbarmungslos zuschlägt. Es bräuchte etwas, das uns alle betrifft, das niemand versteht, und das dennoch alle Menschen in Angst und Schrecken versetzt. Und genau das erleben wir jetzt!

ISBN 978-3-938656-19-8 • 21,00 Euro

MEIN VATER WAR EIN MiB – Band 5

Jason Mason

Wir nähern uns dem Kern der größten Mysterien unserer Zeit! Band 5 der MiB-Reihe reiht sich nahtlos in die Serie ein und es gibt eine Unmenge an neuen Informationen zu entdecken. Jason Mason berichtet wieder von den Bucegi-Bergen in Rumänien und die dortigen Tunnelsysteme, die ins Zentrum der Erde führen. Die Botschafter innerirdischer Zivilisationen hüten Aufzeichnungen der wahren historischen Geschichte der Menschheit. Wieso versucht die Weltelite, das zu verhindern? Erfahren Sie die aufregendsten Geheimnisse deutscher Wissenschaftler, die für das frühe amerikanische Weltraumprogramm aktiv waren.

Wer steuert die unbekannten Flugobjekte, und wird die Welt gerade auf die offene Bekanntgabe der realen Existenz von UFOs und außerirdischen Intelligenzen auf unserem Planeten vorbereitet? Jason Mason präsentiert neue Whistleblower, die weitere Details über die Alien-Präsenz auf der Erde enthüllen. Weitere Themen: Enthüllungen von militärischen Whistleblowern über UFOs, unheimliche Begegnungen mit Reptiloiden, geheime Untergrundbasen und das Geheime Weltraumprogramm sowie die Rückkehr der Anunnaki.

ISBN 978-3938656860 • 14,80 Euro

ILLUMINATENBLUT

Nikolas Pravda

Die Täuschung und Menschenverachtung der Eliten enttarnt!

Angeblich leben wir in einer aufgeklärten, humanistischen und christlichen Gesellschaft, der sog. westlichen Wertegemeinschaft. Doch unsere Werte werden allzu oft mit Füßen getreten und zwar nicht nur von Kriminellen, Hochstaplern und Terroristen, sondern auf besonders drastische Weise gerade auch von der Oberschicht, den Eliten und den sog. Illuminaten. Die Eliten werden in den Medien häufig als selbstlos, humanistisch und religiös dargestellt, als Menschenfreunde, Helden oder Heilige. Doch hinter der freundlichen Maske des Gutmenschen verbirgt sich nicht selten die hässliche Fratze des rücksichtslosen Ausbeuters. Nikolas Pravda widmet sich diesen dunkelsten Schattenseiten unserer Gesellschaft und ihren mächtigsten Akteuren, wobei er schonungslos aufdeckt, wie sehr die scheinbar transparenten Strukturen unserer Gesellschaft von okkulten Ritualen durchdrungen sind, der Rechtsstaat von elitären Geheimgesellschaften im Würgegriff gehalten wird und das Machtgefüge von immergleichen Blutlinien durchzogen ist, die für eine kontinuierliche Verdummung des Rests der Bevölkerung sorgen.

ISBN 978-3-938656-49-5 • 19,00 Euro

WELTVERSCHWÖRUNG

Thomas A. Anderson

Wer sind die wahren Herrscher der Erde?

Immer mehr Menschen stellen fest, dass sie von den Regierenden belogen und betrogen werden und dass die Volksvertreter nicht das Volk vertreten, sondern die Interessen von Großkonzernen, von Militär und Wirtschaft. Große, weltumspannende Firmen und Organisationen leiten unsere Welt. Diese Familienclans nennen die Rohstoffe auf Erden ihr Eigen, bestimmen den Goldpreis und verleihen astronomische Summen an kriegführende Länder. Aber geht es diesen wirklich nur um wirtschaftliche Interessen, oder steckt etwas ganz anderes dahinter?

ISBN 978-3-938656-35-8 • 23,30 Euro

WHISTLEBLOWER

Jan van Helsing

Insider aus Politik, Wirtschaft, Medizin und Geheimdienst packen aus!

Der Whistleblower Edward Snowden und der Sprecher der Whistleblower-Plattform *Wikileaks*, Julian Assange, haben im Ausland Asyl beantragt, weil sie geheime Regierungsdokumente veröffentlicht hatte. Man will sie jedoch nicht bestrafen, weil sie Unwahrheiten oder Lügen verbreitet haben – nein: Man will sie bestrafen, weil sie den Menschen die Wahrheit gesagt haben, die Wahrheit darüber, dass wir alle von unseren Regierungen und deren Geheimdiensten überwacht und ausspioniert werden. Ist es das, wofür wir unsere Volksvertreter gewählt haben? Ist es nicht viel eher so, dass sie inzwischen ganz anderen Interessen dienen? Für dieses Buch haben *Jan van Helsing* und *Stefan Erdmann* 16 Whistleblower interviewt, die u.a. zu folgenden Themen auspacken:

- Wie geht es in deutschen Asylantenheimen wirklich zu?
- Ist Deutschland souverän? Ist die BRD ein Staat oder eine Firma?
- Was ist *Geomantische Kriegsführung*?
- Es werden viele alternative sowie schulmedizinische Therapieformen unterdrückt!
- Gibt es das „Geheime Bankentrading" wirklich? Wie sparen Großunternehmen und soziale Einrichtungen über Stiftungen Steuern?
- Der Ruanda-Kongo-Krieg war wegen Rohstoffen angezettelt worden!
- Warum es bei Film und Radio nur „Linke" geben darf...
- Ein Schottenritus-Hochgradfreimaurer spricht über UFOs und Zeitreisen.

ISBN: 978-3-938656-90-7 • 23,30 Euro

DER NAZIWAHN

Andreas Falk

Deutschland im Würgegriff linker Zerstörungswut

Wir leben aktuell in einer Zeit des Wahns, einer Zeit, in der jeder zum „Nazi", „Rechtsradikalen" und „Unmenschen" erklärt wird, der das abgedrehte, weltfremde Weltbild der linksaffinen Meinungsdiktatoren nicht mitheuchelt. Deren Denkschema ist klar: Alles neben der SPD oder den GRÜNEN ist brauner Sumpf. Es nervt den normalen Bürger einfach nur noch, wenn Journalisten und Moderatoren immer wieder verzweifelt versuchen, die Menschen zu erziehen und sie auf ihre, natürlich einzig richtige Meinung einzuschwören – sei es die „korrekte" Sichtweise zur Flüchtlingssituation, zum Gender-Irrsinn oder der Standpunkt zum EURO!

Der Autor erklärt, wer daran interessiert ist, dass der Deutsche auf ewig den Kopf in den Sand steckt und geduckt durch die Gegend läuft, dabei aber nicht vergisst, fleißig Steuern zu zahlen.

ISBN 978-3-938656-34-1 • 19,00 Euro

BANKSTER

Hanno Vollenweider

Ein junger Mann, Anfang 20, frisch von der Uni und voller Energie und Willen, geht nach Zürich mit nur einem Ziel: Banker zu werden und das große Geld zu verdienen. Was er jedoch nicht ahnt: Schon von Beginn an haben ihn seine Chefs und Mentoren für etwas Höheres vorgesehen und so führen sie ihn Stück für Stück in die internationalen Kreise der Bankster ein. Dies ist das Buch eines heute Anfang 30-jährigen Mannes, der, getrieben von der Gier nach Geld und Macht, Dinge sah, die andere in seinem Alter höchstens aus Hollywood-Filmen kennen. Mit seiner jungen und frechen Art berichtet er aus den Hinterzimmern der Hochfinanz, wie er zusammen mit einem Freund eine Vermögensverwaltung in Zürich gründete und mit Hilfe dieser Firma eine knappe Milliarde Euro deutsche und andere Schwarzgelder gewinnbringend anlegte, und berichtet dabei auch von seinen Meetings mit bekannten öffentlichkeitsscheuen Privatbanken. Er schildert seine Treffen mit Mitgliedern des *Clubs zum Rennweg*, *Entrepreneurs' Round Table*, der Brüsseler Finanzlobbyorganisationen *Swiss Finance Council* und *European Financial Service Round Table* und wie er im Auftrag seiner Mentoren den Rest der bis heute verschwunden geglaubten D-Mark-Millionen aus den West-Geschäften der DDR flüssig machte. Ferner deckt er die Tricks der Steuervermeidungsindustrie auf, berichtet über ihre Kunden und nennt ihre Namen und die ihrer Helfer aus den höchsten Kreisen der Politik.

ISBN 978-3938656-37-2 • 19,00 Euro

MEIN VATER WAR EIN „MiB"

Jason Mason

Das geheime Weltraumprogramm und die Antarktis-Deutschen

Wer sind diese rätselhaften Men in Black (MiB), die seit den 1950er-Jahren nach UFO-Sichtungen bei Zeugen auftauchen und diese befragen, deren Fotos konfiszieren oder sie sogar bedrohen? Nur sehr wenig wurde bislang über sie bekannt. Einer dieser MiB kontaktierte kurz vor seinem Tode seinen Sohn, um diesen als Nachfolger in die Organisation einzuführen und berichtete ihm von einer Welt, die sich im Hintergrund des uns bekannten Geschehens ab-spielt – von einer Welt voller Geheimorganisationen, eine Technolo-gie, die wir nur aus Science-Fiction-Filmen kennen sowie über geheime Machtstrukturen, die unseren Planeten fest im Griff haben.

ISBN 978-3-938656-81-5 • 33,00 Euro

NUTZLOSE ESSER

Gabriele Schuster-Haslinger

Die Menschheit wird in den nächsten Jahrzehnten massiv dezimiert! Was ist zu erwarten, was können wir tun - und wer steckt dahinter?

Es ist ja nun kein Geheimnis, dass immer mehr Menschen auf diesem Planeten immer weniger Rohstoffen gegenüber stehen. In den kommenden Jahren kommt hinzu, dass Maschinen, Roboter und Drohnen menschliche Arbeitskraft überflüssig machen. Was zurückbleibt, sind aus Sicht der rational-kaufmännisch denkenden "Elite" sog. "Nutzlose Esser" – Menschen, die entweder arbeitslos, zu ungebildet oder zu alt sind und dem produktiven Teil wertvolle Rohstoffe und Nahrungsmittel wegnehmen und zu viel kosten. Die Situation ist jedem logisch denkenden Menschen bewusst, doch mag ein christlich-sozial eingestellter Mensch nicht aussprechen, was unausweichlich scheint, um das Dilemma zu lösen: eine Dezimierung der Weltbevölkerung! Das haben nun jene übernommen, die im Hintergrund die Weltgeschicke steuern, und nicht nur entsprechende Pläne geschmiedet – nein, sie setzen sie bereits um! Wie steht es um den Plan, vor allem das deutsche Volk "auszu-rotten"? Die Autorin erläutert in diesem Buch nicht nur die verschiedensten Methoden, mit denen dies bereits geschieht und was uns noch bevorstehen wird, falls sich nicht etwas gravierend ändert. Sie deckt ebenso auf, wer im Hintergrund wirklich die Fäden in der Hand hält.

ISBN 978-3-938656-42-6 • 21,00 Euro

NATIONALE SICHERHEIT – Die Verschwörung

Dan Davis

War es eine Freimaurer-Hinrichtung?

Etwa 2.800 bislang geheime Dokumente zum Mord an John F. Kennedy wurden von Präsident Donald Trump zur Veröffentlichung freigegeben. In diesem Buch werden die neuesten Erkenntnisse über den Mord an JFK am 22. November 1963 in Dallas, Texas, thematisiert und aufgelistet. Neben den brandaktu-ellen Fakten werden weitere offene Fragen erstmals beantwortet: Warum waren alle Entscheidungsträger, die mit der „Aufklärung" des Mordes zu tun hatten, Freimaurer? Welche von JFK geplanten Gesetzes-änderungen verschwanden nach dem Attentat umgehend wieder? Warum kam es zu einem Massensterben von Augenzeugen? War es reiner „Zufall", dass Kennedys Sohn 1999 mit sei-nem Flugzeug abstürzte, wenige Tage vor einer geplanten Kandidatur zum US-Präsidenten?

ISBN 978-3-938656-52-5 • 21,00 Euro

GEHEIMGESELLSCHAFTEN 3

Jan van Helsing

Halten Sie es für möglich, dass ein paar mächtige Organisationen die Geschicke der Menschheit steuern? Jan van Helsing ist es nun gelun-gen, einen aktiven Hochgradfreimaurer zu einem Interview zu bewegen, in dem dieser detailliert über das verborgene Wirken der weltgrößten Geheimverbindung spricht – aus erster Hand! Dieser Insider informiert uns darüber: Was die Neue Weltordnung darstellt, wie sie aufgebaut wurde und seit wann sie etabliert ist – weshalb die Menschen einen Mikrochip implantiert bekommen – dass die Menschheit massiv dezimiert wird – welche Rolle Luzifer in der Freimaurerei spielt – dass der Mensch niemals vom Affen abstammen kann – welche Rolle die Blutlinie Jesu spielt – dass es eine Art Meuterei in der Freimaurerei gibt, und was aus Sicht der Freimaurer auf die Menschheit zukommt.

ISBN 978-3-938656-80-8 • 26,00 Euro

Alle hier aufgeführten Bücher erhalten Sie im Buchhandel oder bei:

ALDEBARAN-VERSAND

Tel: 0221 – 737 000 • Fax: 0221 – 737 001
Email: bestellung@buchversand-aldebaran.de
www.amadeus-verlag.de